KB180018

스무 살에 만난 철학 멘토

8 PHILOSOPHY

위대한 철학자 8명과 함께하는 유쾌한 생각의 축제

MENTORS FOR YOU

김성우 지음

스무 살에 만난
철학
멘토

알렙

차례

3부 내가 살아가는 이 세계는 무엇인가

4부 내가 살아가는 세계를 바꾸는 진정한 힘

왜 고전인가? 왜 사회인가? 왜 나인가?

1 삶의 길을 잃어버린 청춘들이 안타깝다.

우리가 길을 걷다가 막혀버릴 때 좌절을 느끼게 됩니다. 이러한 좌절감은 자살이라는 극단적인 선택으로 이어지기도 합니다. 현재 40분마다 한 명씩 자살하고 있는 대한민국의 국민들은 비극적으로 '죽음의 굿판'을 벌이고 있습니다. 2010년 대한민국은 OECD 국가 중 자살률 1위를 기록했습니다. 1등 좋아하는 대한민국이 1등 하지 말아야 할 것도 1등을 하고 마네요. 한해 1만 2270명이 자살을 하였으므로 하루에 약 34명이 자살을 하는 셈이고 약 40분에 한 사람씩이 우리 곁에서 자살로 사라졌습니다. 그중에서도 가장 안타까운 일은 앞으로 살 길이 창창한 20대의 자살률이 무려 12.8퍼센트라는 점입니다.

과학 영재를 대표하는 우수한 카이스트 대학생 네 명이 연달아 자살을 하여 사회에 커다란 충격을 준 적이 있습니다. 자살한 대학생들이 우수한 인재들이라 하지만, 그들끼리의 치열한 경쟁 구조에서 낙오한다는 두려움을 크게 느끼고 깊은 절망에서 헤어 나오지를 못했을 것입니다. 게다가 미래의 예술가를 꿈꾸는 한국예술종합학교의 젊은 예술학도 다섯 명이 연달아 자살하는 슬픈 일이 또 일어났지요.

성과주의와 권위주의 문화 속에서 자유롭지 못하고 소수만이 성공하고 대다수는 미래의 가난을 운명처럼 받아들여야 하는 예술학도들이 느꼈을 막다른 감정에 주목해야 합니다. 과학도와 예술학도들에게 일어난 일련의 자살은 지나친 경쟁 구조와 성과에 의한 서열을 강조하며 실패를 만회할 기회를 주지 않은 우리 사회 지도층의 잘못된 환상으로 인한 타살이 아닐까요?

여러분도 대학에 오기 위해 치열한 성적 경쟁 속에서 매일매일 시달리며 살았을 것입니다. 대학에만 가면 이러한 시달림이 끝날 것이라는 막연한 기대감에서 힘든 나날을 버텼을 것입니다. 그런데 여러분이 그렇게나 열망한 대학에 와서도 이런 경쟁 구조와 고역에 가까운 생활을 반복해야 한다면 살고 싶은 생각이 들까요? 시달림 끝에 입시에서 성공한 대학생들의 절망에 찬 절규와 극단적인 행동을 보며 여러분은 뭘 느끼나요? 길이 갑자기 막혀버렸다는 느낌은 안 드나요? 막다른 골목에 다다라 어디로 갈 목표마저 상실해 버린다면 여러분의 앞으로의 삶이 정말로 끔찍하지 않을까요? 우리는 현대 사회의 반복적인 일상생활과 살벌한 경쟁 구조 속에서 삶의 길을 잃어버린 것입니다. 길을 잃어버린 우리 청춘들은 어떻게 자신의 길을 그리고 우리의 길을 찾을 수 있을까요?

카이스트에 필요한 것은 영어가 아니라 삶의 길을 묻는 인문학적 상상력과 이러한 길의 구체적인 모습을 그려보는 사회과학적 분석력이며 삶의 아름다움을 느끼고 표현하는 예술적 감수성입니다. 영어를 만병통치약으로 생각하는 영어 중독증에 걸린 지도층들이 문제입니다. 한국예술종합학교에 필요한 것도 수상 실적이나 권위에 대한 순종적인 태도가 아니라 자유롭게 자신의 생각과 상상력을 펼칠 수 있는 문화적인 분위기와 이를 실현하고 지원하는 경제적 지원책입니다. 현재가 두렵고 미래가 두려운데 어떻게 자연을 열정적으로 연구하고 아름다움을 자유롭게 표현할 수 있겠습니까?

위 대학생들이 길을 잃어버린 것은 우리 사회가 잘못된 길로 가라고 그들에게 강요하기 때문입니다. 이제 막 십 대를 지나 이십 대가 돼가는 여러분도 마찬가지로 길을 잃고 헤매거나 잘못된 길을 앞서가도록 채찍질을 당하고 있을 것입니다. 그런데 길을 잃은 우리 사회와 우리 청춘에게 절실히 필요한 것은 **자신의 삶과 사회 현실을 보는 눈**입니다.

그래서 저는 여기에 여덟 권의 고전과 여덟 명의 위대한 철학 멘토들과의 만남의 장을 펼쳐놓았습니다. 저는 2009년 1년간《독서평설》에 고전 서평을 연재하면서 이중 여섯 권을 간략하게 소개한 바 있습니다. 이것이 계기가 되어 이 책이 나오게 된 것입니다. 네 권은 존재와 실존이라는 문제와 관계가 있고요, 다른 네 권은 현대 사회와 세계의 이해 및 비판과 연관이 있습니다. 그러나 이 책은 위대한 사상가 여덟 명과 그들의 저서 여덟 권과의 정면 대결을 위한 예비 장소를 마련한 것뿐입니다. 그 대결은 어렵지 않습니다. 그들은 청소년기의 마지막이자 청춘의 시작에 누구를 만나고 무엇을 고민했을까요? 그것을 생각하면서 저는 그들의 스무 살 무렵의 삶과 고민을 들려주고자 합니다. 여러분이 나중에 직접 그들과 만나 대결하면서 길 안내를 받으시기 바랍니다.

2 여러분은 강한 자가 되기를 원한다.

니체는『힘에의 의지』라는 책에서 청소년 교육에 대해 다음과 같이 말한 적이 있습니다. "유능한 소년이라면 '덕 있는 사람이 되고 싶으냐?'라는 물음을 받게 되면 빈정거리는 표정을 지을 것입니다. 그러나 '네 친구보다 강한 사람이 되고 싶으냐?'라는 질문을 받을 때에는 (그렇게 되기를 열망하는 표정으로) 두 눈을 크게 뜹니다."

현대 사회는 남보다 앞서고 강해지기를 바라는 치열한 경쟁 사회로 내달리고 있습니다. 이런 상황에서 누구나 자기의 친구보다 강한 자가 되고 공부를 잘하기를 바랄 것입니다. 친구의 학점이 잘 나오면 왠지 마음 한구석이 쓸쓸해지는 것도 아마 이런 연유에서 나온 감정일 것입니다.

우리는 항상 어떤 사람이 되기를 원합니다. 의사가 되기를, 판사가 되기를, 회사의 사장이 되기를 원합니다. 돈이 많은 사람이 되기를 원하고 사회적 지위가 높은 사람이 되기를 원합니다. 그러나 이러한 욕망은 현대 자본주의의 사회적 구조 속에서 주어진 것입니다. 그것은 우리가 선택한 것이 아니라 선택하도록 강요받은 것입니다.

이런 강요받은 선택 하에서 강해진다는 것은 실은 무언가의 노예가 되는 것입니다. 성공의 노예, 돈의 노예, 권력의 노예, 명품의 노예가 되는 것이지요. 강요받지 않을 때 자유로운 선택이 가능해지고 진정으로 생명력이 넘치게 됩니다. 이 생명력이 넘치는 것이야말로 진정으로 강해지는 것입니다. 하지만 가짜로 강해지기 위해 우리 청춘은 너무도 고달픈 삶을 살아가고 있지요. 이 가짜의 길 위에서 성공한 자들은 그 자리를 획득하고 유지하기 위해 스트레스 받아 괴로워하고, 실패했다고 느끼는 사람들은 이리저리 방황하거나 너무나 절망한 나머지 자살이라는 극단적인 선택으로 이끌리기도 합니다. 대부분의 사람은 열등감과 우월감의 복합감정을 지닌 채 서열의 사다리를 한 칸이라도 더 오르기 위해 필사적으로 달려가고 있는 것입니다.

3 자유인만이 진정으로 실존한다.

그런데 이처럼 어떤 사람이 되기를 원하는 것은 인간만이 지닌 독특한 삶의 특성입니다. 내가 키우는 강아지가 부자가 되기를 원하고 침팬지가 성적이 우수한 학생이 되기를 원하는 것은 아니지요. 이처럼 무엇인가 되기를 바라는 마음은 인간이 주어진 본능대로만 살아가는 존재가 아니라는 것을 보여줍니다. 인간은 동물과 달리 자유롭습니다. 인간은 자유롭기에 자신의 삶의 미래를 선택할 수 있습니다. 잔인한 학살자가 될 수도 있지만 헌신적인 봉사자가 될 수도 있습니다. 선택의 폭이 참으로 넓고 큽니다. 그래서 우리는 선택 앞에서 고민하게 됩니다.

2011년 3월 10일 고려대생인 김예슬 씨가 "저는 오늘 대학을 그만둡니다."라는 대자보를 붙이고 대학을 떠났습니다. 그가 밝힌 이유는 "진리도 우정도 정의도 없는 죽은 대학"이라는 것입니다. 같은 해 10월 14일 서울대생인 유윤종 씨가 대학을 그만둔 이유를 밝혔습니다. 그는 "대학 서열화나 입시 문제는 대학 교육에도 악영향이 있으며 등록금 문제도 서열화 및 초과수요 문제와 깊은 인과관계가 있다."면서 "사회에서의 학력·학벌 차별 등에 문제를 제기하고 싶고 저항하고 싶다."고 자퇴 이유를 설명했습니다. 그는 요즘 설문조사 보조, 언론 모니터링, 인권 강연 등 아르바이트를 하며 생활비를 벌고 있답니다.

이 두 사람의 선택에 대해 여러 가지 다양하고 상반된 관점과 평가가 있을 수 있습니다. 그러나 한 가지 분명한 것은 그들이 자신들에게 주어진 길이 아니라 자신들이 가고 싶은 길을 찾고자 하는 열망을 강렬하게 보여준다는 점입니다. 그들은 성공과 경쟁이라는 획일화된 현실에서 벗어나 이러한 현실을 바꾸고 싶어합니다. 자신의 길을 찾기 위해 그리고 길을 내기 위해 그걸 가로막는 현실의 문제점을 지적했다는 점에서 그들은 자유롭습니다. 또한 그런 현실을 바꾸기 위해 기존의 길을 버리고 새로운 길을 선택했다는 점에서 그들은 자유롭습니다. 김예슬 씨가 말한 대로 "누가 더 강한지 두고 볼 일"입니다.

인간은 이렇게 뭔가를 바라고 선택할 수 있다는 점에서 자유로운 존재입니다. 이렇게 자유롭게 선택을 할 수 있는 인간만의 존재 방식을 하이데거와 사르트르는 '실존'이라고 부릅니다. 실존은 영어로 '익지스턴스(existence)'라고 합니다. 실제로 존재하는 방식이라는 점에서 사실 돌멩이도 실존하고 고양이도 실존한다고 말할 수 있습니다.

그러나 현대의 실존철학자들은 돌멩이와 나무, 고양이와 신은 실존하지 않는다고 말합니다. 오직 인간에게만 실존을 부여합니다. 이는 인간만이 자유롭게 삶을 살아가며 이러한 선택의 가능성을 의식하는 유일한 존재라고 여기기 때문입니다. 실존은 인간만의 특징입니다. 그 때문에 터미네이터라는 사이보그가 기계인지 아니면 인간인지 하는 정체성(identity) 논란이 발생할 수 있습니다. 터미네이터는 처음 만들어졌을 때는 프로그램대로 움직이도록 설계되었기 때문에 실존한다고 말할수 없습니다. 그러나 그 터미네이터가 프로그램된 명령을 거부하고 다른 인간을 위해 희생하는 행동은 비인간적인 행동을 하는 인간보다도 더욱 인간답습니다. 이때 터미네이터는 인간성을 획득하여 실존한다고 말할 수 있습니다. 이렇게 할 수 있는 이유는 터미네이터가 죽음을 각오하고 자기 삶의 길을 스스로 선택했기 때문입니다.

4 나는 나에게 낯선 존재이다.

그러나 현대 사회에서는 터미네이터보다 기계적으로 사는 사람들이 많이 있습니다. 그래서 인간 소외라는 말이 등장합니다. 소외란 인간이 같은 것을 마시고 같은 옷을 입고 같은 메시지를 들으며 기계처럼 조작된 거대한 대중화 사회에 살게 되면서 발생하는 현상입니다. 인간은 원자화되어 고립화된 파편처럼 존재하는 것이지요.

소외란 내가 내 삶을 낯선 것처럼 느끼는 것입니다. 거대한 자본과 조직 앞에서 하나의 개인은 무력감을 느끼지 않을 수 없습니다. 시계 톱니바퀴처럼 꽉 짜여 돌아가는 조직과 시스템 속에 종속되어 언젠가 갈아 끼울 수 있는 부품처럼 자신의 존재를 하찮게 느끼는 것입니다. 이런 소외를 잘 표현한 소설이 카프카의 『변신』과 카뮈의 『이방인』입니다. 나 자신이 별안간 쓸모없는 벌레로 변모하는 느낌을 갖는 것은 왜일까요? 어머니의 죽음과 살인 그리고 재판의 모든 과정이 자신과 무관하게 낯설게 느껴지는 것은 왜 그럴까요?

과연 여러분은 무엇이 되고 싶다는 것을 스스로 선택한 것일까요? 아니면 부모님이나 경쟁 사회의 명령에 의해 여러분 마음속에 이러한 열망이 생겨난 것일까요? 현대 사회는 광고가 인간의 마음을 끊임없이 유혹하는 사회입니다. 또한 각종 매스미디어와 온갖 범람하는 메시지가 여러분의 마음을 세뇌하는 사회입니다. 이 때문에 여러분이 지금 원하는 것이라도 실제는 다른 사람이 내 마음 속에 심어놓은 것일 수 있다는 점을 유의하시기 바랍니다. 예를 들어 여러분이 좋아하는 아이돌 스타들이 스타 시스템에 의해 기획사가 기획·제조한 상품일 수도 있다는 사실을 유념해야 합니다. 이처럼 현대 사회에서는 내 선택인지 다른 사람이 유도한 선택인지가 모호합니다.

만약 다른 사람의 유혹에 넘어가 선택한 것이라면 이는 진정 내가 선택한 것이 아닙니다. 이렇게 조종당하는 나는 터미네이터와 다를 바가 없습니다. 이러한 삶은 나를 잃어버린 것이기에 진정한(본래적인) 실존이 아니라 가짜(비본래적인) 실존입니다.

5 나를 버리는 것이 나를 찾는 것이다.

스파르타쿠스는 로마의 검투사로 명성을 날린 사람입니다. 그래도 그는 노예일 뿐 스스로 자신의 삶을 선택할 수 있는 자유인이 아닙니다. 그는 유명한 검투사로서 부와 명예를 거머쥘 수 있었습니다만, 이렇게 사는 것이 진짜 삶인가를 스스로 물었습니다. 이런 물음 끝에 그는 보장된 부와 명예라는 가짜 삶을 버리고 진짜 실존을 위해 자신을 노예로 만든 사람들과 싸웠습니다. 그가 자신의 노예적인 삶의 방식에 대해 물음을 묻는 순간 자유의 문이 그에게 열린 것입니다. 이 자유의 문을 향해 그는 생사를 건 투쟁을 합니다. 검투사로서 생사를 건 투쟁은 다른 사람을 위한 도구에 불과했다면 자유를 위한 투쟁은 자신의 본래 모습을 찾기 위한 실존적 방식입니다.

스파르타쿠스처럼, 잃어버린 자신을 찾고 참다운 자유를 회복하기 위해서 그리고 이 소외와 상실의 원인을 진단하기 위해서 우리는 사회와 세계를 알아야 합니다. 이를 위해 먼저 현재의 자신의 삶을 찢어야 합니다. 자신을 찢기 위해서는 자신과 사회와 세계에 대한 근본 물음을 던져야 합니다. 나와 사회와 세계는 왜 존재하는가? 우리는 어디로 가야 하는가? 이러한 근본 물음을 통해 나는 진정한 나를 찾을 수 있습니다. 이런 이유로 이 책의 모토를 니체의 말을 본받아 "나인 내가 되는 것" 또는 "나인 나가 되는 것"으로 정했습니다. 이 모토는 삶의 방향을 찾자는 뜻입니다.

6 고전은 잃어버린 삶의 이정표이다.

철학이란 어디로 갈지 모를 때 길을 펴기 위해 생각의 길을 다듬는 것이라고 할 수 있습니다. 그런 점에서 철학은 청소년기를 지나 청년이 된 여러분에게 반드시 필요한 성찰이라고 할 수 있습니다. 여러분은 인생의 어느 시점에서 이러한 길을 몰라 방황하거나 어느 길로 가야 할지 망설일 때가 있습니다. 이러한 방황과 망설임은 심지어 늙어 죽을 때까지 인간에게 주어진 운명과도 같은 것입니다.

하지만 나를 찾는 실험은 나를 찢는 아픔을 동반합니다. 데미안이 그랬던 것처럼 진정한 자신을 가둔 알을 깨고 나와야 합니다. 나를 찾는다고 해서 고독과 고립을 향해서는 안 됩니다. 고독한 방에 갇힌 나는 참다운 내가 아닙니다. 나는 세계와 사회의 관계망에 그리고 역사의 도도한 흐름 속에 서 있는 존재이기 때문입니다. 진정한 내가 되는 길은, 역사와 사회에 관심을 갖고 거기서 내가 뭘 해야 할 것인가를 찾는 작업이기도 합니다. 원자화된 대중의 삶을 사는 것이 아닙니다.

먼저 인류가 어떤 길을 걸어왔으며 지금 현재의 사회와 세계는 어떻게 형성된 것인지를 물어야 합니다. 그리고 현재의 사회와 세계의 구조와 메커니즘을 하늘 위에서 내려다보는 새처럼 그 전체를 조망(眺望)해야 합니다. 길을 걷다 이 길이 제대로 가고 있는 길인지가 의심될 때가 있습니다. 이때 내비게이션이나 지도가 있으면 편리합니다. 길 안내판이라도 있으면 정말 좋을 것입니다. 고전은 내비게이션이나 지도는 아닙니다. 그러나 길 안내판으로서 앞으로의 노정(路程)에 대해 알려주는 바가 있습니다. 그래서 고전은 이정표(里程標)입니다. 고전 공부란 단순히 점수를 받기 위해 배우고 익히는 남을 위한 공부가 아닙니다. 공자가 말한 것처럼 자신을 위한 공부가 되어야 합니다. 고전은 나침반이 되어줄 것입니다. 또한 이러한 고전을 쓴 철학자들이 여러분의 삶을 위한 멘토가 되어줄 것입니다. 갈 길을 몰라서 방황하는 우리는 그들과 함께 갈 방향을 열고 가치와 의미를 드러내기 위해 삶과 세계에 관한 근원적인 물음을 던져야 합니다.

7 배우고 묻는 것이 진정한 학문의 길이다.

여러분은 스스로에게 물음을 던져야 합니다. 물음은 독단이나 상식에 물든 망각의 잠에서 나를 깨우는 매우 중요한 철학적 행위입니다. 물음을 던질 때, 나에게 자유의 지평이 열립니다. 물음은 나에게 자유의 문을 열어주는 중요한 활동입니다.

인간이 몇 백만 년 전에 탄생한 이후로 동물과 유사하게 본능적으로 살다가 죽음에 대해 묻기 시작했습니다. 인간은 왜 죽는 것일까요? 죽으면 어디로 가는 것일까요? 우리의 삶과 죽음은 내가 선택한 것이 아닌 까닭에 이를 지배하는 신령한 힘이 있는 것일까요? 삶과 죽음의 의미와 이런 인생의 근본적인 문제들을 해결하기 위한 물음들이 등장했습니다. 처음에는 시인들이 이런 물음들을 시로 읊조렸고 그래서 신화와 종교가 나타났지요. 이런 뮈토스(신적 이야기)는 인간의 사유가 성숙한 이후 철학, 즉 로고스(논리적인 학문)로 발전했습니다. 이러한 물음과 여기에 대한 답을 서양에서 체계적으로 정리한 위대한 철학자가 바로 플라톤이고 동양에서는 공자입니다. 플라톤과 공자는 배우기 위해 잘 묻는 사람들이었습니다. 플라톤의 스승인 소크라테스가 아테네 사람들을 일깨우는 질문들을 던지다가 분노를 사서 사형을 당할 정도였으니까요.

학문은 한자로 '배울 학(學)'과 '물을 문(問)'으로 이루어져 있습니다. 배우기 위해 묻는 것, 또는 배우면서 묻는 것이 학문이요 공부입니다. 진정한 공부는 단순 암기나 문제풀이가 아닙니다. 공부는 물음으로 완성됩니다. 과연 여러분은 현재 뭘 묻습니까? 뉴턴의 근대 물리학은 힘과 운동과 시간이 무엇인가를 물으며 탄생했습니다. 과연 시간이란 무엇일까? 운동은 무엇일까? 시간과 운동의 관계는 무엇일까? 이런 물음들이 물리학을 만든 주도적인 핵심 물음들입니다. 마찬가지로 인간의 행위와 사회에 대한 근본 물음들을 통해 현대의 윤리학과 사회과학이 발전했습니다. 고전이란 이러한 근본 물음들이 처음 제기되고 집대성된 인류의 가장 핵심적인 문화적 축적물입니다. 그리고 인류의 원대한 꿈과 미래가 담겨 있는 나침반이기도 합니다.

8 고전과의 대결은 숙제이며 놀이이다.

앞에서 이야기한 바대로 고전이란 우리의 길을 찾는 데 도움이 되는 이정표입니다. 왜냐하면 고전은 이미 그런 길을 걸은 사상가의 생각의 길이 담겨 있기 때문입니다. 삶과 문명을 이해하는 데, 사회와 역사를 파악하는 데 있어 고전은 단지 예전의 모범이 아닙니다. 고전을 읽는다는 것은 일종의 대결입니다. 이 대결은 피비린내 나는 검투사의 싸움이 아니라 일종의 생각의 축제입니다.

강한 자를 희망하는 시대에 진정한 강함이 무엇인지를 성찰하지 않으면 우리 젊은 학생들이 카이스트와 한예종의 자살한 학생들처럼 죽음으로 내몰릴지 모릅니다. 생존투쟁, 경쟁력, 순위, 서열이라는 단어가 우리 학생들을 괴롭히고 있습니다. 앞선다는 것은 이미 길이 정해져 있다는 뜻입니다. 이는 자유로운 인간에게 맞지 않은 방식입니다. 그런 사람은 피와 살이 있는 터미네이터에 불과합니다.

그러나 정해진 길은 없습니다. 고전이란 정해진 길을 제시하는 것이 아니라 앞서 길을 찾기 위해 암중모색한 사람들의 길 표시입니다. 고전은 길을 안내할 뿐 길을 제시하지 않습니다. 그래서 고전과의 대결이 중요합니다. 이런 싸움이야말로 우리 청춘들이 진정으로 생사를 걸어야 하는 투쟁이라고 할 수 있습니다. 길은 여러분이 선택하는 것입니다.

독단과 고정관념에 사로잡히지 말고 '소외'된 자신을 버리면서 '진정'한 자신을 찾는 고전 읽기의 축제를 즐기십시오. 삶의 길이 펴지려면 생각의 길이 먼저 펴져야 합니다. 여러분! 생각의 길이 막혀 있다면 얼마나 답답합니까? 이럴 때 존재와 실존 그리고 사회와 세계에 대해 고민하고 설계한 고전을 읽어보세요. 그 고전을 쓴 철학 멘토들과 함께 다음을 물어보세요. 나는 어디로 가야 하나요? 우리 사회는 어떤 사회가 되어야 할까요? 세계는 수리해야 하는 것인가요, 아니면 바꿔야 하는 것인가요? 앞서 살았던 위대한 사상가들은 왜 그런 생각을 하며 살았을까요? 고전과 함께 여러분 스스로 생각의 모험에 뛰어들기 바랍니다.

2011년 12월 대치동 兀人고전학당에서

여러분의 철학 멘토 김성우

1부

자유로운 나를 찾아서

Jean-Paul Sartre
1905~1980

Michel Foucault
1926~1984

1.
본래의
나로
실존하기

| 사르트르, 철학으로 상처를 극복하다

1 총제적 지식인, 사르트르의 삶

아버지의 죽음과 어머니의 재혼을 경험한 사팔뜨기이자 콧소리 나는 작은 목소리의 키 작은 아이, 철학으로 상처를 극복하다.

장폴 사르트르(Jean-Paul Sartre)는 18세가 되던 해에 프랑스에서 유명한 철학자를 가장 많이 배출한 최고 명문대학인 파리고등사범학교에 입학하였지요. 그러나 그는 재학 기간 동안 강의는 거의 듣지 않고 조르주 캉길렘, 장 이폴리트, 메를로퐁티, 폴 니장 등 나중에 프랑스 철학을 대표하는 거장들과 즐거운 시간을 보냈습니다. 좋은 친구들이야말로 인생 길의 중요한 동반자들이라는 사실을 여기서 잘 알 수 있어요. 그는 22세에 어린 시절 친구인 니장과 더불어 독일의 실존주의 철학자인 칼 야스퍼스의 『일반정신병리학』을 번역했습니다. 이처럼 그는 동반자인 친구와는 지적인 우정을 나누었지요. 그에게 우정뿐만이 아니라 사랑도 찾아왔습니다. 동반자인 연인과는 뜨거운 사랑을 나누었지요. 그 연인의 이름은 그녀 자신도 유명한 철학자인 시몬 보부아르입니다.

좋은 것은 꼭 불행과 같이 오는 경향이 있어요. 그는 대학에서 즐거운 시간만을 가진 대가로 23세에 치른 교수자격시험에서 낙방하게 됐지요. 그러나 그 다음해에 재수를 하면서 운명적인 연인을 만나게 됩니다. 재수가 꼭 재수 없는 것은 아님을 이 사건이 보여주지요. 그들은 서로 힘든 시기에 같이 공부하면서 사랑에 빠졌습니다. 그런데 이 사랑을 하면서도 재시험에서 사르트르는 수석을, 그 연인인 보부아르는 차석을 하였습니다. 공부와 사랑을 같이 할 수도 있네요.

그는 18개월 동안 군복무를 마치고 고등학교의 철학 선생으로 발령을 받고 사랑하는 보부아르와 결혼을 하려고 했습니다. 그러나 이내 생각을 바꿉니다. 그는 결혼이 자유를 제한하는 근대적인 제도라고 생각하여 포기하고 맙니다. 그에게 제일 소중한 자유를 결혼이라는 낡은 제도에 갇히게 할 수 없다는 뜻이지요. 그래서 나중에 그 유명한 계약 결혼을 하기는 하지요. 사랑은 자유이지 구속일 수 없다는 말을 두 사람은 관습을 넘어서 실천하고자 했습니다. 두 사람이 맺는 관계의 조화는 끊임없는 노력에 의해서만 가능하다는 보부아르의 말처럼 그들은 노력을 통해 사랑을 매우 실험적으로 실현하고자 했습니다. 그는 평생 안정적인 동반자의 관계로 지냅니다. 그들은 우리보다 더 현대적인 사람들이지요!

사르트르는 1905년 6월 21일 프랑스 파리에서 해군 장교인 아버지와 알베르트 슈바이처의 사촌인 어머니 사이에서 태어났습니다. 불행하게도 태어난 지 2년이 채 안 되어 아버지가 돌아가셨습니다. 사르트르는 외할아버지 집에서 자랍니다. 그렇지만 외할아버지가 아버지를 잃은 가련한 사르트르의 멘토가 돼주셔서 그가 위대한 사상가이자 대

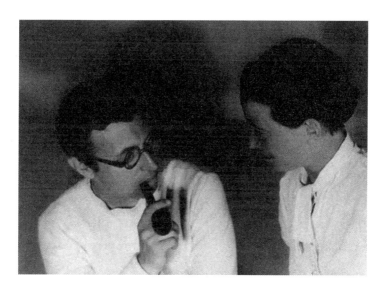

■
사르트르와 보부아르는 진정으로 자유롭기 위해 속박의 제도인 기존의 결혼 방식에서 벗어나 서로를 구속하지 않고 따라서 책임도 지지 않는 대단히 실험적인 '계약결혼'을 했어요. 결혼 이후 157cm의 작은 키에 사팔뜨기인 사르트르는 보부아르의 제자를 포함해서 10여 명의 여성들과 염문을 뿌렸고, 보부아르도 이에 못지않게 남성 편력을 했지요. 심지어 보부아르가 자기 작품에 열애를 폭로하자 그 폭로의 대상이 된 미국의 소설가는 자살까지 했어요. 사르트르는 자신의 저서인 『변증법적 이성비판』 초판에는 보부아르에게 헌사를 썼지만 재판에서는 다른 연인의 이름으로 바꾸어 버렸지요.

문호가 될 수 있었죠. 사르트르는 알베르트 슈바이처의 삼촌이자 소르본 대학의 독문학과 교수인 외할아버지한테 수학과 고전문학을 배웠습니다. 그는 책을 읽고 글을 쓰는 데 재미를 붙였지요.

이런 그가 파리에 있는 명문고인 앙리 4세 리세에 들어가고 국가적인 수재들만 입학할 수 있는 것으로 유명한 최고 명문대인 파리고등사범학교에 입학합니다. 어릴 적부터 대단한 수재였습니다. 그러나 어린 소년인 사르트르는 키가 작았고 사팔뜨기이며 콧소리 나는 작은 목소리의 소유자였습니다. 12세가 되던 해에 어머니가 재혼을 하여 파리를 떠나 라로셸이라는 지방에 살게 되는데, 이런 외모 때문에 괴롭힘을 당하며 힘든 시기를 보냈습니다. 힘들 때 그에게 위로가 된 것은 철학이었습니다. 이때 그는 베르그송의 『의식의 직접적인 데이터에 관한 시론』를 읽고 철학에 깊이 빠져들게 되었습니다.

1940년 35세 때 그는 2차 대전 중에 독일군의 포로가 되었다가 1년이 지나 석방된 뒤에는 주로 레지스탕스 활동에 참여(불어로 앙가주망)합니다. 그리고 전쟁이 끝난 1945년 10월 파리에서 그 유명한 「실존주의는 휴머니즘이다」라는 강연을 했고, 이를 통해 실존주의 철학이 전후의 대표적인 철학 사조(思潮)로 등장합니다. 전쟁의 상처로 상실감과 좌절감에 사로잡힌 전 세계가 이 실존주의 철학에 열광하게 됩니다. 2년 뒤에는 『문학이란 무엇인가』를 발표하여 문학이 세상을 바꾸는 데 기여해야 한다는 참여(앙가주망)문학론을 제시합니다. 이는 문학은 현실과 무관한 순수한 작업이라는 순수문학과는 대립합니다. 우리나라에서는 참여문학을 주장하는 김수영 시인과, 순수문학을 주장하는 이어령 교수가 논쟁을 크게 벌이지요.

사르트르는 1964년에 노벨문학상 수상을 거부하여 더 유명해졌습니다. 이는 노벨상 수상자라는 권위를 가지고 독자를 대하고 싶지 않다는 그의 소망 때문이었습니다. 자신에게 이득이 되는 권위로부터도 자유롭고자 했다는 것은 그의 자유가 단순히 방종이 아니라 책임을 동반한 무거운 자유라는 것을 보여줍니다.

이런 책임감 있는 자유의 실현을 위해 그는 작가로서 『자유의 길』과 『말』 등 여러 소설을 쓰고, 사상가로서 『존재와 무』와 『변증법적 이성비판』 등의 철학책을 출판하고, 실천적 지식인으로서 그 당시 프랑스 식민지였던 알제리 해방을 지지하고, 비판적 신문인 《리베라시옹(해방)》의 창간을 주도하는 등 시대의 양심과 진리의 상징적 인물이 되었습니다. 그는 말 그대로 보편적인 진리를 대변하는 보편적 지식인이자 문학과 철학을 아우르는 사상가이며 작가로서 총체적 지식인의 대표적 인물이 된 것입니다. 하지만 일상생활에서는 별로 소유물도 지니지 않고 정식 결혼도 하지 않은 채 소박하게 살다 1980년에 세상을 떠났습니다.

2 모든 사람들이 자유로운 사회를 꿈꾸다: 사르트르의 철학

하나, 실존주의는 휴머니즘이다.

장폴 사르트르는 프랑스 파리에서 태어나 파리에서 죽은 20세기 프랑스를 대표하는 철학자이면서 동시에 소설가이고 극작가로서 다양한 지적 장르를 망라하는 총체적(통섭적) 지식인입니다. 그는 사상과 문학을 현실에서 실현하고자 현실 비판에 참여한 실천적인 지식인입니다. 그는 한 시대의 보편적인 양심과 진리를 대변하는 예언자이기도 합니다.

사르트르는 독일의 철학자인 에드문트 후설로부터 현상학적 방법에 깊은 감명을 받습니다. 현상학적 방법은 모든 이념의 옷을 벗어버리고 있는 그대로의 사태를 들여다보려는 시도입니다. 수학적인 연역과 도식(형식)적인 사고를 버리고 모든 일상적 선입견과 이론적 선판단(선입견, 경험 이전에 갖고 있는 앞선 생각)을 괄호 안에 넣어 버리고 "사태 그 자체로" 향하여 있는 그대로를 기술(記述)하고자 합니다. 그래서 "사태 그 자체로"라는 말은 현상학을 대표하는 상징적 구호가 됩니다. 여기서 사태(독일어로 자헤Sache)는 물건과 사건 또는 문젯거리를 의미하는 단어이며 영어로는 사물들(things)로 번역되지요. 그러나 일의 벌어진 상황이나 구체적 사건 과정을 더 잘 드러내는 말인 '사태'로 번역하는 것이 더 좋습니다. "사태 그 자체로"는 인간의 의식이라는 추상적인 차원이 아니라 세계와 삶의 실제 상황을 철학적으로 탐구하고자 하는 열망의 구호입니다.

이러한 철학적 관점에서 현실의 부조리를 적확하게 통찰하는 뛰어난 재능을 드러낸 문학작품이 『구토La Nausée』(1938)입니다. 또한 그의 철학적 대가의 면모를 드러낸 작품은 『존재와 무L'Être et le néant』(1943)입니다. 이 책이 처음 나올 무렵에는 하이데거의 『존재와 시간』의 탁월한 주석서로 평가받았습니다. 그러나 1946년에 그 유명한 「휴머니즘에 관한 편지」에서 하이데거는 사르트르의 책이 자신의 책을 오해한 것이라고 단언합니다. 사르트르의 실존주의 철학은 오해가 낳은 최고의 산물입니다.

이러한 그의 작품들은 니체의 정신과 연관해서 읽을 필요가 있습니다. "신은 죽었다."는 기존 가치의 건물을 망치(해머)로 해체하는 니체의 유명한 시대적 선언입니다. 이러한 니체의 기질을 이어받은 사르트르의 실존주의 철학은 무신론을 출발점으로 삼습니다. 사르트르는 20세기에 전통 철학을 가장 세게 망치로 내리친 철학자 중 한 사람인 것이지요.

이러한 그의 사상은 이미 언급한 실존주의의 대표 소설인 『구토』에서 잘 드러납니다. "존재하는 모든 것은 아무 이유 없이 태어나서, 연약함 속에 존재를 이어가다가 우연하게 죽는다." 이 같은 무신론의 세계에는 더 이상 신의 설계와 섭리라는 안정된 삶의 보증서가 존재하지 않게 됩니다.

그러나 그에 따르면 신이 없다는 사실이 인간에게 비관적인 소식이 아닙니다. 다시 말해서 신이 존재하지 않는다는 것에서 거꾸로 인간의 자유가 명확히 드러나게 됩니다. 인간은 존재하는 객관적 사물들과는 달리 일종의 아무것도 아닌 무(無)입니다. 그러나 이 무는 자유라는 운명을 지닌 것으로 밝혀집니다. 인간은 무이기 때문에 자유입니다. 이것이 『존재와 무』가 주는 낙관적인 메시지입니다.

이러한 자유의 옹호 외에도 2차 대전이 끝난 후에 그는 사회적 책임에 눈을 돌리게 됩니다. 그는 고등학교 철학을 가르치는 교사였지만 관료적인 기관에 의한 획일성에 저항하기 위해 넥타이 매기를 거부합니다. 넥타이와 더불어 자신의 특권적인 사회 계급과도 결별하고 소외받은 사람들과 노동자들에게로 더 다가가고자 한 것입니다. 이런 태도와 더불어 이전 작품들에서는 그 자체로 목적이던 자유 자체가 1946년에 행한 유명한 강연록인 『실존주의는 휴머니즘이다 *L'Existentialisme est un humanisme*』에서는 참여적 투쟁 수단이 됩니다.

이제 자유는 사회적 책임을 포함하게 됩니다. 이러한 윤리적 메시지를 사르트르는 소설과 희곡을 통해 세계 전역에 전합니다. 그는 이러한 노력을 인정받아 1964년 노벨 문학상 수상자로 결정되었지만 이를 거절합니다.

앞에서 이야기한 대로 그가 거절한 이유는 스스로 권위적인 기관(당국)이 되는 것을 거부한 데 있고 여전히 투쟁해야 할 현실이 남아 있다는 것입니다. "내가 '장폴 사르트르'라 서명하는 것과 '노벨상 장폴 사르트르'라 서명하는 데는 엄청난 차이가 있습니다. (……) 작가는 설령 그것이 가장 명예로운 방식이라 할지라도 스스로 기관화되는 것을 거부해야 합니다. (……) 오늘날 문화전선에서 할 수 있는 유일한 투쟁은 동서양의 문화가 평화적으로 공존토록 하는 것입니다. (……) 인간과 문화는 '기관'의 간섭 없이 존재해야 합니다."

둘, 실존이 본질에 앞선다.

실제로 사르트르로 인해 유명하게 된 실존주의는 인간 현존재의 실존 방식에 대한 하나의 체험 방식입니다. 그리고 신이 존재하지 않는다는 사실에서 가능한 모든 결론들을 도출하려는 철학적인 시도인 것입니다. 사르트르는 실존주의를 통해서 개인의 자유와 인간의 존엄을 옹호합니다. 신이 존재하지 않는다는 사실과 인간의 자유를 선언한 사르트르의 유명한 실존주의 구호가 "실존이 본질에 앞선다."입니다.

실존과 본질은 수공업에 종사하는 장인의 일을 가지고 설명할 수 있습니다. 실제로 유럽의 형이상학은 이런 수공업적인 방식과 매우 큰 연관성을 지니고 있지요. 예를 들어 장인이 어떤 공예품을 만들 때는 먼저 그것에 대한 개념(이데아)을 가지고 설계하고 이를 특정한 절차에 따라 실현시킵니다. 개념적 설계도는 이데아 또는 본질에 해당하며 실현된 작품은 현실적으로 존재하므로 실존이라고 불리지요. 따라서 개념적 설계도(본질)가 실현된 작품(실존)에 선행합니다.

여기서 개념적 설계도는 본질(플라톤의 이데아, 성리학의 '리(理)')에 해당합니다. 왜냐하면 본질은 어떤 사물의 무엇임(whatness)을 지칭하는 것이기 때문입니다. 책상이란 무엇인가를 묻고 있을 때, 이 물음은 책상의 본질을 묻는 것입니다. 이런 뜻에서 본질이란 어떤 사물을 규정하는 핵심적인 그 무엇에 해당하는 것입니다.

실존이란 어떤 사물이 실제로 존재한다는 사실, 즉 존재 방식을 가리킵니다. 공예품의 실존이란 현실적으로 존재하고 있는 공예품의 존재 방식인 것입니다. 그런데 사르트르에게 영향을 주었던 하이데거는 인간의 존재 방식에만 실존이라는 낱말을 허용합니다. 신도 실존하지 않고 나무도 실존하지 않고 돌도 실존하지 않고 예술작품도 실존하지 않습니다. 오로지 인간만이 실존합니다. 왜냐하면 인간만이 존재의 의미를 드러낼 수 있는 유일한 현존재이기 때문입니다. 그래서 실존이란 인간에게만 그 가능성을 선택할 수 있는 고유한 존재 방식인 것이지요.

장인의 기술적 세계관에 따르면 개념적인 설계도가 현실화된 작품에 선행합니다. 따라서 탁월한 장인으로서의 기독교 신은 자신의 정신 속에 있는 각각의 사물들의 본질에 따라 이것들을 현실화시킵니다. 이러한 본질의 개별적 현실화가 창조인 것입니다. 기독교적 유신론에서는 본질이 실존에 선행하는 본질주의적 사고가 지배적입니다. 그래서 다윈의 진화론이 종의 진화(변화)를 언급했을 때 기독교계가 크게 반발한 이유는 종 또는 생물학적인 본질이 변화한다고 주장하는 것은 본질주의에서는 상상할 수조차 없는 신에 대한 불경이기 때문이지요. 본질로서의 종은 불변이어야 합니다. 왜냐하면 전지전능의 신의 설계도는 변해서는 안 되기 때문입니다. 그래서 본질주의적 사고방식은 신의 섭리에 의한 결정론적 세계관으로 귀결됩니다. 여기에서는 운명이 인간을 지배하게 됩니다. 이로부터 신과 인간의 자유는 양립할 수 없게 됩니다.

이런 이유로 인간의 자유를 옹호하고자 하는 사르트르에게 무신론은 그의 사상의 출발점이 됩니다. 도스토예프스키의 말처럼 신이 없다면 무엇이든 허용될 것입니다. 그는 이 말을 실존주의의 출발점으로 삼습니다. 왜냐하면 신이 없다면 모든 것이 허용되고 그러한 결과로 인간은 자신의 내부나 외부에 의지할 곳도 없고 아무런 핑계나 남의 탓을 할 수 없게 되기 때문입니다. 무신론이란 개념적 설계도인 본질을 모델로 하여 개별적 사물을 창조하는 신의 존재를 부정합니다. 이러한 무신론적 인간에게는 실존이 본질에 앞서게 됩니다. 본질주의는 고정된 불변의 인간의 본성을 그의 본질로 간주합니다. 그러나 실존주의에 따르면 그러한 인간의 본성이 존재할 수 없게 됩니다. 따라서 필연적 귀결로서의 운명이란 인간에게 존재하지 않게 됩니다. 다만 인간에게는 물리적이거나 사회적인 조건들이 일종의 제약으로 작용하긴 하지만요. 이런 제약들에 근거를 두면서도 이 제약들을 벗어나려고 노력한다는 점에서 "인간은 자유로우며 인간은 자유 그 자체"로서 자기 자신의 본질인 운명을 만들어가는 자입니다.

무신론적 실존주의는 이처럼 인간의 자유를 확증함과 동시에 신에 의한 가치나 질서도 인정하지 않습니다. 이런 상황에서 인간은 자신의 행동에 대한 정당성이나 변명의 구실을 기존의 확고한 가치의 권역에서 찾을 수 없게 됩니다. 그래서 인간은 자유의 선고를 받은 것입니다. 인간은 스스로를 창조한 것은 아니고 그냥 세상에 던져진 까닭에 선고(宣告)를 받는 것입니다. 하이데거 식으로 말하면 인간은 자신을 기획(기투)하기 이전에 이미 이 세상에 내던져진(피투된) 존재자입니다. 이것이 인간에게 주어진 조건, 즉 인간의 조건입니다. 그러나 이 세상에 한 번 내던져진 이러한 조건 속에서 그는 자유롭게 행동할 수 있습니다.

이것은 자신의 가능성을 기획 투사할 수 있음을 의미합니다. 자신이 기획했기 때문에 그 결과에 대해 남의 탓을 할 수 없습니다. 그래서 절대 불변의 본성이나 신의 섭리를 불신하는 인간은 자신의 모든 행동에 대해서 책임을 져야 합니다.

사르트르에 따르면 실존주의는 이 지상에서 드러난 어떤 이정표에도 도움을 받을 수 있을 것이라고는 생각하지 않습니다. 왜냐하면 인간이란 제가 원하는 대로 이 이정표를 해석(판독)할 것이라고 실존주의자는 생각하기 때문입니다. 이런 점에서 인간이란 어디에도 의지하거나 도움을 받지 않고 매순간 자신을 창조하도록 선고를 받은 것입니다. 그래서 "사람은 사람의 미래"(퐁주)입니다. 그러나 미래라는 것이 하늘에 쓰여 있다거나 신이 그것을 미리 안다고 생각한다면 그것은 잘못이 됩니다. 왜냐하면 미리 정해진 것은 이미 미래가 아닌 것이기 때문입니다.

자유의 선고를 받은 인간은 이러한 자유를 통해서 더 나은 것을 선택해야 하는 책임을 갖기 마련입니다. 따라서 인간은 스스로를 극복해야 하는 초월의 책임이 있습니다. 이는 마치 니체의 위버멘쉬(초인)와 같습니다. 인간은 초인입니다. 초인으로서 인간은 스스로가 입법자인 이상 비인간적인 자기 자신을 극복하며 자신을 진정한 인간으로 만들어야 합니다. 이 점 때문에 실존주의는 휴머니즘이 됩니다.

그러나 동시에 휴머니즘이기에 인간은 그 자신도 자유로우며 다른 모든 사람들도 자유로울 수 있는 사회를 만들어가야 하는 책임이 있습니다. 다시 말해서 인간은 늘 사느냐(존재할 것이냐) 죽느냐(존재하지 않을 것이냐)로 고민하는 햄릿과 같다는 뜻입니다. 그러나 햄릿처럼 고민만 해서는 그 고민을 낳은 사회문제를 해결할 수 없어서 비극적인 결론에 도달하게 됩니다. 이 고민을 해결하기 위해 그 고민의 뿌리가 되는 현실적인 문제들을 해결하려는 사회적 실천을 해야 합니다. 이런 점에서 사르트르의 실존주의는 휴머니즘을 외치면서도 동시에 마르크스의 코뮌주의를 받아들이게 됩니다. 그의 무신론적 실존주의는 휴머니즘이자 코뮌주의입니다.

셋, 모든 사람이 진정하게 자유로운 사회를 건설해야 한다.

실존주의적 휴머니즘에 따르면 자유로운 선택을 할 수 있는 인간이라면 모든 사람이 진정으로 자유로운 사회가 되는 데 방해가 되거나 소수만이 자유로우며 억압과 착취가 존재하는 사회를 비판하는 동시에 이러한 사회의 문제점을 해결하거나 문제의 사회구조를 바꾸기 위해 참여(앙가주망)해야 합니다. 이처럼 사르트르는 평생 동안 한 번도 자유를 부정한 적이 없지만 그렇다고 해서 무책임하게 자유만 주장한 것도 아닙니다.

1930년대에 처음으로 정치를 인식하게 된 많은 지식인들과 마찬가지로, 사르트르는 소수만이 자유롭고 다수가 착취당하거나 억압당하는 자본주의 대신에 "자유로운 개인들의 자유로운 연합"인 코뮌주의를 죽을 때까지 옹호합니다. 다시 말해서 그가 가장 빈번하게 말한 것처럼 모든 구성원이 똑같은 수준의 자유를 누릴 수 없는 한 어떤 사회도 자유롭지 않다는 것이지요.

죽은 자본이 살아 있는 노동을 지배하는 자본주의의 소외 구조 속에서 노동계급의 자유(예를 들어, 비정규직의 자유)가 특권층인 자본가 계급의 자유(예를 들어, 재벌 회장의 자유)보다 훨씬 더 제한되어 있으므로, 인간의 자유를 증진시키고자 하는 지식인의 최우선 과제는 만인이 자유로운 코뮌주의 또는 사회주의 사회를 건설하는 데 참여하는 것입니다.

지식인의 비판적 기능은 비록 자신의 직업적 활동과 기능의 수준에서 작동되어야 하지만, 결국은 그 사회가 안고 있는 근본적인 모순을 폭로할 수밖에 없습니다. 다시 말해서 지식인은 "지배 계층이 그들의 이익을 위하여 주장하는 진리와 신화 및 그들이 그 자신의 지배 권력을 유지하기 위해 사회의 다른 계급에서 강요하며 보존시키고 있는 가치와 전통들의 모순점을 인식"하는 것입니다. 자유롭지만 이 자유를 실현하는 데 책임이 있는 지식인은 모순된 사회에서 태어나 그 사회의 모순을 내재화시켰으므로 그 모순된 사회의 증인이 됩니다. 즉 그들은 역사적 산물로서 그 시대의 증인이 됩니다. 지식인을 만든 것은 그 사회이므로 만약 어떤 사회가 지식인을 비난하게 된다면 그 사회는 자기 스스로를 부정하는 것이고 손상시킨다는 것이지요.

그러나 1968년 프랑스에서 일어난 대규모 학생운동인 68혁명에서는 이러한 지식인도 학생들로부터 기존의 권위적 기관으로서 비판받게 됩니다. 사르트르의 죽음과 더불어 그 시대의 보편적인 진리의 입법자이자 대중을 선도하는 예언자로서의 지식인의 역할도 끝나버립니다. 그의 죽음은 한 사람의 철학자의 죽음이 아니라 한 시대의 죽음이라 할 수 있습니다.

3 『실존주의는 휴머니즘이다』와의 대결

사르트르의 실존주의 철학은 무신론을 주장합니다. 니체를 이어받아 신이 없다고 선언하는 것입니다. 신이 없으면 인간은 자유롭습니다. 왜냐하면 신이란 삶의 절대 좌표요 기준이기 때문에 신이 존재한다면 이미 인간이 앞으로 가야 할 길이 정해진 것이나 마찬가지이기 때문입니다. 그래서 유일신을 강조하는 기독교는 인간의 운명을 신의 섭리에 의해 미리 결정된 것으로 간주합니다. 이렇게 운명을 결정하는 신이 없으면 인간은 자유롭습니다. 그래서 사르트르는 무신론을 강조하는 것입니다.

 제가 대표하는 무신론적 실존주의는 상당히 일관성이 있습니다. 그것은 다음과 같이 선언합니다. 신이 존재하지 않는다면 적어도 하나의 존재자가 있어야 한다고. 그 존재자에서는 실존(l'existence)이 본질(l'essence)에 앞섭니다. 또한 이 존재자는 어떤 개념에 의해 정의될 수 있기 이전에 실존합니다. 그리고 이 존재자가 인간입니다. 또는 하이데거가 말한 것처럼 인간 실재입니다. 여기서 '실존이 본질에 앞선다.'는 말이 의미하는 바가 무엇일까요? 그것은 인간은 우선 세계 안에 실존하고 있다는 사실을 의미합니다. 즉 인간은 먼저 세계 안에 나타나며 불쑥 생겨난다는 것이고 그 이후에 규정된다는 뜻입니다. 실존주의가 생각하는 인간이란 정의될 수 없는 것입니다. 즉 인간은 우선 아무것도 아닙니다. 나중이 돼서야 그는 무언가로 존재할 것이고 그가 자기 스스로 만든 것이 될 것입니다. 그래서 인간의 본성이라는 것은 존재하지 않습니다. 왜냐하면 이것을 생각하는 신이 존재하지 않기 때문입니다.

— 『실존주의는 휴머니즘이다』 중에서

실존주의는 실존을 강조하는 철학입니다. 실존의 반대말은 본질입니다. 배우 신민아의 역할로 유명해진 예쁜 구미호는 인간인가요 아니면 여우인가요? 꼬리가 아홉 개 달린 여우이지요. 더 정확히 말하면 인간이 되고 싶은 여우이지요. 왜 여우인가요? 겉모습은 인간이지만 실상(실제 모습)이 여우이기 때문입니다. 철학에서는 겉모습을 현상(우리 눈앞에 나타난 모습)이라고 하고 실상을 본질(이데아) 또는 본성이라고 합니다.

본질이란 영어로 'Whatness(무엇임)'라고도 합니다. 인간이란 무엇인가? 여기에 대한 답이 인간성, 즉 인간의 본질입니다. 무엇임이란 곧 무엇인가에 대한 답이라고 할 수 있지요. 이 무엇임인 본질을 플라톤은 이데아라고 부르고 아리스토텔레스는 형상(form)이라고 부릅니다. 이데아란 꼴, 모습 즉 형태라고 할 수 있습니다. 그래서 형상이라고 부릅니다. 동양 철학의 성리학에서는 이를 '리(理)'로 부르고 노자와 장자로 대변되는 도가에서는 이를 '도(道)'라고 부르기도 합니다. 인간의 꼴을 하고 있어야 인간이지요. 이 인간이 인간의 모습을 갖도록 해주는 근거가 인간의 이데아이지요. 즉, 인간의 '리(理)'이자 인간의 본질이지요. 그런데 저나 여러분이나 모두 인간의 본질을 갖고 있기 때문에 인간이라고 규정됩니다. 구미호 신민아는 인간의 모습을 하고 있지만 이는 사기이지요. 원래 그녀는 인간의 본질은 없고 여우의 본질만 가지고 있어요. 그래서 그녀는 여우라고 규정됩니다. 이렇게 무엇이라고 규정하는 그 무엇임을 우리는 본질(l'essence)이라고 부릅니다.

플라톤은 이 본질인 이데아가 변하지 않고 영원한 존재라고 생각했어요. 인간의 본질이 변한다면 인간과 구미호는 구분될 필요가 없고 구미호 신민아가 인간이 되고 싶다고 소망할 이유도 없지요. 이런 식으로 본질이 변하지 않는다고 생각하는 철학을 우리는 본질주의라고 부릅니다. 아하. 이 본질주의에 반대하는 철학이 실존주의라는 것을 이제 예상할 수 있을 것입니다. 그럼 실존이란 무엇입니까? 실존(l'existence)이란 실제로 존재하고 있음을 가리킵니다. 다시 말하면 이것은 있다는 사실을 가리킵니다. 있다는 사실이므로 뭐라고 규정하기 어렵습니다.

그러나 본질주의에서는 본질이 먼저 존재하고 그 본질이 밖으로(ex) 나올(ist) 때만 어떤 것이 존재합니다(exist). 예를 들어 기독교 창조론에서 신이 자신의 정신 안에 있는 나무의 본질을 밖으로 세우면, 즉 창조하면 이 나무가 실제로 존재하게 됩니다. 이런 점에서 플라톤의 이데아론이나 기독교의 주류는 본질주의를 강조하게 됩니다. 즉 본질이 실존에 앞선다는 것입니다. 이 사람, 저 사람보다 먼저 사람의 이데아, '리(理)'가 존재한다는 것입니다. 본질주의는 본질이 어떤 것을 무엇이라고 규정하는 것이므로 어떤 것은 존재하기에 앞서 미리 정의를 갖게 된다고 주장합니다. 따라서 인간은 이미 어떤 본성이나 규정이나 정의를 갖고 태어납니다. 인간은 태어나기 전에 이미 결정된 존재라는 뜻입니다. 마치 리처드 도킨스의 유명한『이기적 유전자』가 인간이란 유전자에 의해 미리 결정된다고 주장하는 것처럼 말이지요. 도킨스의 진화론은 기독교적인 본질주의에서 벗어난 다윈의 진화론을 다시 생물학적 본질주의로 만들고 있다는 점에서 스티븐 제이 굴드와 같은 급진적 진화론자에 의해 비판받기도 합니다.

사르트르는 이렇게 미리 결정된 존재인 인간은 자유롭지 않다고 생각합니다. 그래서 그는 본질이 실존에 앞선다는 본질주의의 주장을 뒤집습니다. 다시 말해서 실존이 본질에 앞선다고 말이지요. 실존이 본질에 앞선다는 이야기는 인간은 유전자나 신, 또는 사주팔자와 같은 것에 의해 미리 결정된 존재가 아니라는 뜻입니다. 예를 들어 인간의 본질을 영화의 시나리오에 비유하면 우리 자신의 시나리오 작가는 신도 아니고 이데아도 아니고 유전자도 아니라는 뜻입니다. 나 자신의 시나리오, 즉 내가 무엇이라고 하는 규정은 내가 살아가면서 스스로 만들어간다는 뜻입니다. 내가 내 삶의 작가인 것입니다. 이로 인해 나는 자유롭습니다. 그래서 인간은 먼저 세상에 존재하고 나중에 정의된다고 혹은 규정된다고 사르트르가 말하는 것입니다. 실존이 본질에 앞선다는 것은 인간은 미리 결정된 존재가 아니라 자유롭다는 사실을 선포한 것입니다. 나는 나 스스로 내 삶을 써나가고 만들어 나간다는 것이 실존주의 철학의 핵심입니다. 인간은 자기 삶의 주인입니다. 즉 인간은 주체로 실존합니다. 실존주의는 주체의 철학입니다. 그래서 실존주의는 휴머니즘입니다.

그런데 한 가지 유의할 점은 동물이나 식물은 실존하지 않습니다. 오직 인간만이 실존합니다. 왜냐하면 자신의 삶의 이야기를 쓴다는 것은 이미 스스로 자유롭다는 것을 의식하고 있어야 함을 전제하기 때문입니다. 인간만이 스스로 자유롭다는 점을 의식하고 있기 때문에 인간만이 실존합니다. 돌멩이도 실존하지 않습니다. 나무도 실존하지 않습니다. 여우도 실존하지 않습니다. 심지어 신도 실존하지 않습니다. 구미호가 인간의 삶을 선택하고 싶어 한다는 점에서 이미 구미호는 인간과 마찬가지로 실존하는 것입니다. 왜냐하면 선택은 자유에 의한 행동이기 때문입니다. 그래서 구미호는 고민하고 괴로워하는 것입니다. 여러분, 고민이 있을 때나 괴로울 때 너무 상심하지 마세요. 이러한 마음의 고통이 여러분이 자유롭고 실존한다는 것을 반대로 말해주는 것이기 때문입니다.

도스토예프스키는 다음과 같이 썼습니다. "신이 존재하지 않는다면 모든 것이 허용된다." 이 말이 실존주의의 출발점입니다. 실상 신이 없다면 모든 것이 허용되는 결과로서 인간은 홀로 내버려집니다. 왜냐하면 그는 자신의 내부에서나 외부에서 의지할 가능성을 발견하지 못하기 때문입니다. 우선적으로 그는 어떤 변명거리도 찾을 수 없습니다. 만약에 실제로 실존이 본질에 앞선다면 우리는 결코 일정하게 주어진 굳어버린 인간의 본성에 의거하여 설명할 수가 없을 것입니다. 달리 말하면 결정론은 존재하지 않습니다. 인간은 자유롭습니다. 인간은 자유입니다.

다른 한편, 만약에 신이 없다면 우리는 우리의 행동을 정당화해 주는 가치나 질서를 우리 눈앞에서 발견하지 못합니다. 그래서 우리는 뒤에서나 앞에서나 확연한 가치영역 안에서 어떤 정당화나 변명거리를 가질 수 없습니다. 우리는 아무런 변명거리도 없이 홀로 남겨져 있습니다. 이것이야말로 사르트르가 인간은 자유롭도록 판결을 받은 셈이라는 말로 표현하고자 한 바입니다. 자유의 선고를 받은 셈이라는 말로써 표현은 끝납니다. 판결을 받았다는 것은 인간이 자기 자신을 창조하지 않은 까닭이요, 그럼에도 불구하고 자유롭다는 것은 세상에 내던져진 순간부터 그가 행한 모든 것에 대해 책임이 있는 까닭입니다. 실존주의자는 열정의 힘을 믿지 않습니다. 하나의 대단한 열정이 숙명적으로 인간을 어떤 행동으로 몰고 가는 파괴적인 격류라든가 그리고 이 때문에 그 열정이 변명거리가 될 수 있다든가 하는 식으로 그는 결코 생각하지 않습니다. 그는 인간은 자신의 감정에 책임이 있다고 생각합니다. 실존주의자는 또한 자신을 인도해 줄 어떤 주어진 표지판을 이 땅 위에서 발견할 수 있을 것이라고는 생각하지 않을 것입니다. 왜냐하면 인간이란 그 표지판을 자기가 원하는 대로 자의적으로 해석할 것이라고 그는 생각하기 때문입니다.

그러므로 인간은 아무런 기반도 없고 도움도 없이 매순간 인간을 창조하도록 판결을 받았다고 그는 생각합니다. 퐁주(Ponge, 프랑스의 시인)는 그의 글에서 "인간이 인간의 미래이다."라고 말했습니다. 이는 완전히 옳은 말입니다. 오로지 확실히 옳은 말입니다. 만약 그 말을 미래가 하늘에 미리 쓰여 있다든가 신이 그 미래를 보았다고 사람들이 이해한다면 그것은 잘못입니다. 왜냐하면 더 이상 그런 것은 미래가 아닐 것이기 때문입니다. 만약 사람들이 만들어야 하는 미래, 즉 그를 기다릴 처녀 같은 미래가 있다고 이해한다면 이것은 맞는 말입니다.

신은 인간이 존재하기 위한 근거 중의 근거입니다. 근거란 바탕입니다. 바탕이 없다면 인간은 깊은 나락 속으로 빠질 것입니다. 인간이라는 건물은 신이라는 탄탄한 바탕 위에 서 있어야 합니다. 또한 신은 인간이 앞으로 나가야 할 방향을 가리키는 나침반입니다. 즉 신은 인간 행위의 목적입니다. 인간이라는 배는 신이라는 항구를 향해 신으로부터 주어진 나침반을 가지고 항해해야 합니다. 그렇지 않으면 인간은 방향을 잃고 헤맬 것이기 때문입니다. 나침반은 인간 행동이 지향해야 할 방향을 가리켜 준다는 점에서 일종의 가치입니다. 가치란 올바른 방향을 가리키는 행위 기준입니다. 신은 인간 존재의 근거이자 인간 행위의 목적이요 가치입니다.

그러나 동시에 신은 인간의 주인입니다. 왜냐하면 신이 미리 가지고 있는 생각(설계도 또는 본질)으로 인간을 만들었고 만든 후에는 인간에게 앞으로 가야 할 방향을 미리 정해 주었기 때문입니다. 신이 있다면 인간은 미리 결정된 존재에 불과합니다. 결정된 존재는 운명적이기 때문에 자신의 삶을 바꾸거나 선택할 수 없습니다. 정해진 대로 살 뿐입니다. 그래서 신이 있다면 인간은 자유롭지 않다고 사르트르는 생각한 것입니다.

거꾸로 신이 없다면 인간은 의지처가 없습니다. 그래서 홀로 내버려져 있습니다. 그러나 이 사실이야말로 인간이 자유롭다는 뜻입니다. 인간은 세상에 태어날 때 스스로 선택해서 태어나는 것이 아니라 이 세상에 던져질 뿐입니다. 그러나 이 세상에 던져진 이후에는 스스로의 가능성을 향해 자신을 던질 수 있습니다. 자신을 던질 수 있다는 것은 스스로 자신의 삶을 선택할 수 있다는 것입니다. 왜냐하면 홀로 내버려진 인간은 확고한 토대가 없으므로 정해진 방향이나 가치가 없기 때문입니다. 신이 없는 고독한 인간은 자기 스스로 자신의 삶을 살아야 하고 스스로 자신의 방향을 잡아야 합니다. 그래서 인간은 인간의 미래입니다.

이 미래는 운명론처럼 사주팔자에 쓰여 있는 것도 아니며 천명처럼 하늘에 쓰여 있는 것도 아니고 기독교의 섭리처럼 신이 미리 본 것도 아닙니다. 또는 도킨스가 주장하는 것처럼 유전자에 의해 미리 정해진 것도 아닙니다. 또는 부모님이나 권력자에 의해 미리 정해진 것도 아닙니다. 나의 미래는 내가 써가야 하는, 그래서 아직 아무것도 쓰여 있지 않은 공책입니다. 그 대신 내가 행하고 말하고 생각하는 모든 것에 이제 내가 책임을 져야 합니다. 왜냐하면 내가 내 삶의 주인이기 때문입니다. 내가 쓴 것이니 문제가 있더라도 내가 책임지는 것이 당연합니다.

이처럼 자유에는 책임이 따릅니다. 그래서 사르트르의 자유는 신자유주의가 주장하는 시장의 자유처럼 가볍지 않습니다. 즉, 무책임하지 않습니다. 신자유주의를 주도하는 월가의 무책임이 현재의 세계적 경제위기의 근원입니다. 그래서 월가의 무책임에 대해 전 세계의 의식 있는 사람들이 비판의 목소리를 내고 그 무책임으로 인해 절망에 빠진 사람들이 절규하고 있는 것입니다. 반대로 자유가 무겁다는 것은 내가 스스로 이 자유에 합당한 도덕과 정의를 제시해야 한다는 뜻입니다. 왜냐하면 인간은 홀로 사는 존재가 아니라 서로 함께 살아가는 존재이기 때문입니다. 그래서 인간은 내 삶뿐만이 아니라 내가 살아가고 있는 공동체에 대해서도 책임을 가져야 합니다. 기업에 대해 사회적 책임이나 윤리성을 강조하는 근래의 추세는 이런 자유관을 바탕으로 하는 것입니다. 자유가 있는 만큼 책임도 있는 것입니다.

책임이 있는 무거운 자유를 지닌 존재이기에 인간은 자신의 삶에 문

사르트르의 자유는 무책임하고 가벼운 시장의 방종이 아닙니다. 우리 사회와 세계의 현실적인 문제들을 자기의 문제로 여기는 책임감과 더 나은 세상을 만들기 위한 고뇌를 동반한 무거운 자유입니다.

제가 있으면 스스로 이 문제를 고치려고 노력하듯이 사회나 세계에 문제가 있으면 마찬가지로 이 문제를 해결하기 위해 적극적으로 참여(앙가주망)해야 합니다. 이러한 자유의식이 문학과 예술에도 마찬가지로 있어야 합니다. 그래서 그는 참여문학론을 제시합니다. 참여문학이란 문학과 예술이 거짓 현실을 고발하고 참된 현실을 실현하는 데 기여해야 함을 의미합니다. 그가 위대한 작가로서 시대의 보편적인 진리와 양심으로 사회와 세계의 문제에 적극적으로 참여한 까닭이 여기에 있습니다. 그에게 자유란 방종이나 고독으로의 침잠이 아니라 삶에 대한 책임과 세상 참여입니다.

철학의 이정표 세우기

『사르트르 평전』
베르나르 앙리 레비 지음, 변광배 옮김, 을유문화사, 2009

이 전기는 프랑스의 새로운 보수주의를 지향하는 '신철학'의 기수인 베르나르 앙리 레비가 장폴 사르트르 사망 20주기를 맞아 2000년에 출간한 책이다. 원제가 '사르트르의 세기'인 이 평전은 철학적이어서 전기적 사실에 대한 친절한 서술을 찾아보기는 어렵다. 대신 이 평전은 사르트르라는 인간이 만들어간 생각의 역사를 충실히 되밟고, 그와 얽힌 당대 모든 지식인·사상가들을 소개함으로써 사르트르를 중심에 세운 20세기 지성사를 창출한다. 레비의 서술 속에서 20세기는 그대로 '사르트르의 세기'가 된다. 1945년 마흔 살을 기점으로 하여 사르트르는 지식인을 대표하는 지식인이 된다. 사르트르가 사르트르로서 자립하기 위해 두 명의 막강한 적수, 문학에서는 앙드레 지드와 철학에서는 앙리 베르그송을 극복해야 했다. 사르트르는 조이스·헤밍웨이·포크너 같은 영미 작가들을 탐독함으로써 지드의 영향력에서 탈출했으며, 후설·하이데거·니체와 같은 독일 철학자들을 통해 베르그송을 넘어선다. 사르트르의 위대함은 문학과 철학을 포함해 모든 지식 장르를 종합적으로 엮어내는 '총체적 지식인'의 모습에 있다. 그 총체성으로써 사르트르는 지드와 베르그송을 넘어 사르트르 자신이 되었다. 그것은 "스피노자이면서 스탕달이 되고 싶다"던 그의 소망이 실현된 것이다.

장폴 사르트르의 실존주의 소설
『구토』
방곤 지음, 문예출판사, 1999

사르트르의 '구토,' "몸짓 언어로 탈바꿈" '세컨드네이처-구토'

프랑스의 실존주의 철학가이자 작가인 장폴 사르트르의 「구토(嘔吐, Le Nausee)」

가 현대 무용으로 탈바꿈해 대중들을 찾는다. 현대무용 단체인 김성한 세컨드네이

처(Second nature)컴퍼니는 사르트르 서거 30주년을 맞이해 오는 26일부터 28일까

지 대학로 예술극장 대극장에서 「구토」를 공연한다. 소설 「구토」는 조약돌이나 문

의 손잡이 따위 등에도 구토를 느끼는 인물 로캉탱을 통해 인간의 내면의식을 추적

해 가는 과정을 담는다. 로캉탱은 글을 쓰는 작업이 모든 존재의 부조리와 절망감

을 극복하게 해주리라 생각하는 사르트르의 분신과 같은 존재. 「구토」는 실존주

의의 형상화라는 난해한 주제를 주인공 로캉탱의 예리한 삶의 관찰을 통해 여실

히 드러낸다. 특히 「구토」는 실존주의 철학 창시자인 사르트르의 영원한 고전으

로 손꼽히며 일반인에게도 친숙한 고전. 세컨드네이처 측은 "누구와도 바꿀 수 없

는 나의 실존, 즉 주체성을 찾는 과정을 무용수들의 몸짓으로 숨막히도록 토해내

게 될 것"이라며 "관객은 매스꺼움이 아닌 생의 의지, 자유의지에 대해 꿈꾸게 될

것"이라 설명했다. 이어 "고전인 「구토」를 무대화함으로써 인간의 자유의지와 휴

머니즘을 이야기하고자 한다"고 강조했다. 「구토」는 2010년 서울문화재단 공연

예술 창작활성화 선정작이다. 안무는 장 프랑수아 뒤루르 무용단에서 활약했던

김성한 예술감독, 연출은 서울 종합예술학교 오선명 교수, 음악 작곡은 동국대학

교 김준 교수가 각각 맡았다.

《스포츠조선》박현민 기자

2.
진정한 자유와
나를 찾는
글쓰기

| 푸코, "내가 누구인지 묻지 말라"

1   자아로부터 자유로운 철학자, 푸코의 삶

아 ! 슬프게도 푸코는 대입시험에 낙방한다 .

미셸 푸코(Michel Foucault)는 1926년 프랑스의 고색창연한 도시인 프아티에에서 외과의사인 아버지와 자식 교육에 열성인 어머니 사이에서 1남 2녀 중 두 번째로 태어났습니다. 어머니는 가정교육이 매우 엄격하였지만 '스스로 깨닫는 것이 제일 중요하다'고 생각하여 나중에 철학을 하고 싶은 아들이, 의사가 되기를 원하는 아버지와 진로 문제로 갈등할 때 아들 편을 들어주었지요.

푸코는 1930년에 누나와 떨어지기를 원치 않아 앙리 4세 리세에서 공부하게 되었습니다. 거기서 2년 동안 유아 수업을 받고 계속하여 초등학교 과정과 중학교 과정을 다녔습니다. 그러나 2차 대전의 피난민들이 이 도시로 몰려들어 파리에서 전학 온 우수한 학생들로 인해 석차의 등수가 밀려나게 되자 푸코는 충격을 받았습니다. 아들의 성적이 1년간 부진하자 어머니는 전쟁 중에 뇌졸중으로 쓰러진 교장이 학교를 관리할 수 없다는 것에 주목하여 1940년에 아들을 생스타니슬라스 학교로 옮겼습니다. 이곳에서 이상한 역사 선생인 몽사베르 신부님의 매력적인 수업으로 인해 푸코는 역사에 빠져들었습니다. 그 후 엄청난 장서를 가지고 있던 기이한 에그렝 신부님에게로 가서야 그는 앎에 대한 갈증을 해결할 수 있었지요. 그 신부님은 고등학생들에게 역사와 철학 책을 빌려주어 학교 공부에서 배울 수 없는 지식을 독서를 통해 제공한 것입니다.

푸코는 1942년 고3반에 들어갔고 철학을 선택했습니다. 계속해서 우수한 철학 선생님들이 독일군에 체포되거나 병에 걸려 제대로 배울 수 없자 어머니는 문과대학 교수들에게 부탁하여 자기 아들을 지도할 철학 과외 선생님을 구했습니다. 푸코의 성적은 향상되어 언제나 2등을 하였습니다. 그리고 1943년 6월에 프랑스 대학입학자격시험인 바칼로레아 시험을 치러 양호한 성적을 획득했지요. 고등학교를 마친 후 아버지는 아들이 당신처럼 의사가 되기를 원했습니다. 그러나 푸코는 역사와 문학에 열중했고 의사가 되기를 거부했습니다. 갈등이 심해지자 어머니가 중재하여 푸코는 자신이 원하던 파리고등사범학교(문과의 수재들이 가는 최고의 대학)에 들어가기 위한 입시 공부를 시작하게 됩니다.

이 명문 대학에 입학하기 위해서는 높은 합격률을 자랑하는 파리의 유명 고등학교의 대입준비반에 들어가야 하지만 어머니는 아들을 먼 파리에 혼자 보내고 싶지 않았습니다. 고향의 학교에 다시 들어간 그는 가스통 데의 역사 강의와 장 모로 레벨의 철학 강의에 사로잡혀 베르그송과 플라톤, 데카르트, 칸트, 스피노자 등을 읽기 시작했습니다. 1943~1945년의 입시 준비 기간 동안 그의 학교 생활은 전쟁이 끝나갈 무렵이라 대단히 혼란하고 어려운 시기였습니다. 특히 난방 문제가 심해서 학생들이 학교 옆에 주둔한 군 막사에서 장작을 훔쳐오기까지 했습니다. 폭격을 받고 연합군의 승리 소식을 들으면서도 학생들은 여전히 입시 공부를 해야 했습니다. 1945년 7월에 입시 결과가 나왔습니다. 푸코는 필기 시험 석차가 101등이어서 100명까지만 응시하는 구술 시험에 나갈 수 없게 되었습니다. 시골에서 언제나 우등생이던 그가 대학 입시에 떨어진 것입니다. 미셸 푸코의 18세는 그렇게 우울했습니다.

이에 그는 자신의 고향인 푸아티에를 떠나 파리의 명문 고교로 가서 재수 준비를 하였습니다. 이 학교에서 우수한 교수진으로부터 철학의 향기를 제대로 느낄 수 있었습니다. 특히 헤겔 철학의 대가인 장 이폴리트 선생님의 강의는 '역사를 이야기하는 철학의 가능성'을 푸코에게 보여주었습니다. 그는 1960년에 자신의 박사학위 논문인 그 유명한『고전주의 시대의 광기의 역사』에서 세 분의 스승에게 헌정사를 바쳤습니다. 이 책에 영감을 주신 분들로 그가 언급한 사람들은 조르주 뒤메질, 조르주 캉길렘, 그리고 장 이폴리트였습니다. 나중에 그가 1970년에 프랑스 최고의 학술기관인 콜레주 드 프랑스의 '사상체계의 역사'의 담당교수가 된 것은 이 분들의 적극적 추천 덕분이었습니다.

2 다른 존재가 되기 위한 글쓰기: 푸코의 철학

하나, 내가 누구인지 묻지 말라: 푸코의 가면놀이

푸코는 어떤 작품의 저자에 대해 '진짜 저자는 누구인가?' 또는 '우리는 그의 진짜 여부와 독창성을 확인했는가?' '그리고 그는 그의 언어를 통해 자신의 가장 깊은 자아를 보여주었는가?'와 같은 물음을 묻지 말자고 합니다. 대신 그는 다음과 같이 말합니다. '누가 말하건 무슨 상

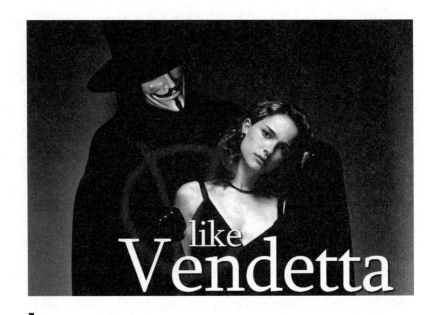

■ 촛불시위 때 대단한 관심과 주목을 받은 영화 「브이 포 벤데타」의 한 장면. 서기 2040년 전체주의 사회가 된 영국에서 기존 체제에 저항하는 사람들뿐만 아니라 단지 생각이 다른 사람들도 '영혼을 관리하는 수용소'로 끌려갑니다. 이때 과거에 국회의사당을 폭파하려다 처형당한 사람의 가면을 쓰고 나타난 한 사나이가 사람들을 조직해서 이러한 폭압적인 세상을 바꾸려는 혁명을 시도합니다. 여주인공도 '브이'라고만 알려진 이 사나이의 매력에 끌려 그의 '가능한 위반(違反)' 실천에 동참하게 되지요.

관인가' 이러한 그의 가면놀이의 진정한 의도는 무엇일까요?

　푸코의 이러한 글쓰기 전략 탓에 그는 구조주의자, 탈구조주의자, 비합리주의자, 상대주의자, 무정부주의자, 허무주의자 등 여러 명칭으로 불렸습니다. 그러나 그는 언제나 정지된 채로 머물러 있지 않고 자신을 실험적으로 변화시키기를 원했습니다. 이런 생각으로 인해 그는 다음과 같이 요청합니다. "내가 누구인지 묻지 말라. 내가 언제나 동일한 존재로 있기를 요구하지 말라. 한 사람 이상의 나와 같은 사람이 어떠한 얼굴도 갖지 않기 위해서 글쓰기를 하고 있다." 반대로 일반 작가들은 자신의 진정한 얼굴을 보여주고 싶어 합니다. 그 책에 대한 정체 확인을 통해 이것에 대한 자신의 소유권을 확고하게 하려고 합니다. 그런데 무엇 때문에 그는 이러한 가면놀이를 선호할까요?

그의 의도는 다음과 같은 말에서 잘 드러납니다. "나는 글쓰기를 좋아하지 않습니다. 나에게 글쓰는 일이 재미있는 경우는 수단이나 전략, 정찰 등의 명분으로 오로지 투쟁의 현실과 결합되는 경우에 한해서이지요. 나는 내 책이 메스나 폭약, 아니면 지뢰를 파묻는 갱도 같은 것이 되어서 조명탄의 불꽃처럼 한번 사용된 후에는 흔적도 없이 사라졌으면 좋겠습니다." 이러한 정신을 바탕으로 그는 자신의 책이 "생산자의 소유를 벗어나 누구나 필요에 따라 언제든지 들고 다니면서 쓰일 수 있는 연장통"이 되길 바란 것입니다.

얼굴을 갖지 않는 글쓰기에 관한 푸코의 말을 이해하려면 우선 그의 철학적 에토스(태도, 윤리)를 살펴보아야 합니다. 에토스라는 것은 원래 그리스어입니다. 이 에토스(ethos)라는 말에서 영어의 윤리(ethic)라는 말이 나온 것입니다. 그리스에서 에토스는 '태도'를 뜻합니다. 이 태도가 윤리적인 것입니다. 윤리는 단순히 행위의 문제가 아니라 행위자의 태도인 것입니다. 행위자의 태도는 그의 존재 방식에서 기인하는 것이지요. 그래서 푸코는 이 에토스라는 말을 동시대의 현실에 관계 맺는 존재 양식으로 이해합니다. 그 이유는 "작가의 작업이 텍스트는 물론이고 삶 전체를 포함하기 때문이다." 이렇게 에토스는 사람들의 실존적인 태도, 다시 말해서 생각하고 느끼는 방식으로 규정됩니다.

푸코에게 글쓰기는 단순히 뭔가를 설명하거나 어떤 것을 기록으로 남기기 위해서가 아니라 자신의 삶을 다르게 살기 위한 것입니다. 글을 쓰면 자신의 존재가 바뀌어야 합니다. 글을 쓰고 난 뒤에도 자신의 존재가 똑같은 상태라면 제대로 쓰지 않은 것입니다. 이것이 니체가 말하는 초인적인 글쓰기입니다. 푸코의 영웅은 니체입니다. 니체가 신을 살해했듯이 푸코는 책의 저자를 살해합니다. 더 나아가 인간까지 살해합니다. 실제로 이러한 '인간의 죽음'이라는 선언으로 그는 유명해집니다. 이런 그에게 그가 누구인지 묻거나 그의 철학이 어떤 종류의 사조(思潮)인지를 묻는 것은 무의미합니다.

둘, 철학이란 나 자신으로부터 자유로워지는 것이다.

그러면 푸코의 철학적 에토스는 과연 어떠한 것인가요? 이에 관해서 현대의 유명한 철학자인 질 들뢰즈(Gilles Deleuze)의 언급은 참조할 가치가 충분합니다. "철학적으로 생각한다는 것이 이론의 문제였던 적은 결코 없습니다. 삶의 문제들이었지요. 삶 자체였기도 합니다. (……) 생각한다는 것, 그것은 항시 실험한다는 것입니다. 주석을 다는 것이 아니라 실험하는 것이고, 또는 실험이란 현재적인 것, 태어나는 것, 새로운 것, 한창 이루어지고 있는 것을 말합니다. (……) 푸코는 가장 완전한, 아마도 유일한 20세기 철학자입니다. 19세기에서 완전히 벗어났기 때문입니다. 그래서 그가 그 세기를 그토록 잘 얘기해 줄 수 있는 것이지요. 이런 의미에서 푸코는 사유(철학적인 생각)에 자신의 삶을 투자한 것입니다. 권력과의 관계, 그리고 자신과의 관계, 이 모든 것이 삶과 죽음, 광기와 새로운 이성의 문제였지요. 푸코에게 있어서 주체화는 주체로의 이론적 환원이 아니라 다른 삶의 방식, 새로운 문제의 실질적 탐구였습니다."

푸코의 철학적 에토스는 우리에게 부과되어 있는 한계들을 역사적으로 분석하는 동시에 그러한 한계들을 넘어서 갈 수 있는 가능성을 시험하는 태도입니다. 푸코의 이러한 에토스에서 그의 사유(철학적으로

■
중세시대 초현실주의적 화가인 히에로니무스 보스의 「광인들의 배」. 푸코는 『고전주의 시대의 광기의 역사』에서 중세에서 르네상스와 종교개혁의 시기로 바뀌면서 광인과 바보들에 대한 태도가 긍정적인 것에서 부정적인 것으로 바뀐 점을 집중적으로 분석합니다. 각국의 도시들은 도시의 골칫거리가 된 광인들과 바보들을 배에 태워 강제로 추방합니다. 이성과 광기의 나눔의 논리가 행해지면서 주변이 되어버린 광기를 이성의 중심에서 내쫓는 배제의 역학이 작동하는 근대라는 시대가 탄생합니다.

생각함)의 특징인 '바깥의 사유'를 이해할 수 있습니다. 안의 사유는 기존의 관습과 체제, 그리고 여기에 얽매인 자신의 습관적인 삶에 매여 있습니다. 반대로 진정한 사유는 바깥에서 와서 그리로 돌아서서 그것과 대면하는 것입니다. 바깥의 선과의 대결은 소설 『모비딕』에서 에이합 선장이 모비딕을 쫓다가 죽는 것과 같은 것입니다. 이렇게 바깥의 선을 굴곡지게 하는 철학적 작업은 단순히 자신을 보호하고 은폐하는 방법이 아닙니다. 이렇게 바깥으로부터 생각을 하는 것이 우리에게 부과한 한계의 선과 대면하고 선에 올라타는 유일한 방법입니다. 이것이 "자아로부터 자유로워지는 것"(se deprendre de soi-meme)입니다.

이런 이유로 푸코는 자신이 아닌 타자(다른 사람)에 관심을 갖고 타자에 대해서 글을 씁니다. 여기서 타자란 기존 사회의 권력관계에 의해 구분되고 배제되어 바깥으로 밀려난 것들을 의미합니다. 광기와 질병, 범죄, 성욕(sexualité), 과학의 지위를 얻지 못한 앎(savoir) 등을 말합니다. 이것들은 이성과 과학의 시대에서 밀려난 것들입니다. 그런데 그는 이렇게 현대 사회에서 차별받는 대상들인 타자들을 다시 철학의 문제로 끌어들인 것입니다. 이렇게 하는 이유는 푸코 자신이 "자기 자신인 바가 아닌 다른 존재가 되기 위해서 글쓰기를 하고 있기" 때문입니다.

나 자신이 아닌 것이 되기 위해서는 나 자신의 바깥을 먼저 살펴야 합니다. 그 바깥이란 내 안에 의해서 소외받고 배제된 것입니다. 그래서 바깥을 고민하게 되면 다시 안이 변할 수 있는 가능성이 생겨나게 됩니다. 이 바깥의 사유는 마치 소설 『데미안』에서 주인공 싱클레어가 성숙해지기 위해서 자신의 알을 깨고 나오는 고통을 감수한 것에 해당합니다. 그러나 바깥의 사유는 바깥이 안에 비해 우월하다고 다시 이야기하는 것이 아닙니다. 안과 바깥이라는 구분 자체가 사회 권력에 의해 자의적으로 행해진 문제점이라는 것입니다. 그래서 이 바깥의 사유는 이처럼 한계를 분석하고 성찰하면서 내적-외적이라는 양자택일을 넘어가게 됩니다. 그런 점에서 선과 악의 이분법을 망치로 깨트리기를 원한 니체의 에토스를 푸코가 이어받은 것입니다.

바깥의 사유는 나를 포함한 우리 자신과 우리 시대의 한계에 대한 사유이며 나와 우리 그리고 우리 시대와 사회를 변형하기 위해 가능한 위반을 실천하는 것입니다. 푸코는 자신과 사회와 시대의 변화를 원하기 때문에 이러한 변화에 대한 자신의 철학적 작업을 '얼굴 없는 글쓰기'라고 한 것입니다. 얼굴이 없다는 것은 얼굴을 갖지 않겠다는 뜻입니다. 이것이 그가 언급한 '저자의 죽음'과 '주체의 죽음'에 해당합니다. 기존의 내가 죽어야 다시 진정한 내가 ㄱ살아나게 됩니다.

바깥을 사유한다는 것은 곧 이 바깥을 있게 한 나눔의 논리와 배제의 역학을 사유하는 것입니다. 나눔의 논리라는 것은 여성과 남성, 자연과 인간, 동양과 서양, 흑인과 백인, 강북과 강남, 비(非)과학과 과학 식의 구분을 말합니다. 여기서 여성, 자연, 동양, 흑인, 강북, 비과학은 주변으로 전락하고 남성, 인간, 서양, 백인, 강남, 과학은 중심으로 우뚝 서게 됩니다. 이렇게 주변과 중심을 구분하는 나눔의 논리는 이러한 차별을 정당화하는 지식(savoir), 더 나아가서는 진리를 뜻합니다. 또한 배제의 역학은 중심과 달리 주변을 철저하게 중심의 안에서 바깥으로 내몰아 배제하고 억압하는 권력관계를 의미합니다. 이는 우리의 삶(bio)의 곳곳에서 행사되고 있는 권력관계의 그물망과 관련됩니다.

푸코는 이렇듯 객관적인 진리와 과학을 문제로 삼습니다. 그래서 그에게는 투명하고 순수한 이성이나 순수한 지식, 가치중립적인 객관성을 지닌 과학은 허구에 지나지 않습니다. 이러한 그의 학문관은 막스 베버의 "학문은 전문적인 직업이고 학자는 선동가가 아니라 가치중립적이어야 한다"는 생각과는 전혀 다릅니다. 사회과학에서 이 두 가지 학문관이 지금까지 대립해 있습니다. 과연 사회를 연구하는 학문은 가치와 무관하게 사회 현상을 객관적으로 설명해야 하나요? 아니면 비판적인 관점에서 사회 문제를 제기하고 사회 변혁 운동에 기여해야 하나요?

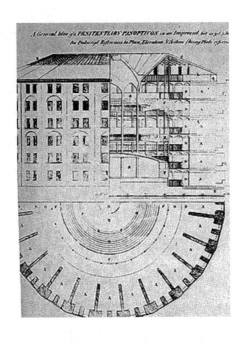

■
판옵티콘은 360도 감시가 가능한 원형 감옥을 의미합니다. 본래 판옵티콘은 영국의 공리주의 철학자 제레미 벤담이 기존 감옥을 개혁하기 위해 제시한 건축물입니다. 그러나 푸코는 이 판옵티콘을 근대 사회가 영혼을 감시하고 영혼을 감옥화하는 규율 사회라는 건축적 은유로 사용합니다.

푸코는 후자의 관점을 취합니다. 다만 이 비판의 관점이 보편적이거나 진리가 아니라고 주장합니다. 그에 의하면 언제나 지식은 권력에 의해 생산되기 때문입니다. 그래서 지식이 곧 권력입니다. 이것이 그 유명한 '지식 권력'입니다. '지식 권력'이란 신조어는 지식 더 나아가서 진리와 권력은 상호적으로 각각의 산출과 활동의 조건이 된다는 것을 말합니다. 이러한 지식 권력에 대해 문제를 제기하기 때문에 푸코는 현대 사회 이론에 많은 기여를 하게 됩니다. 그는 현대 사회에서 과학성을 인정받지 못하는 인문과학을 비롯하여 정신분석학과 의학까지 탐구하지요. 이러한 탐구는 지식과 진리에 대한 탐구입니다. 이러한 진리의 축을 그는 『감시와 처벌』에서 분석한 현대 사회의 규율 권력과 연계시킵니다.

규율 권력이란 현대의 학교와 교도소에서 잘 드러나듯이 인간 활동을 통제하고 질서화하는 것을 목적으로 합니다. 이는 훈련과 규범화를 통해 개인을 형성하고 통제하는 것, 즉 개별화 과정을 의미합니다. 푸코는 이러한 규율 권력이 사회 전 부문으로 확산된 규율 사회라는 닫힌 권력관계의 그물망의 형성을 역사 비판적으로 분석합니다. 지식 권력에 대한 역사 비판은 곧 현대의 학문과 사회의 원동력이 되는 이성과 계몽에 대한 역사 비판으로 나가게 됩니다.

셋, 자유의 실천이란 자아를 배려하는 것이다.

지금까지의 고찰에 의해 푸코의 핵심 주제가 지식이나 권력이라고 오해하기 쉽습니다. 그러나 푸코의 목표는 "우리 문화에서 인간이 주체로 되는 방식인, 상이한 양식들의 역사를 창조하는 데 있었습니다. 내 저작은 인간을 주체로 변형시키는 대상화의 세 가지 양식을 다루어 왔습니다." 그가 이야기하는 세 축이란 지식, 권력, 윤리입니다. 이 세 축은 그가 구분한 '실천 체계'의 세 영역 즉 ① 사물에 대한 통제 관계, ② 타자들에 대한 행위 관계, ③ 자기 자신에 대한 관계라는 영역에 기초하고 있습니다. 물론 이 세 영역이 완전히 독립적인 것도 아니고 어떤 한 영역이 중심이 되는 것도 아닙니다. 이 세 영역은 서로를 함축하고 있는 상호관계성을 지니고 있습니다. 그래서 이 세 영역의 특수성과 상호연관성이 동시에 분석되어야 합니다.

그래서 푸코의 역사 비판적 분석의 핵심 물음이 생겨납니다. '어떻게 우리는 지식의 주체가 되는가?' '어떻게 우리는 권력을 행하기도 하고 그것에 복종하기도 하는 주체가 되는가?' '어떻게 우리는 행위의 도덕적 주체가 되는가?' 이 물음들에 따라 대개의 푸코 연구가들은 그의 지적 작업을 대략 세 시기로 구분합니다. 첫 시기는 『고전주의 시대의 광기의 역사』(1961), 『임상의학의 탄생』(1963), 『말과 사물』(1966), 『지식의 고고학』(1969)을 쓴 기간으로 주로 지식과 진리가 관심사이며 '고고학적 방법'이 사용됩니다. 둘째 시기는 『담론의 질서』(1970), 『감시와 처벌: 감옥의 탄생』(1975), 『성의 역사 1권: 지식에의 의지』(1976)를 쓴 기간으로 권력의 문제가 중심 문제로 부각하고 이 권력을 분석하는 방법으로 '계보학'이 도입됩니다. 셋째 시기는 『성의 역사 2, 3권』과 프랑스 최고의 학술기관인 '콜레주 드 프랑스'에서 행한 강의와 짧은 논문들로 이루어집니다. 여기서 주체와 자유가 중심 문제로 제기됩니다.

그런데 그가 진정으로 탐구한 것은 단순히 지식, 권력, 윤리라는 대상 영역이 아니라 지식의 주체화, 권력의 주체화, 윤리의 주체화 과정입니다. 지식, 권력, 윤리의 세 축을 관통하는 핵심 주제로 주체와 자유의 문제를 제기한 것입니다. 이렇게 주체와 자유의 문제를 강조하는 것은 흔히 주체의 죽음과 저자의 죽음으로 대변되는 그의 모습과 상반되는 것처럼 보입니다. 즉, 주체가 아니라 구조(주체를 심층적으로 결정하는 숨은 불변의 형식)를 강조하는 구조주의자(형식주의자)로서의 푸코와 모순되는 듯합니다.

그러나 푸코는 인간이라는 주체를 강조하는 휴머니스트도 아니고 불변하는 언어적 형식을 강조하는 구조주의자도 아닙니다. 그는 주체를 거부한 것이 아니라 "주체에 대한 선험적 이론"을 거부한 것입니다. 그는 자기 자신으로부터 벗어나길 원했습니다만 이는 본래의 나, 즉 '나인 나'로 되는 것을 의도했습니다. 이 '나인 나'가 '동일성 없는 주체'(un sujet sans identité)입니다. 그가 원하는 주체는 권력 확대에 몸부림치는 개별화된 자아에서 벗어나 권력 관계를 강화하지 않으면서도 자신의 능력을 신장시키는 자아를 추구하는 것입니다. 이것이 곧 "자유의 실천으로서의 자아에 대한 배려"인 것입니다.

그는 이러한 '구체적인 자유의 공간'을 열고 가짜의 강력함을 뽐내는 자신을 진정으로 강건한 자신으로 바꾸기를 열망합니다. 그래서 그는 우리 시대와 우리 자신을 역사적이고 비판적으로 연구합니다. 그는 이를 초기에는 고고학이라고 부르고 중기 이후에는 계보학이라고 부릅니다. 이러한 그의 역사적이고 비판적인 과제는 인간과 사회의 한계에 대한 연구와 자유를 향한 견딜 수 없는 위반의 갈망을 형상화하는 노력을 요구합니다. 이것이 푸코가 제시한 특수한 지식인의 새로운 기능 및 윤리입니다.

특수한 지식인은 더 이상 사르트르처럼 시대의 보편적인 진리와 양심을 대변하는 위대한 작가가 아닙니다. 자신의 특수한 전문 영역에서 그 전문 영역의 지식 권력 체제와 싸우는 특수한 전문가입니다. 예를 들어 원자폭탄이나 원자력발전소의 위험성을 알리기 위해 각국의 정부나 기업의 문제점을 고발하고, 또한 원자력을 학문적으로 옹호하는 학자들과 싸우는 양심적인 핵물리학자의 모습이 특수한 지식인에 해당합니다. 한국의 대표적인 생명공학자인 황우석의 거짓말과, 생명공학을 통해 새로운 경제적 동력을 만들기 위해 황우석을 지원한 정부와 기업에 대항하여 위험과 비난을 감수하면서도 그 진실을 끝까지 알리려고 한 의사와 기자 그리고 젊은 생물학도들이 우리 시대의 특수한 지식인입니다.

이처럼 현대 사회의 각 전문 영역을 지배하고 있는 진리의 통치 체제 속에서 지식인이 갖는 본질적인 정치적 문제는 이데올로기적인 내용을 비판하는 것도 아니고 자신의 과학적 실천에 의해 교정된 이데올로기를 제시하는 것도 아닙니다. 다시 말해서 사람들의 의식을 바꾸는 것이 아니라 새로운 진리의 정치학을 구성할 가능성을 식별하여 진리 생산의 정치적, 경제적, 제도적인 통치 체제를 바꾸는 것이지요. 진리가 이미 권력인 상황에서 권력의 모든 체제로부터 진리를 해방시킨다는 생각은 환상일 뿐입니다. 이러한 환상은 진리의 권력과 이것이 현재 작동하고 있는 사회적이고 경제적이고 문화적인 헤게모니의 형태들을 서로 멀리 분리시킬 뿐이지요. 요약하자면 정치 문제란 에러, 환상, 소외된 의식, 이데올로기가 아니라 진리 자체입니다. 따라서 이 진리 문제와 관련해서 니체가 중요하다는 것이지요.

우리에게 남은 과제는 푸코를 넘어서는 것입니다. 하이데거 식으로 표현하면 푸코보다 푸코를 더 잘 이해하는 것입니다. 불교 식으로 이야기하면 푸코의 생각은 단지 사다리이거나 뗏목일 뿐입니다. 이젠 우리스스로 자아와 자유를 향한 모험을 시작할 때입니다. 이를 위해 우리는 위대한 고전들과 대결하는 놀이의 축제를 벌여야 합니다.

3 『감시와 처벌: 감옥의 탄생』과의 대결

푸코는 두 개의 고문서를 활용해서 두 개의 감옥의 이미지를 대조시킵니다. 하나는 근대 이전의 절대왕정에서 사용하던 처벌 방식인 공개 처형입니다. 다른 하나는 근대 산업화 시대인 18세기에 탄생한 교화를 목적으로 하는 교도소의 수감 생활입니다. 겉보기에는 사지를 찢는 가혹한 형벌인 능지처참과 같은 형벌로부터 학교와 별로 다를 바가 없는 훈육이 중심이 되는 교화로의 변화 과정은 매우 잔인한 권력에서 인도주의적 권력으로 변모한 듯이 보입니다. 그러나 푸코는 이런 식으로 해석하지 않습니다. 완화된 권력의 모습이 이전의 폭력적인 권력의 모습 못지않게 아니 더 치밀하게 우리 자신을 감시하고 훈련시키고 있다는 점을 강조합니다. 현대 사회는 끔찍하게도 사회 전체가 감옥으로 바뀐 것입니다. 폭력은 우리의 육체만 지배하지만 규율은 감시와 교육을 통해 우리의 내면인 영혼을 지배합니다. 육체에 대한 지배와 영혼에 대한 지배, 둘 중 무엇이 더 잔인한 권력일까요?

1757년 3월 2일 다미앵에게 파리대성당 현관 앞에서 공개 사과를 하도록 선고가 내려졌다. 단, 거기까지 그는 벌거벗은 채로 셔츠만을 입고 2파운드 무게의 불타는 양초 횃불을 들고 사형수 호송차에 실려 압송되어야 한다. 공개사과 후에 다시 같은 호송마차에 실려 그레브 광장으로 가서 거기에 설치된 공개 처형대 위에서 불로 달군 집게로 가슴, 팔, 허벅지, 종아리의 살점을 떼어내고 그의 오른손은 국왕 암살을 기도할 때 사용한 동일한 단도를 쥔 채로 유황불에 태워지고, 살점이 떨어져 나간 구멍에는 불로 용해된 납과 끓는 기름, 불타는 송진가루, 융해된 밀랍과 유황을 한꺼번에 부은 후에, 네 마리의 말이 그 몸을 잡아 끌어 사지를 찢어낸 다음 그 사지와 몸뚱이를 불에 태워 재로 만들고 그 재는 바람에 날려 보내야 한다. (……) 이 마지막 작업이 너무 길어졌다. 왜냐하면 여기에 사용된 말들이 찢는 데 익숙하지 않았기 때문이다. 그래서 네 마리를 여섯 마리로 늘렸어도 여전히 충분하지 않았다. 마침내 그 불행한 자의 허벅지를 찢어내기 위해 그 힘줄을 베고 관절을 잘라내지 않으면 안 되었다. (……) 극심한 고통이 그에게 가해졌을 때만 끔찍한 비명소리가 새어나왔다. 그리고 그는 자주 다음과 같은 말을 반복해 부르짖었다. "나의 신이여 나를 가엾게 여기소서. 예수님 저를 용서하소서."

— 『감시와 처벌』 중에서

그로부터 세 반세기 후에(즉, 1830년대)에 레옹 포쉐가 작성한 「파리 소년 감화원을 위한 규칙」은 다음과 같다.

제17조 재소자의 일과는 겨울에는 오전 6시, 여름에는 오전 5시에 시작한다. 노동시간은 계절에 관계없이 하루 9시간으로 한다. 하루 중 2시간은 교육에 충당한다. 노동과 일과는 겨울에는 오후 9시, 여름에는 오후 8시에 끝낸다.

제18조 기상. 첫 번째 북소리가 울리면, 재소자는 조용히 기상하여 옷을 입고 간수는 독방의 문을 연다. 두 번째 북소리가 울리면, 재소자는 침상에서 내려와 침구를 정돈한다. 세 번째 북소리가 울리면 아침기도를 하는 성당에 가도록 정렬한다. 각 신호는 5분 간격으로 한다.

제19조 아침기도는 감화원 소속 신부가 주재하고, 기도 후에 도덕이나 종교에 관한 독송을 행한다. 이 일은 30분 이내에 마치도록 한다.

제20조 노동. 여름에는 5시 45분, 겨울에는 6시 45분에 재소자는 마당으로 나와 손과 얼굴을 씻고 빵 배급을 받는다. 뒤이어 즉시 작업장별로 정렬하여 일을 하러 나가야 하는데, 여름에는 6시, 겨울에는 7시에 시작해야 한다.

제21조 식사. 10시에 재소자는 노동을 중단하고 마당에서 손을 씻고 반별로 정렬하여 식당으로 간다. 점심식사 후 10시 40분까지를 휴식 시간으로 한다.

제22조 학습. 10시 40분에 북소리가 울리면 정렬하여 반별로 교실에 들어간다. 읽기, 쓰기, 그림 그리기, 계산하기의 순서대로 한다.

제23조 12시 40분에 재소자는 반별로 교실을 나와 마당에서 휴식을 취한다. 12시 55분에 북소리가 울리면 작업장별로 다시 정렬한다.

제24조 1시에 재소자는 작업장에 도착해 있어야 한다. 노동은 4시까지 계속한다.

제25조 4시에 작업장을 나와 안마당으로 가서, 손을 씻고 식당에 가기 위해 반별로 정렬한다.

제26조 저녁식사 및 휴식은 5시까지로 하고, 재소자는 다시 작업장에 들어가야 한다.

제27조 여름에는 7시, 겨울에는 8시에 작업을 종료하고, 작업장에서 하루의 마지막 빵 배급을 받는다. 교훈적인 뜻이나 감화적인 내용을 담은 15분간의 독송을 재소자 1인 혹은 감시인 1인이 하고, 이어서 저녁기도에 들어간다.

제28조 여름에는 7시 반, 겨울에는 8시 반에 재소자는 마당에서 손을 씻고 복장 검사를 받은 뒤 독방 안에 도착해 있어야 한다. 첫 번째 북소리가 울리면 옷을 벗고, 두 번째 북소리가 울릴 때 침상에 들어가야 한다. 각 방의 문을 잠근 후 간수들은 질서와 침묵을 지키고 있는지 확인하기 위해 복도를 순회한다.

— 『감시와 처벌』 중에서

푸코는 이 두 고문서, 즉 1757년 다미앵의 공개 처형과 그로부터 75년이 흐른 뒤인 1830년대 무렵 생겨난 근대 교도소의 수감 생활에 관한 보고서를 통해 그 시기 동안 처벌의 변화를 극명하게 보여줍니다. 공개 처형은 보이지 않은(비가시적인) 절대 권력을 눈에 보이는(가시적인) 육체에 형벌을 가함으로써 대중에게 스펙터클한 장면을 연출합니다. 이러한 강렬한 연극적 효과를 통해 권력의 무서움을 보여주려고 한 것은 그만큼 백성들이 일상생활에서는 권력의 힘을 느끼지 않고 살아간다는 것을 반증하는 것입니다. 반면에 육체에 가혹한 고문을 행하지 않는 현대의 교도소는 주로 재소자의 교육에 힘을 쓰는 것처럼 보입니다.

하지만 이러한 교화는 닫힌 공간 속에서 재소자들에게 규율을 몸에 배게 하고 더 나아가 영혼에까지 심어주려는 훈련입니다. 그런데 이 규율의 훈육이 이 닫힌 교도소에서만 행해지는 것이 아니라 학교와 군대 및 작업장을 통해 우리의 일상생활에서 광범위하게 이루어지고 있다는 것도 사실입니다. 예를 들어보지요. 우리의 하루는 평균적으로 CCTV 70대와 통신사와 카드사 서버에 기록됩니다. "CCTV는 도둑을 쫓아줍니다. 신용카드 · 교통카드는 편리합니다. 현금을 가지고 다닐 필요도, 내가 얼마를 썼는지 기록할 필요도 없습니다. e-메일은 편지를 보내고 기다리는, 인터넷 서핑은 발품 팔고 돌아다니는 수고를 덜어줬습니다. 휴대전화는 대화에서 공간의 개념을 없애 버렸습니다. 연말정산은 국세청 홈페이지에서 클릭 몇 번으로 해결했습니다. 안전과 편리를 누리는 데 공짜란 없습니다. 카드 거래 내용은 카드사 서버에서 분석 · 분류돼 고객관계관리(CRM) 마케팅에 이용됩니다. 강도를 지켜보라고 세운 CCTV에는 나도 몰래 내 모습이 기록됩니다."(최준호 기자,《중앙선데이》)

첨단 정보통신기술에 의해 감시의 교도소가 이제 우리 일상생활에서 그리고 우리의 내면에서 작동하고 있습니다. 더 무서운 것은 이런 감시가 내면화되면서 자기 검열을 하게 된다는 점입니다. 우리 자신이 자신도 모르게, 즉 무의식적으로 우리 자신을 감시하고 있다는 것입니다. 이 교도소에 관한 푸코의 서술은 "정치적 해부의 수단인 동시에 그 효과인 영혼, 즉 육체의 감옥으로서의 영혼"을 비유한 것입니다.

절대왕정의 시대에 권력은 연극처럼 일회성으로 나타나지만 산업화된 현대 사회에서는 권력이 매일매일 생활 속에서 늘 작동하고 있다는 것입니다. 더구나 정보화 기술의 발전으로 인해 우리는 언제 어디서나 어떤 방식으로든 감시를 받을 수 있게 되었습니다. 과연 이런 현상이 축복일까요? 이런 현대 사회를 푸코는 18세기 교도소를 모델로 해서 규율 사회라고 부릅니다.

푸코는 이 규율 사회의 전형적인 모델로 벤담의 '판옵티콘'(360도 모든 방향에서 죄수를 감시할 수 있는 원형 감옥)을 제시합니다. 푸코는 벤담의 판옵티콘이 권력의 새로운 메커니즘을 건축적 형태로 구성해 낸 것으로 간주합니다. 이는 권력의 획일화 효과를 창출하는 놀라운 메커니즘입니다. 감시는 도처에 존재하며 항상 가동하며 감시하는 자를 또 감시하는 감시의 그물망을 형성합니다. 이 감시는 침묵 속에서 이루어지므로 권력의 존재는 완전히 은폐됩니다. 즉 자신이 감시를 받고 있다는 사실도 잊게 됩니다. 이러한 규율의 모델은 사회 전반을 감시하는 프로그램으로 확장되지요. 이러한 메커니즘의 확장으로 인해 일반적으로 규율 사회라 지칭할 수 있는 것이 형성됩니다.

이러한 규율 사회의 전형이 우리의 초중등학교입니다. 인터넷뉴스 《바이러스》의 한 기사의 지적처럼 우리 학교에서 "너무도 당연시 되는 아침 교문 앞 지도, 학생부 교사들에 의한 '두발, 교복 단속' '가방 검열, 인사태도 검열,' '이름표 검열'이 이뤄진다. 벌칙으로는 '군대식 얼차려' '앉았다 서' '오리걸음' '선착순 운동장 뺑뺑이 돌리기' '팔굽혀 펴기' 등이" 이루어집니다. 2010년 9월 17일 경기도 교육청은 역사적으로 기록될 첫 학생인권조례를 공포했습니다.

그러나 광주 학생인권조례가 2012년 1월부터 시행되면 학생의 인권을 제한하는 근거가 됐던 '학칙의 족쇄'마저 끊게 됩니다. 그동안에는 학생의 권리와 자유를 선언하고도 '학칙'으로 제한한 문제점이 있었지요. 경기도에서는 머리의 길이만이 자유화되었지만 광주에서는 길이 · 모양 · 색상까지 학생 스스로 결정할 수 있게 했습니다. 학생들과는 달리 교사들은 이러한 조치에 대해 교권과 형평성을 이뤄야 한다는 주장과 더불어 현실적으로 학생 관리의 어려움을 토로합니다. 물론 그분들의 실질적인 고충도 이해되고 또 학생들의 그동안 억눌린 반발심 때문에 자유를 남용해서 교실에 문제점이 생긴 것도 사실입니다. 그래서 한국의 일부 신문들과 교장단은 학생인권조례의 철회를 요구할 정도입니다. 대한민국에서 학교는 여전히 관리, 즉 규율을 통한 훈육이 주를 이루고 있다는 점이 잘 드러나 있습니다. 이처럼 현대 사회의 주요 기구들이 훈육을 담당하고 있고 현대 사회 자체가 규율 사회라고 푸코는 규정하고 있습니다.

이를 요약하자면, 현대 사회의 출발점인 18세기 계몽 운동은 구체제에서 벗어난 '자유'를 발명합니다. 그러나 동시에 '파리소년감화원'처럼 우리의 영혼을 감옥화하는 규율도 만듭니다. 오늘날의 과학(지식)과 법(권력)의 복합체(지식 권력)를 통해서 처벌하는 권력이 스스로 자신을 정당화합니다. 더 나아가 이 권력은 스스로를 강화하면서 은폐시킵니다. 그래서 현대 사회의 인간은 경찰이나 감옥을 자기의 정신이나 내면 안에 지니게 됩니다. 이렇게 권력의 감시가 내면화되고 분산되어 있는 사회가 자본주의 사회이며 현대 사회라는 것입니다.

현대 사회에서는 권력이 국가 기구뿐만 아니라 국가 기구 밖에서, 국가 기구 밑에서, 그리고 국가 기구와 나란히, 훨씬 미세하고 훨씬 일상적인 차원에서 작용하는 권력 메커니즘이 존재합니다. 이러한 자본주의 사회를 그는 규율 사회라고 부르지요. 규율 권력은 인간 활동을 통제하고 질서화하는 것을 목적으로 삼습니다. 이는 훈련과 규범화를 통해 개인을 형성하고 통제하는 것, 즉 개별화 과정을 의미합니다. 규율 권력은 지식의 형성과 정상화(규범norm을 잘 준수하는 사람으로 만드는 과정이라고 해서 영어로는 'normalization'이라고 함, 그 반대말은 일탈 또는 문제아가 되는 과정임)의 교육 활동을 통해 우리의 영혼을 감옥으로 전락시킵니다. 이제 플라톤이 이야기하듯이 육체가 영혼의 감옥이 아니라 현대 사회에서는 영혼이 육체의 감옥이 됩니다.

『감시와 처벌: 감옥의 탄생』은 현대 사회에서 지식의 형성과 정상화

(normalization)의 권력에 대한 역사적 탐구를 하면서 규율 사회의 탄생을 알립니다. 즉 현대 사회는 사회 자체가 감옥이라는 뜻입니다. 규율 권력은 단순히 억압적인 것이 아니라 생산적인 것이기도 합니다. 규율에 순응하는 인간을 키우는 공간이 학교요 군대입니다. 이 규율을 거부한 반칙자들을 다시 길들이는 곳이 감옥입니다. 이런 생산적 권력이 근대 산업화 시대에 사용했던 전략이 규율이지요. 규율은 권력이 사용하는 '물리학'이며 '해부학'입니다. 이러한 규율 권력 덕분에 유럽은 자본의 축적을 가능케 했던 기술의 발전에 의하여 경제적으로 떠오르고 인간의 축적을 통하여 정치적으로 부각될 수 있었지요.

이 규율 사회의 형성 과정은 국가 권력의 중앙집중화와 개별화 과정을 동시에 함축합니다. 근대 사회에서 개인의 발견과 이러한 개인들을 새롭게 결집시켜 주는 국민국가의 탄생은 서로 연결되어 있습니다. 극단적인 개인주의는 극단적인 국가주의나 민족주의로 바뀔 수 있습니다. 강압적인 민족국가주의를 우리는 파시즘 또는 권위주의적 대중독재라고 부릅니다. 히틀러의 나치즘은 전형적인 파시즘의 사례입니다. 히틀러의 사례는 이를 잘 보여줍니다. 안전 장치가 없는 불안한 자본주의 사회에서 개인들은 스스로 자유를 포기하며 안전한 의지처를 찾고자 합니다. 그 의지처는 민족이나 국가 심지어 지도자(총통이나 수령)가 될 수 있습니다. 독일 국민이 1차 대전 패배의 후유증을 앓으며 히틀러의 말도 안 되는 이야기에 쉽게 넘어갔었지요.

자유주의는 개인의 자유에 치우쳐 있어서 국가에 대한 분석이 약하고 마르크스주의도 국가나 문화의 토대가 되는 경제 분석에 치우쳐 국가의 문제를 본격적으로 제기하지 않았습니다. 현대의 주류인 자유주의나 여기에 대한 대항 담론인 사회주의의 정치 이론에서 국가가 도리어 분석의 중심 대상이 되지 못하는 역설적인 상황이 일어났지요. 이러한 공백을 메워주는 데 푸코의 권력 분석 이론이 기여할 수 있어요. 그는 언제나 근대의 국가 권력이 개별화하는 동시에 전체화하는 권력의 형식이라는 사실을 강조하지요. 그는 인류 사회 역사상 서구의 현대 국가만큼 개별화하는 기술과 전체화하는 과정이 동일한 정치 구조 속에서 이렇게 밀접하게 결합된 적은 없다고 언급합니다.

그렇게 말하는 이유는 그가 다음과 같이 권력을 정의하기 때문이지요.

첫째, 권력은 실체도 재산도 아니고 단지 개인 사이의 특정 유형의 관계일 뿐입니다. 권력의 특징은 일부의 사람이 다른 사람의 행위를 어느 정도 전반적으로 결정할 수 있지만, 철저히 강제적으로는 그렇게 할 수 없다는 점에 있습니다. 따라서 잠재적인 거부나 반항이 없는 권력이란 있을 수 없다는 것이지요.

둘째, 사람들 사이의 모든 관계에서는 많은 요인이 권력을 결정하는데 거기에도 합리화가 부단히 작동하고 있습니다. 이 합리화에는 고유한 형식들이 있어서 인간에 의한 인간의 통치는 상황에 따라 특정 유형의 합리성을 수반합니다. 즉 현대의 권력은 범죄자에 대하여 잔인한 형벌 대신에 교화를 시도하는 데서 드러나듯이 반드시 폭력만을 도구로 수반하는 것은 아니지요.

셋째, 따라서 한 형식의 권력에 저항하거나 반항하는 사람들은 폭력 또는 제도, 더 나아가서 이성 일반을 비난하는 것으로 만족해서는 안 되고, 관련된 합리성의 형식을 문제로 삼아야 합니다. 예를 들어 현대 감옥과 관련해서 드러난 규율적 합리성이 문제 분석의 핵심이 되어야 합니다. 이럴 때 이전에 있던 제도와 동일한 목적과 효과를 지닌 제도가 다시 자리 잡는 것을 피할 수 있어요. 안 그러면 『동물농장』에서 보듯이 혁명에 의해 새롭게 등장한 사회가 이전 사회와 똑같게 되는 역설적인 상황을 피할 수 없게 되지요.

넷째, 그러므로 가장 두드러지고 가장 가공할 인간 통치의 형식인 국가를 비판하기 위해선 국가의 두 효과인 개별화와 전체화의 뿌리가 되는 정치적 합리성을 뿌리에서부터 공격해야 합니다. 파시즘과 스탈린주의처럼 전체주의라 불리는 "병리적인 형태" 즉, 극단적인 형태만 아니라 개인주의나 자유주의라 불리는 "정상적인 형태" 즉, 완화된 형태까지도 비판할 수 있어야 합니다. 전체주의 대 자유주의라는 대립 구도 또는 전체주의 대 민주주의라는 대립 구도는 의미가 없습니다. 전체주의라는 용어는 현대 정치학과 정치 권력을 이해하는 데 장애가 될 뿐입니다. 이 국가화(전체화)와 개인화라는 두 가지 모순되는 것처럼 보이는 흐름들의 바탕이 되는 현대의 정치적 합리성의 뿌리까지 뒤흔들어야 정치의 변화를 모색할 때 이전의 문제점을 반복하지 않게 됩니다.

푸코가 보기에 계몽주의의 과업은 이성의 정치 권력을 증대시키는 것이었습니다. 권력 증대는 두 방향으로 발달하지요. 즉 국가로 정치 권력이 중앙집중화되어 가는 방향과 개인들을 다루는 권력 기술의 출현이 그 두 가지이지요. 대부분의 푸코 연구가들은 푸코가 현대적 국가 양식과 그것이 어떻게 해서 자본주의적 생산관계에서 도출되었는지에 관한 연구는 소홀히 하면서 동시에 지배가 생산력과 착취의 관계, 그리고 국가 기구에 기반을 두고 있다는 사실을 무시했다고 비판합니다. 이 비판은 경제주의와 이를 극복하려는 입장에서도 여전히 생산관계와 연관해서 정치와 권력을 이해하려는 마르크스주의의 기본 입장에서 기인한 면도 있기는 하지만 푸코의 진정한 의도를 파악하지 못한 면도 있어요.

푸코는 진리의 축과 관련해서는 이데올로기 대신 진리의 통치 체제를 제기하는 한편 권력의 축과 관련해서는 억압 가설에 대해 비판을 시도합니다. 억압이라는 개념이 이데올로기 개념보다 더 교활하다는 것이지요. 권력은 학교가 학생을 생산하듯이 사물을 횡단하며 생산합니다. 권력은 쾌락을 유도하고 지식을 형성하고 담론을 생산합니다. 권력은 전 사회 체제에 걸쳐 작동하고 있는 생산적 네트워크입니다.

고전 시대의 군주국들이 거대한 국가 기구를 개발하는 것 외에 새로운 절차로 만든 것이 목자 권력입니다. 목자가 양들을 돌보듯이 권력이 개인들을 돌보는 것입니다. 이는 권력의 효과가 개별화되는 독특한 현상입니다. 목자 권력은 기존에 구사된 본보기적인 폭력보다 훨씬 효율적이고 훨씬 위험성이 적다는 점에서 권력의 새로운 '경제학'입니다. 목자 권력은 전 사회에 걸쳐 연속적이고 중단 없이 적응하며 '개별화'된 방식으로 권력의 효과들을 유통시키지요. 이는 권력의 생산성 안에 참다운 기술적 도약이 가능하다는 것을 보여줍니다. 이렇게 목자 권력은 현대에 억압과 보살핌이라는 이중적인 권력으로 전개되어 규율에 순응적인 종속적 주체화를 낳습니다. 동시에 국가 이성이라는 이념 위에서 거대한 중앙집권적인 통일된 국민국가에 대한 열망이 새로운 국가의 형태로 현실화됩니다. 이처럼 거대한 국가 기구가 만들어지고 권력이 개별화된 형태로 작동한다는 점에서 근대 정치학을 비판적으로 분석하기 위해서는 전체화와 개별화라는 이중적 과정으로 이루어진 정치적 합리성의 뿌리를 탐구해야 한다는 것이지요.

푸코가 강조한 것은 권력이 기능하는 복잡한 메커니즘에 대한 편견 없는 검토입니다. 그는 권력의 문제를 경제적인 과정과 생산관계에 대해 자율적인 과정으로도, 종속적인 과정으로도 보지 않나요. 이 점을 더 분명하게 이해하기 위해서 권력 메커니즘에 대해 투쟁하는 세 가지 유형을 고찰해 보지요. 인종적, 사회적, 종교적인 지배의 형태들에 대한 투쟁 및 경제적 착취의 형태들에 대한 투쟁, 그리고 종속적 주체화의 형태들에 대한 투쟁이 그 세 가지입니다.

이 세 가지 중에 중세 봉건 사회에서는 종교전쟁이나 민중반란에서 보듯이 인종적이고 사회적인 지배의 형태에 대한 투쟁이 우세한 반면에 19세기에는 노동운동에서 보듯이 착취에 대한 투쟁이 전면에 등장하게 됩니다. 그러나 최근에는 지배와 착취에 대한 투쟁이 사라진 것은 아니지만 종속적 주체화에 대한 투쟁이 더욱더 중요합니다. 그는 종속적 주체화가 착취나 지배의 메커니즘과의 관계성 밖에서 연구될 수 없지만 그렇다고 해서 착취나 지배의 메커니즘이 더 근본적인 메커니즘이 아니라 다른 메커니즘들과 복잡하고 순환적인 관계망 속에서 더불어 존재한다고 보는 것이지요. 그래서 권력에 대한 총체적인 일반 분석으로의 환원이 아니라 국지적이고 특수한 분석이 필요한 것입니다.

푸코의 말처럼 정치적 합리성은 서구 사회의 역사 전체를 통해 처음에는 목자 권력이라는 사상에, 그 다음에는 국가 이성이라는 사상에 의존해 왔으며 그것의 필연적인 효과는 개별화와 전체화입니다. 이 두 효과 중 어느 하나만이 아니라, 정치적 합리성의 뿌리 그 자체를 공격함으로써 자유가 온다는 것이지요. 푸코는 국가가 가장 두드러지고, 가공할 인간 통치의 형식 중의 하나라고 생각합니다.

그런데 국가는 앞에서 밝혀졌듯이 개별화와 전체화의 동시적 과정을 의미합니다. 따라서 그가 보기에 (자유주의처럼) 국가와 개인을 별도로 세우고 국가의 이익과 개인의 이익을 상충하는 것으로 보고 국가로부터 개인을 해방시키는 전략은 피상적이라는 것입니다. 자유주의의 시장적 자유는 이러한 피상적인 해방 전략에 해당합니다. 반대로 그의 의도는 근대의 권력 구조가 개별화시키고 또한 동시에 전체화시키는 이런 종류의 정치적 '이중 구속'의 토대가 되는 정치적 합리성을 각 다양한 지점에서 비판적으로 서술하는 것이지 국가나 권력에 관한 일반 이론에 관심이 있는 것이 아닙니다.

국가 그리고 이것과 관련된 개별화의 유형으로부터의 자유는 이 둘의 뿌리인 정치적 합리성 즉 계몽을 역사 비판적으로 탐구할 때 가능합니다. 합리화와 과도한 정치 권력 사이의 관계는 그가 보기에 분명합니다. 그래서 그는 앞에서 이미 밝힌 것처럼 지식과 권력 사이의 관계를 탐구하지요. 푸코는 이미 프랑크푸르트학파가 계몽주의와 이것에서 기인하는 합리주의를 탐구했다는 점을 인정하지만 그가 제시하는 방법은 이 학파와는 달리 합리화와 권력 사이의 관계를 탐구하는 방법입니다.

이 방법은 첫째, 사회와 문화의 합리화를 하나의 전체로서 다루기보다는, 이 과정을 광기, 질병, 죽음, 범죄, 성 등과 같은 각각의 근원적인 경험에 근거하여 몇 가지 분야로 나누어 분석합니다. 둘째, 합리화의 주된 문제는 사람들이 합리성의 원칙에 부합되는지의 여부가 아닌 그들이 사용하는 합리성이 어떤 종류의 것인가를 밝혀내는 것입니다. 셋째, 서구의 역사와 정치기술의 발달에서 계몽주의 시대가 중요하긴 하지만 동시대의 역사를 이해하기 위해서는 보다 멀리 있는 과거로부터 진행되어 온 과정에 대해 언급하지 않으면 안 되지요. 이러한 '행동방침'(linge de conduits) 하에서 그는 광기, 죽음, 범죄, 성 등의 경험과 이들을 다루는 지식(정신병리학, 의학, 범죄학, 사회학 등)과 몇몇 권력의 기술 또는 효과 사이의 관계를 분석했던 것입니다.

『감시와 처벌』의 내용을 요약적으로 정리하면서 이 분석을 마치기로 하지요. 『감시와 처벌』에서는 '권력의 미시물리학,' '권력의 전략'이

라는 방법론을 통해 권력 지식이라는 기본적인 주제를 탐구합니다. 권력 지식의 기본적인 전제는 다음과 같습니다. 권력이 지식을 생산한다는 것이며, 권력과 지식은 자기의 영역 속으로 상대방을 서로 직접 끌어들이고 있으며, 지식의 영역과 상관관계를 형성하지 않는 권력이란 존재하지 않고 또한 권력의 관계를 전제하지 않고, 그 관계를 형성하지 않는 지식은 존재하지 않는다는 사실입니다.

이 책에서 푸코가 근대적 정신과 새로운 권력 사이의 연관관계의 역사를 기술하고자 하는 이유는 오늘날의 과학과 법의 복합체를 통해서 처벌하는 권력이 자신의 기초와 정당성과 규칙을 확보하며 자신의 권력 효과를 증대시키고, 권력의 유일성을 은폐시킬 수 있기 때문입니다. 즉 현대 사회의 인간이 경찰이나 감옥을 자기의 정신이나 내면 안에 지니게 된 경위를 분석하면서 현대 사회가 비판의 대상이 된다는 점을 서술하고자 한 것이지요. 이 내면화된 감시자가 영혼입니다. 그의 말대로 "영혼은 정치 해부학의 효과이자 도구가 된다. 영혼이 육체의 감옥이 된다." 원래 플라톤 이후로 육체가 영혼의 감옥이었지요. 현대 사회에서는 그 관계가 역전됩니다.

철학의 이정표 세우기

첫 번째 이정표

질 들뢰즈의 『대담 1972~1990』 중에서
제3장 「미셸 푸코」에 관한 대담
김종호 옮김, 솔 출판사, 1993

이 대담편은 푸코가 죽은 후에 들뢰즈가 지은 『푸코』라는 저서의 기초가 됩니다. 여기에 대한 좋은 기사를 소개합니다.

"전체적이고 균형 잡힌 푸코의 사유는 국내에 소개된 적 없다"

지난해 사후 25주년을 맞은 프랑스 철학자 미셸 푸코(1926~1984)가 새롭게 주목받으면서 학계에서 '푸코 르네상스'란 말까지 나오고 있다. '68세대 철학자' '포스트구조주의자' 등으로 분류돼온 푸코의 사상은 『말과 사물』로 대표되는 '고고학' 시기(1960년대), 『감시와 처벌』 『성의 역사1』에서 다룬 '권력 지식' 시기(70년대), '주체화' 시기(80년대) 등으로 구분된다.

이중 최근 조명되는 부분은 신자유주의적 인간형의 분석에 영감을 준 후기 사상이다. 신자유주의가 자신을 자본으로 생각하고 경영하는 인간을 양산한다는 논의는 푸코에게 의존한다.

이런 '푸코 르네상스'가 시사하는 점은 무엇일까. 1980년대부터 국내에 소개되기 시작해 1990년대 한국 지식인들에게 가장 영향을 끼친 인물(교수신문 설문조사)로 선정되기까지 한 푸코는 30년간 우리 학계와 어떤 인연을 맺고 있는 것일까.

허경 고려대 철학연구소 연구교수가 푸코 수용사에 대한 글을 발표했다. 그는 강원대 인문과학연구소에서 나온 계간지 《인문과학연구》 가을호에 '프랑스 철학의 우리말 번역 수용'을 발표한 데 이어 겨울호와 내년 봄호에는 '국내 푸코 수용과 지식인 담론의 변화'를 발표할 예정이다. 그는 질 들뢰즈가 쓴『푸코』(동문선)를 번역했으며 프랑스 스트라스부르 마르크 블로흐 대학에서 '푸코와 근대성'이라는 논문으로 박사학위를 받았다.

허 교수는 "푸코의 주요 저서가 대부분 번역되고 많은 해설서가 나왔음에도 불구, 전체적이고 균형 잡힌 푸코 사유의 전모는 사실상 국내에 소개된 적이 없다"고 밝혔다. 이는 우리 학계가 푸코 사상을 국내 맥락에 따라 편의적으로 수용했기 때문이다.

푸코는 마르크스의 후계자였다가 탈구조주의자, 신자유주의 비판자로 변모한다. 또 다방면에 걸쳐 있는 푸코 사상의 특성상 철학·문학·사회학·역사학·언어학·법학 등 다양한 분야별로 푸코를 수용하면서 긍정적인 의미의 확장과 더불어 필연적인 오해와 왜곡이 발생한 측면이 있다.

국내에 처음 나온 푸코의 저서는 1979년 불문학자 박정자가 번역한『성은 억압되었는가』(『성의 역사1』)였으나 거의 주목받지 못했다. 그러다가 푸코 연구자 1호인 이광래가 1987년 주요 저서인『말과 사물』을 번역했고, 계간《세계의 문학》이 1989년 여름호를 '미셸 푸코 특집'으로 꾸미면서 본격 소개됐다. 1990년에는『성의 역사』3권 외에 한상진·오생근이 편집한『미셸 푸코론』이 나왔다. 이어『광기의 역사』『지식의 고고학』『담론의 질서』『감시와 처벌』『임상의학의 탄생』등 원전을 비롯해 10여 종의 푸코 연구서가 90년대 중반까지 쏟아져 나왔다.

허 교수는 "푸코 이론은 단시간 내에 열광적으로, 전폭적으로 수입됐다. 이로 인해 독일 철학, 영미 철학, 비제도권의 마르크스 철학으로 삼분됐던 당시 국내 철학계에 프랑스 철학이 도입되기 시작했다"고 밝혔다. 푸코는 단지 푸코에 그치지 않고 들뢰즈, 가타리, 라캉, 데리다, 레비나스, 부르디외, 알튀세르 등 프랑스 철학이 국내에 들어오는 물꼬를 텄다.

문제는 푸코의 소비양식이다. 허 교수에 따르면 푸코는 1990년대 초반 김영삼 정부 집권, 소련 붕괴 등 국내외 정치상황이 변하면서 마르크스 철학의 대안으로 수입되기 시작했다.

논문 모음집『미셸 푸코론』을 펴낸 사회학자 한상진은 "권력이 벌거벗은 폭력으로 행사되는 시기로부터 정당성과 합법성의 외양을 갖춘 권력의 형태로 이전해 갈 때 푸코가 제안한 '권력의 미시물리학'은 적실성을 갖는다"고 밝힌다. 그러나 허 교수는 이 논문집의 일부 글이 푸코의 권력 지식 개념을 마르크스 식으로 잘못 이해하고 있다고 밝혔다.

1990년대 중반이 되면 푸코는 포스트구조주의 혹은 포스트모더니즘의 맥락, 특히 문학·예술적 맥락에서 수용된다. 허 교수는 "'포스트' 주의가 탈이성을 특징으로 하는 반면, 푸코는 이성이 복수로 존재한다는 입장"이라고 차이점을 소개했다.

이어 1990년대 후반의 푸코는 김진균, 이진경 등의 필자에 의해 서구중심성의 극복이란 탈근대, 탈제국주의, 탈오리엔탈리즘의 맥락에 동원된다.

허 교수 논문에는 언급되지 않았으나 최근 '푸코 르네상스'는 인간성 자체를 변화시키는 권력의 새로운 지배방식인 '생명권력,' '생명정치'을 설명하는 게 주안점이다. 푸코는 후기사상을 엿볼 수 있는 콜레주 드 프랑스 강의록에서 1970년대 말 이를 '통치성'이란 개념으로 제시한다. 구미 학계에서 2000년대 이후 공백기를 거쳐 재발견된 푸코는 신자유주의를 예견한 학자로 주목받는다. 사회학자 서동진의 근작『자유의 의지, 자기계발의 역사』등이 이런 연장선상에서 나왔다.

허 교수는 "푸코가 교수로 재직했던 콜레주 드 프랑스 강의록이 국내에 아직 절반도 나오지 못한 만큼 전체 사상의 윤곽이 밝혀지려면 아직 시간이 필요하다"면서 "그를 신봉하거나 우상화하지 않고 우리 학계에 필요한 시사점을 찾는 게 푸코 연구자들의 과제"라고 밝혔다.

《경향신문》한윤정 기자

조상식의 철학소설
『푸코, 감옥에 가다』
푸른디딤돌, 2009

세상이 감옥 같아⋯ 푸코, 도와줘

프랑스 철학자 미셸 푸코(1926~1984)의 철학을 소설 그릇에 담았다. 지은이는 "쉽지 않은 푸코의 철학에 친숙하게 다가갈 수 있는 방도"라고 했다. 1990년대 철학소설『소피의 세계』가 인기를 끈 이래 철학을 소설 속에 풀어놓는 것은 드물지 않은 방식이 됐다. 그러나 대개는 이야기가 너무 헐거워 소설이라 이름 붙이기엔 좀 쑥스러웠던 게 사실이다. 사건은 개연성 없이 이어지고, 주인공들이 주고받는 대화 속에 주요 내용들이 빼곡히 담기는 식이다.

그러나 이 책은 좀 다르다. 예사롭지 않은 주인공들이 등장하고, 서사 구조가 과거와 현재를 넘나들며 촘촘히 얽혀 있다. 주고받는 대화뿐만 아니라 이들이 놓인 상황 속에 푸코의 철학이 적절히 녹아 있다. 『푸코, 감옥에 가다』는 우리가 쉽게 '비정상'으로 치부해 버리는 것들이 어떻게 사회적으로 만들어지는지, 사회적 규율 장치가 어떻게 존재하고 권력으로 작용하는지 등 푸코 철학의 화두들을 놓치지 않는다. 주제는 묵직하지만 "이러고 있다", "미" 등 요즘 청소년들이 자주 쓰는 용어뿐만 아니라 청소년들의 생활상을 발랄하게 펼친다. 요컨대 이 책은 철학책으로서 매력이 있을 뿐만 아니라 모험, 성장 혹은 판타지 소설로도 충분히 흥미롭다.

주인공 고3 광식이는 글을 읽지 못하는 '난독증'이 있다. 성적은 당연히 바닥이다. 하지만 사고 능력은 떨어지지 않는다. 그에게 난독증은 '주홍 글씨'와 다름없다. 아무렇지 않게 대하던 친구들도 이 사실을 알고 나면 괜한 동정을 해대다가 결국엔 그를 등진다.

광식이의 형, 광태는 흔히 말하는 '천재'다. 명문대에 입학해 철학을 공부했다. 하지만 그에게도 한 가지 남다른 점이 있다. 동성애자다. 어느 날 형은 한 텔레비전 프로그램에 출연해 '커밍아웃'을 하고 이로 인해 집안은 풍비박산난다. 그 뒤 정신병원에서 '광인'을 연구하는 일을 하던 형은 자취를 감춘다.

동생 광식이의 지적 탐험은 이제부터 시작된다. 기존의 이성 체계와 세계의 견고한 감시 체계를 파괴하는 투사가 된 형을 찾아 나선다. 형은 '푸코'라는 이름으로 불리며, 시간의 틈을 벌려 과거와 현재를 넘나든다. 억압받고 소외당한 사람들을 해방시키려는 시도가 거듭될수록 세상을 보는 광식이의 시선도 달라진다. 중세의 끝자락인 15세기 말과 17세기 고전주의 시대, 근대로 들어선 18~19세기의 유럽이 차례로 등장하고, 이 과정 속에 푸코의 철학이 순서대로 녹아 있다.

철학소설『루소, 학교에 가다』를 썼던 지은이는 이번 책『푸코, 감옥에 가다』를 쓰기 위해 꼬박 3년을 매달렸다고 한다. "푸코에 비하면 루소는 손쉬운 작업이었다"는 게 지은이의 고백이다. '청소년 철학소설'이지만 어른들에게도 충분히 흥미로운 푸코 입문서가 될 듯싶다. 이 책은 '청소년 철학소설' 시리즈 일곱 번째 책으로, 지금까지 퇴계 이황, 플라톤 등 7명의 철학이 소설로 엮였다.

《한겨레신문》최현준 기자

2부

'나인 나'가 되기 위해 자신을 버리다

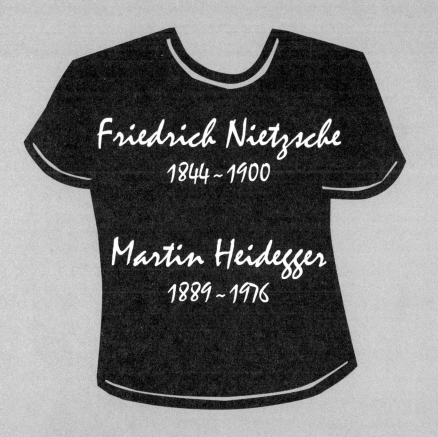

Friedrich Nietzsche
1844 ~ 1900

Martin Heidegger
1889 ~ 1976

1.
가치를
상실한
시대

| 니체, "신은 죽었다."

1 망치 든 철학자, 니체의 삶

니체는 '꼬마 목사' 였다. 목사의 아들로 태어나 견진성사 (세례 받은 사람이 신앙을 확고히 하는 기독교 의식) 을 받은 직후 꼬마 목사는 낭만주의에 빠져들고 기독교에 대한 회의를 시작하였다.

프리드리히 빌헬름 니체(Friedrich W. Nietzsche, 1844~1900)는 키르케고르(S. A. Kierkegaard, 1813~1855)와 함께 우리에게 대표적인 실존주의 철학자로 널리 알려져 있습니다. "신은 죽었다!"라는 충격적인 발언 때문에 반(反)기독교도로 명성을 날렸지만, 역설적이게도 그는 기독교 집안에서 태어났지요. 그런데도 기독교 창시자인 예수 대신 술의 신인 디오니소스(낭만주의의 신)를 숭배했습니다.

1862년, 18세의 니체는 스파르타식 교육으로 유명한 슐포르타 김나지움(독일의 인문계 중고등학교)에 다니고 있었습니다. 그는 이 학교의 엄격한 교육을 좋아했습니다. 학생들에게 많은 것을 요구하는 이 학교의 훈련이 기초가 되어 그는 광범위한 독서를 하고 작곡뿐만 아니라 시

■

로마의 풍요와 술의 신인 바코스(바커스)는 원래 그리스의 신인 디오니소스로부터 유래한 것이지요. 디오니소스는 신들의 제왕 제우스와 대지의 여신인 세멜라 사이에서 태어납니다. 디오니소스는 수액(樹液), 즉 자연의 생명수를 상징하고 이 생명수는 자연스럽게 술로 연결됩니다. 술에 의해 인간은 황홀경(도취)을 경험하게 되지요. 니체는 이 디오니소스를 건강한 생명력의 상징으로 재해석하여 허약한 노예의 종교인 기독교의 예수 그리스도와 대립시킵니다.

짓기와 글쓰기를 즐기면서 이와 관련된 게르마니아라는 동아리를 주도적으로 결성할 정도였지요. 그가 다양한 책을 섭렵하던 중에 휠덜린(Johann Christian Friedrich Hölderlin, 1770~1843)과 같은 독일의 낭만주의 시인들에 푹 빠져들었습니다. 이런 영향 탓인지는 몰라도 한 해 전부터 생겨난 기독교에 대한 그의 의심은 점점 커져 갔습니다.

원래 니체는 1844년 10월 15일 독일 라이프치히 지역의 뢰켄이라는 작은 마을에서 목사의 아들로 태어났지요. 아버지도 목사였고 어머니도 목사의 딸이었으니 그가 얼마나 충실한 기독교 신앙의 가정에서 자랐는지는 말할 필요가 없습니다. 독실한 신자인 소년 니체는 친구들에게 성경 구절과 찬송가를 바탕으로 감동적인 이야기를 들려줄 정도였습니다. 그래서 그의 별명은 꼬마 목사였습니다.

20세가 되던 슐포르타 김나지움 마지막 해에 그는 고대 그리스 시인에 대해 논문을 열정적으로 준비하다 그만 졸업시험에서 수학 점수를 아주 나쁘게 받았습니다. 그래서 졸업 사정회에서 수학 선생님이 니체의 졸업을 강력하게 반대하였지요. 허나 그가 나머지 과목에서 우수한 성적을 거둔데다 특히 고전어(그리스어와 라틴어)에 탁월해서 그를 총애하던 고전어 선생님의 옹호 덕분에 간신히 졸업할 수 있었지요.

그해 10월, 그는 유럽 최고의 고전문헌학자인 리츨 교수가 있는 본 대학으로 입학하여 문헌학과 더불어 신학을 함께 공부하기로 합니다. 나중에는 리츨 교수를 따라 라이프치히 대학으로 옮겼지요. 이미 김나지움 시절에 시작된 기독교에 대한 그의 의심은 신학 강의를 들으며 더욱 커져만 갔습니다. 그는 이 세계의 근원을 기독교의 신이나 합리적인 질서가 아닌 맹목적인 삶에의 의지라고 선언한 쇼펜하우어의 철학에 운명과도 같이 이끌려 철학 쪽으로 이미 마음을 굳혔지요. 그런데 아직 박사학위도 없던 25세의 그를 스위스의 명문인 바젤 대학에서 문헌학 교수로 초빙한 사건이 일어났습니다. 나중에 그가 밝히지만 '악마와 같은 운명'이 문헌학 교수 자리로 자신을 유혹한 것에 굴복하고 맙니다.

1869년 바젤 대학에 근무하면서부터 그는 고대 그리스의 비극적 영웅 정신을 음악적으로 가장 잘 표현한 바그너 부부와 친밀해지면서 그의 음악에 빠져들었습니다. 이러한 쇼펜하우어의 철학과 바그너의 음악으로부터 영향을 받아서인지 26세의 그는 최초의 저서『비극의 탄생』을 출판하면서 그리스 비극에 대한 문헌학적 분석에 그친 것이 아니라 인간과 세계 그리고 음악 정신의 본질을 철학적으로 탐구하였습니다. 그는 문헌학자로서 넘지 말아야 할 선을 넘어버린 것입니다. 스승인 리츨에게도 혹평을 받으며 문헌학계에서 배척당하고 학생들마저 그의 강의를 기피하게 됩니다. '반(反)시대적 사상가'인 그의 사상적이고 정신적인 고독은 이렇게 시작되었습니다.

니체의 불행은 이러한 고독 외에도 5세에 아버지를 여읜 일부터 시작해서 육체적으로 극심한 두통과 눈병으로 인해 결정적으로 1879년 35세의 창창한 나이에 대학교수직을 그만두게 되는 데서 절정에 달합니다. 이해 그는 118번 발작으로 쓰러졌을 정도이고 시력을 거의 상실한 상태가 되었습니다. 그러나 그는 정신의 훈련을 통해 지식의 즐거움을 배워 모든 고통과 절망을 잊고 이런 육체적 한계를 극복하여 10년간 초인적인 강인한 힘으로 대단한 책들을 연달아 발표했지요. 이때의 대표작으로는 『인간적인, 너무나 인간적인』, 『차라투스트라는 이렇게 말했다』, 『선악을 넘어서』, 『도덕계보학』, 『안티그리스도』, 자서전적인 『이 사람을 보라』 등이 있습니다. 그러나 별이 사라질 때 가장 빛나듯이 이런 맹렬한 창작 활동 속에서 그의 육체는 한계를 다하여 이미 몰락한 상태였습니다. 그는 1889년 발광해서 쓰러져 다시는 정신적 건강을 회복하지 못한 채 광기에 찬 10년의 세월을 보낸 뒤 20세기 시작되는 1900년에 눈을 감았습니다. 아이러니하게도 생전에 그렇게도 고독했던 그는 미치면서 유명해지기 시작해서 20세기에는 가장 위대한 사상가의 반열에 올랐습니다. 그는 시대를 앞선 혁신자의 삶의 전형인 것입니다.

사상적 혁신자로서 니체는 우리의 상식적인 가치관을 뒤집습니다. 우리가 강한 자라고 말하는 사람을 허약한 사람이라고 그 낱말의 의미를 바꿉니다. 소유욕과 지배욕은 정신의 힘이 하강하고 쇠퇴하는 것을 말합니다. 이는 부정적인 의미의 힘에의 의지입니다. 진정한 힘이 아니라 가짜 힘이요 힘이 약해진 것입니다. 진짜 힘은 생명력이 충만한 것입니다. 입시나 취업 공부에서 해방되어 획일화된 경쟁에서 벗어나 자기가 하고 싶은 공부를 하고 일을 하다 창의적으로 성공한 사람들이 있습니다.

한국에서는 안철수연구소를 설립한 의사이지만 지금은 벤처 창업을 강의하는 경영학 교수인 안철수 교수는 진정으로 강한 자의 예입니다. 그는 의학박사 학위를 땄음에도 불구하고 IT 벤처 회사를 모험적으로 세우고 기업이 어느 정도 성공의 궤도에 오르자 과감하게 물러나 미국으로 유학 가서 경영학을 배웠습니다. 지금은 카이스트의 석좌교수를 거쳐 서울대 융합과학기술대학원장으로 초빙을 받았습니다. 그는 세속적인 돈과 지위를 좇지 않고 자기가 하고 싶은 일을 즐겁게 도전함으로써 상식을 파괴하고 젊은이들에게 창업의 도전 정신을 가르치는 사람이 됐습니다.

미국에서는 똑같은 기술을 다르게 사용하는 창의적인 사고와 세련된 디자인 철학으로 애플을 성공으로 이끈 스티브 잡스가 있습니다. 그는 대학을 중도에 포기하고 자기가 하고 싶은 철학과 디자인을 청강하다 애플을 창설하여 IT 혁신 제품의 상징으로 새로운 문화 아이콘이 되었습니다. 그의 책상 뒤에는 기술과 인문학이라는 두 단어가 교차하도록 배치되어 있습니다. 이 두 단어는 인간과 사회를 이해하는 마음이 기술과 인간을 최적으로 결합한 아이폰과 같은 혁신 제품을 만든 원동력임을 보여주는 것입니다.

세계 최고의 디지털 연구소인 미국 매사추세츠 공과대학교(MIT) 미디어랩은 고졸의 일본인 소장을 파격적으로 임명했습니다. 이토 미즈

카 신임 소장은 미국의 대학 두 곳에 입학했으나 배울 게 없다고 여겨 모두 졸업하지 않았습니다. 고졸자가 IT 분야 세계 최고의 박사 연구원들이 모인 미디어랩을 지휘하는 것입니다. 그러나 그의 삶은 창의적인 도전의 연속이었습니다. 그는 벤처 투자가로 플릭커(Flickr, 인터넷 사진 공유 서비스), 트위터 등에 투자해 명성을 얻었으며, 마이크로소프트의 익스플로러에 대항하는 파이어폭스(Firefox)를 만든 모질라 재단의 이사이기도 합니다. 저작권의 부분적 공유를 목적으로 설립된 비영리 기관 '크리에이티브 커먼즈(CC)'의 회장도 맡고 있는 등 인터넷 활동가이자 사업가로 명성을 쌓아 2008년에는 《비즈니스위크》가 선정한 '웹에서 가장 영향력 있는 인물 25인'에 뽑히기도 했습니다.

기존의 상식적인 가치관에 매몰되어 수동적이고 획일화된 삶에서 벗어난 것이 이들 세 사람의 공통점입니다. 돈과 명성을 목적으로 삼지 않고 제가 원하는 삶을 목적으로 세우고 능동적으로 도전하여 세계를 변화시키는 데 기여한 사람들입니다. 이들이야말로 긍정적인 의미의 힘에의 의지를 잘 구현하고 있습니다. 상식적 진리를 거부하고 자신의 운명을 사랑하고 그 운명을 견디고 게임의 룰을 새롭게 만들어 미래를 창출하는 초인(위버멘쉬)이라고 부를 수 있습니다. 무가치와 무의미한 삶(수동적 니힐리즘)에서 가치와 의미를 창조한 삶(능동적 니힐리즘)을 사는 사람들입니다.

2 삶을 긍정하고 기뻐하라: 니체가 던진 세 가지 말

하나, 긍정하고 기뻐하는 삶이 건강하다.

니체는 그리스 예술을 '아폴론적인 것'과 '디오니소스적인 것'으로 나

Deus está morto.
Nietzsche

니체의 '신의 죽음' 선언은 병든 삶의 원인이 되는 신(유럽 전통 문명의 최고 가치)이라는 우상을 부수고 새로운 미래의 건강한 삶의 가치를 창출하고자 하는 그의 망치 철학의 상징어입니다. "신은 죽었다! 더 이상 삶을 경멸하며 죽어가지 말고, '선과 악을 넘어서' 이 대지에 충실하라!"

누었습니다. 태양신 아폴론은 질서와 조화, 이성과 합리성을 상징한 반면, 술의 신 디오니소스는 생명과 삶에 대한 감사와 긍정을 상징하지요. 니체는 그리스 예술에서는 원래 이 두 가지 감성이 잘 조화되어 있었는데, 소크라테스(Socrates, 기원전 470?~기원전 399, 고대 그리스 철학자) 이후 사람들이 아폴론적인 것만 중시하게 되었다고 비판합니다. 따라서 건강한 생명력을 회복하려면 디오니소스적인 자유로움과 열정을 불러일으켜야 한다고 주장하죠. 여기서 디오니소스는 건강하고 생명력 넘치는 정신인 '힘에의 의지'를 가리킵니다. 반면에 삶을 반박하는 기독교는 신의 이름으로 생을 부정하는 '허무에의 의지'를 상징하죠. 그는 기독교의 본질이 '현실을 가상으로 간주하는 허무주의'라고 생각한 겁니다.

삶이 힘들고 어려운 사람 가운데는 종교에 의존해 이를 극복하려고 하는 경우가 종종 있습니다. 자기 앞에 놓여 있는 현실이 너무나 고통스러울 경우, 자신의 삶을 저주하고 여기에서 해방된 이상적인 낙원을 꿈꾸는 게 어쩌면 당연한지도 모르죠. 다시 말해서 기독교나 플라톤(Platon, 기원전 428?~기원전 347?, 고대 그리스 철학자) 철학에서 이야기하듯 고통이 존재하는 이 세상인 '차안(此岸)'을 벗어나 저세상인 '피안(彼岸)'을 갈구하는 거죠.

사실 니체의 삶은 불행하기 그지없었어요. 어린 나이에 아버지를 여의었고요. 두통과 위통, 심각한 시각 장애로 교수직을 사임하고 죽음을 갈망할 만큼 마비와 발작으로 고생했죠. 하지만 니체는 이상(理想)으로서의 피안을 꿈꾸는 자는 질이 낮고 병약한 자라고 잘라 말합니다. 그리고 이상을 병든 자의 원한 의식으로 간주하여, '망치를 들고 철학을 하듯이' 이를 철저히 파괴하죠. 그에게 고귀하다는 것은 궁핍과 질병을 끝까지 인내한다는 사실을 의미했어요. 자신의 고통스러운 병으로부터 위대한 건강을 보게 된 겁니다.

더 나아가 그는 이 삶이 영원히 반복되는 '영원회귀(永遠回歸)'를 꿈꾸었어요. 그는 말합니다. "당신이 현재 경험하고 있는 삶을, 다시 한 번 살기를 원하는 방식으로 사는 것이야말로 과제이리라. 왜냐하면 어찌 됐건 간에 당신은 그 삶을 다시 살게 될 것이기 때문에!" 이것이 '영원회귀'이며, '삶에 대한 위대한 긍정'입니다.

이처럼 신과 이상의 이름으로 현재의 삶을 저주하는 자가 아닌, 현재의 삶과 자신을 지속적으로 인내하며 극복하는 자가 '초인'(超人, 독일어로는 '위버멘쉬')입니다. 이렇게 보면 병든 삶을 견뎌 내며 위대한 사상의 모험을 시도한 니체 자신이 초인이라 할 수 있어요. 초인은 과거와 전통의 모든 가치를 평가하고 해체해 새로운 가치를 창출할 뿐 아니라, 지금까지의 도덕적인 지고(至高)의 가치들을 의심하고 뒤집습니다. 따라서 기존 가치의 위계질서는 전복되고 맙니다. 모든 가치의 전환이 이루어지는 거죠. "신은 죽었다! 더 이상 삶을 경멸하며 죽어 가지 말고, '선과 악을 넘어서' 이 대지(大地, 현재의 삶)에 충실하라!"라는 그의 말이 이를 잘 보여줍니다.

둘, 허무주의를 극복하라.

니체의 『힘에의 의지』(우리나라에서는 『권력에의 의지』라는 제목으로 출간되었음)는 논란이 많은 책입니다. 이는 니체의 유고(遺稿, 죽은 사람이 생전에 써서 남긴 원고)를 인종 차별주의자인 그의 누이동생이 개작 편집하여 만든 단편 모음집이기 때문이에요. 그래서 학자들은 이 책을 신뢰하지 않아요. 누이동생의 시각에서 벗어나 니체의 유고 자체를 연도별로 정리한 판본이 다행스럽게 우리나라에서도 출간됐는데, 『유고(1887년 가을~1888년 3월)』(2000)라는 책이 그것입니다.

특히 '힘에의 의지'는 기존에 '권력에의 의지'로 번역되어 많은 혼란을 일으켰어요. 하지만 니체가 말한 힘은 단순히 정치적 권력의 차원에 한정된 것이 아닙니다. '힘에의 의지'는 '존재의 가장 내적인 본질'로, 이를 지배욕이나 권력욕으로 오해해서는 안 됩니다.

이 힘의 상승이 형식으로 표현된 것이 삶이요, 생명입니다. '힘에의 의지'는 생성하고 성장하며, 형성하고 창조(파괴도 포함)하는 의지예요. 창조적 파괴가 생에 대한 최고의 긍정인 거죠. 따라서 이제까지 존재해 왔고, 또 현재 존재하는 모든 것은 '힘에의 의지'를 위한 수단이자 도구,

망치가 됩니다. '힘에의 의지'는 창조적인 손으로 미래를 붙잡습니다.

이처럼 삶을 긍정하며 큰 힘을 지닌 자가 '강자'이고, 반면에 삶을 부정하며 약한 힘을 지닌 자가 '약자'입니다. (마찬가지로, 여기서 니체가 말하는 강자를 사회 제도의 기득권자나 권력자로 오해해서는 안 됩니다.) 대중이란 이런 약자들의 총합일 뿐이에요. 약자들의 총합인 대중은 창조하거나 전진하지 않으며 강한 개인을 부정합니다. 니체 철학의 해석가로 유명한 하이데거(M. Heidegger, 1889~1976, 독일의 실존주의 철학자)의 말대로, 일상성에 매몰된 대중은 평균인으로서 권태로우면서도 반복적으로 타락한 삶을 살아가고 있습니다.

이처럼 니체는 그 당시까지의 문명, 특히 철학과 종교, 도덕을 허무주의와 퇴폐주의로 낙인찍습니다. 철학자는 '이성의 세계'를, 종교가는 '신의 세계'를, 도덕가[聖人]는 '자유의 세계'를 날조하여, 여기로부터 '진리의 세계'와 '반(反)자연적인 세계', '선하고 올바른 세계'가 유래했다는 겁니다. 이 가운데서도 그는 현상계(現象界, 지각이나 감각으로 경험할 수 있는 경험의 세계) 너머의 영원한 이데아(Idea, 육안이 아니라 영혼의 눈으로 볼 수 있는 형상. 이성만이 파악할 수 있는 영원불변하고 단일한 세계를 이룸)를 찾는 플라톤주의와 기독교의 유일신 신앙을 '현세 부정의 관념을 대표하는 전통적 허무주의'라 비판했어요.

그런데 현대에 접어들어 신이 죽어버림으로써 이 전통의 허무주의는 끝이 났습니다. 하지만 이를 대체하는 새로운 신이 등장했죠. 현실 세계를 관통하는 어떤 법칙을 찾아내 거기에 매달리거나, 자본 · 화폐 · 국가 등을 맹목적으로 숭배하는 행동이 그것입니다. 따라서 그는 이 허무주의 역시 극복해야 할 질병으로 규정했어요.

이러한 질병을 극복하는 과정에서 또다시 강력한 힘을 발휘하는 것이 '힘에의 의지'입니다. 앞서 말했듯, 초인은 다른 존재에게 기대지 않고 자신의 운명에 책임을 지는 자유로운 존재이며, 고정된 모든 가치를 파괴하고 새로운 가치를 세울 수 있는 인물입니다. 그런데 초인이 이렇듯 끊임없이 파괴와 창조를 계속할 수 있는 것은 인간의 근본 속성으로 자리 잡고 있는 '힘에의 의지' 때문이에요. 곧 니체는 허무주의를 극복하고 삶을 긍정하며 창조하는 초인이 되어야 한다고 우리에게 말하고 있는 것입니다.

셋, 금욕주의는 허무를 열망하는 의지이다.

형이상학(철학), 종교, 도덕, 과학은 거짓의 다양한 형식들입니다. 이것들이 참이라고 제시한 세계가 거짓이기 때문이에요. '이데아의 세계,' '신의 세계,' '도덕과 의무의 세계,' '진리의 세계'는 현실, 곧 이 현재의 삶을 부정하고 경멸하는 태도에서 생겨났어요. 니체는 이러한 태도가 가장 형식화된 모습으로 나타난 것이 '금욕주의'라고 말합니다. 결국 금욕주의는 인간과 삶에 대한 혐오를 부추겨 '허무를 열망하는 의지'를 갖게 만듭니다.

그렇다고 니체가 본능과 욕망을 마음대로 분출하는 방종을 옹호한 것은 아니에요. 방종과 방탕은 금욕주의와 마찬가지로 하나의 극단이기 때문이죠. 그는 욕망과 본능은 제거가 아니라 승화의 대상이라고 말하면서 '절도'를 강조했습니다.

1,000개가 넘는 짤막한 글들로 이루어진 『힘에의 의지』는 사실 미완성 작품입니다. 자신의 작업에 만족하지 못한 니체는 이를 구상으로만 남겨두었죠. 말하자면 『유고(1887년 가을~1888년 3월)』는 이러한 그의 구상을 연대기별로 정리해 놓은 책이라 할 수 있어요. 그런데 미완성의

노트임에도 불구하고 이 책에서는 니체 사상의 독특한 색깔을 느낄 수 있습니다. 진리, 이성, 과학, 도덕 등 기존의 모든 사유와 가치 체계를 전복하고, 전통 철학을 그 경계 밖에서 새롭게 바라보려 한 이 기이한 철인(哲人)의 고투가 생생하게 드러나 있죠.

허무를 낳는 모든 이상을 없애 버리고, 인간 자신이 속해 있는 "이 생성하며 영원회귀 하는 삶(대지)을 긍정하고 기뻐하라!" 니체가 남긴 이 말은 우리가 어떤 태도로 살아가야 하는지를 잘 보여줍니다. 사회적으로 주어진 규범에 주눅 들어 스스로를 억압하지 말고, 당당하고 적극적으로 삶을 긍정하면서 주어진 운명을 꿋꿋하게 개척해 나갈 것, 그가 우리 현대인에게 전하는 구원의 메시지는 이것이 아닐까 합니다.

3 『힘에의 의지』와의 대결

● 허무주의는 현대의 가장 위험한 질병이다.

니힐리즘(nihilism)은 가장 기분 나쁜 손님이라고 니체는 말합니다. 왜 그럴까요? 니힐리즘에 대한 정의부터 살펴봅시다.

> 니힐리즘, 그것은 목적을 상실한 것이다. '왜Why?'에 대한 답을 찾을 수 없다는 것이다. 니힐리즘은 무엇을 의미하는가? 최고의 가치들이 그 가치를 잃어버렸다는 것이다.
>
> ─ 『힘에의 의지』 2번 단편, 『유고(1887년 가을~1888년 3월)』1887년 가을 9의 35단편 중에서

니힐리즘이란 우리말로 허무주의를 뜻합니다. 니힐(nihil)은 중세 유럽의 고전어인 라틴어로 없음, 즉 무를 의미하죠. 허무는 '빌 허(虛)'와 '없을

무(無)'로 이루어져 있습니다. 니힐은 허무로서 무엇이 없다는 것을 의미합니다. 그러면 무엇이 없다는 것일까요? 돌이 없거나 고양이가 없거나 공책이 없거나 도형이 없다는 그런 뜻은 아닙니다.

여러분은 사랑하는 사람이나 가까운 친구의 죽음을 본 적이 있습니까? 있다가 없어지는 사람을 보면 죽음에 대해 고민하게 됩니다. 멀쩡한 사람이 지금 없다는 사실을 믿기 힘듭니다. '왜 사는가?'에 대한 질문이 나를 습격합니다. 지금까지 살아온 그 사람의 삶이 도대체 무슨 가치가 있단 말인가? 그 사람의 모든 노력이 무(無)가치하게 생각됩니다. 앞으로 죽을지도 모를 나의 삶이 무(無)의미하게 느껴집니다. 만약 내일 쓰나미가 와서 덮칠 것을 안다면 여러분은 오늘 무슨 일을 하기를 원합니까? 이 질문은 여러분에게 가장 가치 있고 의미 있는 일이 무엇인가를 묻는 것입니다.

이런 극단적인 사례에서 알 수 있듯이 니힐은 무가치, 무의미를 말하며 인생이 허무하고 덧없다는 것을 경험하게 해줍니다. 다시 한 번 니힐리즘이란 무엇인가요? 니힐리즘에서 이즘(-ism)은 주의(主義)를 말합니다. 주의란 자유주의나 사회주의에서의 주의에 해당하는 낱말입니다. 주의란 확고한 주장이나 신념을 뜻합니다. 니힐리즘이란 허무주의로서 허무에 대한 확고한 신념이나 주장을 말하겠지요. 정리하자면 니힐리즘이란 인생이 무의미하고 무가치하다는 것을 확고하게 믿는 것을 말합니다.

니체는 분명하게 말하지요. 니힐리즘이란 최고의 가치들이 무가치하게 된다고 말입니다. 그럼 최고의 가치들이란 무엇일까요? 니체는 서양 철학자이기 때문에 서양 문명에서 최고의 가치를 찾아야 합니다. 니체는 19세기 사람이며 20세기 초에 죽었으므로 현대에 해당하는 시대를 살았던 사람입니다.

현대(modern)는 근대를 포함합니다. 근대란 현대와 가까운 시대를 말하는 것으로 역사적인 시대구분이지만 삶의 틀은 똑같습니다. 요즘 유행하는 말로 패러다임(한 시대의 규칙이나 틀을 총칭하는 토마스 쿤의 용어)이 같습니다. 이렇기 때문에 우리는 근대화를 현대화라고 하기도 합니다. 근대의 틀이 바뀌는 것을 우리는 탈근대 또는 탈현대라고 부릅니다. 탈이란 벗어난다는 뜻으로 영어에서는 포스트(post)에 해당합니다. 탈현대란 포스트모던(postmodern)을 번역한 말입니다. 포스트모던은 현대를 비판하고 반성하며 현대의 틀에서 벗어나기를 원한다는 말입니다.

니체는 유럽의 현대 문명을 비판하며 미래의 철학을 기획한 사상가입니다. 그래서 니체를 포스트모더니즘의 아버지라고 부릅니다. 프랑스의 현대 철학자인 데리다, 푸코, 들뢰즈, 리오타르, 보드리야르 등을 철학과 문학에서는 포스트모던 철학자라고 말합니다. 이들 모두 니체, 특히 하이데거의 해석을 통해 알게 된 니체의 영향력을 받은 사람들입니다. 포스트모던의 아버지로서의 니체야말로 니체 철학의 현대적인 특징을 잘 보여줍니다. 그런데 하이데거는 특이하게도 니체를 기존 유럽 문명의 완성자로 봅니다. 서양 철학은 자기 스승의 철학을 주석으로 되풀이하기보다는 비판하는 것을 선호합니다. 비판이 스승에 대한 예의라고 생각합니다. 한 예를 들자면, 하이데거가 니체를 비판한 것처럼 데리다는 하이데거를 비판합니다.

이런 부정의 정신이 거꾸로 니체의 영향력을 반증합니다. 니체는 유럽의 현대 문명을 병들었다고 진단하면서 이를 치유하기를 원합니다. 그 질병의 이름이 니힐리즘입니다. 그 질병은 어디에서 오는 걸까요? 서양 문명의 주춧돌이라 할 수 있는 플라톤의 이데아와 기독교의 신이라는 최고 가치들에서 옵니다. 서양의 도덕과 종교가 문제라는 뜻입니다. 그래서 그는 플라톤과 아울러 그의 스승 소크라테스 그리고 그리스도를 자신의 적으로 공표합니다. 그의 마지막 책들 중의 하나의 제목이 『안티(反) 그리스도』일 정도입니다.

● 도덕과 기독교가 허무주의라는 질병을 일으킨다.

니힐리즘이 문 앞에 서 있다. 모든 손님 중에서 가장 불쾌한 이 손님은 어디로부터 우리에게 온 것일까? 1. 출발점은 다음과 같다. '사회적 가난'이나 '생리적인 손상' 또는 타락을 니힐리즘의 원인으로 보는 것은 오류이다. 이것은(니힐리즘) 항상 전적으로 다른 해석들을 허용한다. 그런데 전적으로 규정된 하나의 해석인 기독교—도덕적인 해석에 니힐리즘은 그 뿌리를 두고 있다. 우리 시대는 가장 정직하고 연민에 찬 시대이다. 곤란함, 심리적이고 육체적이며 지적인 곤란함은 가치와 의미 그리고 소망에 대해 철저하게 부인하는 니힐리즘을 스스로 결코 출산할 수 없다.

— 『힘에의 의지』 1번 단편, 『유고(1885년 7월~1887년 가을)』 1886년 가을 2의 127단편 중에서

우리가 보통 세계의 4대 성인을 꼽을 때 소크라테스와 예수 그리스도는 서양을 대표하는 성인들 중의 성인입니다. 그런데 두 분 다 동양의 석가모니와 공자와는 대조적으로 그 시대의 지배자들에 의해서 살해당했다는 공통점이 있습니다. 우리는 상식적으로 이 두 분이야말로 자신을 희생해 최고 가치를 완성한다는 살신성인의 정신을 보여주신 분들이라고 알고 있지요. 그런데 니체는 이 두 분을 우리의 상식과는 반대로 공공의 적으로 삼습니다. 우선, 니체는 이 두 분이 세운 최고 가치인 도덕과 기독교가 현대 사회에서 가치와 의미를 상실했다는 사실을 지적하고 있습니다. 이 상실을 가장 잘 표현한 말이 "신은 죽었다"(『우상의 황

혼』)입니다. 여기서 신은 최고 가치요 목적이요 왜(why)를 상징하는 말입니다. 두 번째로 그는 기존의 최고 가치인 도덕과 종교가 이 상실감의 증상인 니힐리즘의 원인이라는 것입니다. 니힐리즘이 유럽 문명의 현재 질병이라면 도덕과 기독교는 이 질병의 원인인 바이러스에 해당합니다. 비유하자면 소크라테스와 예수 그리스도는 현대 문명의 바이러스라는 것입니다. 종교와 도덕은 전통적으로 진리의 대명사입니다. 그렇다면 니체에게 종교와 도덕은 가짜요 이들이 제시한 진리도 허위입니다.

성인을 바이러스라고 부르다니! 이 점에서 니체의 공격적인 문체는 절정에 달합니다. 기존의 낡은 건물을 부수려면 다이너마이트와 같은 폭발물과 망치(해머)와 같은 도구가 필요합니다. 니체는 자신의 사상을 서양의 전통 철학을 다이너마이트로 폭발시키고 망치로 부수는 『반(反)시대적 고찰』이라고 부릅니다. 무언가를 부수려면 그것을 세게, 더 세게 공격해야 합니다. 니체의 스타일은 한마디로 해체를 위한 과장법입니다. 해체는 영어로 디컨스트럭션(de-construction)이라고 합니다. 기존의 건물을 부순다는 의미이지요. 그래서 니체의 철학은 해체의 철학이라 불리며, 니체는 해체론 즉 포스트모더니즘의 아버지로 여겨지게 됩니다. 니체의 철학은 현재의 철학이 아니라 현재를 견뎌낸 미래의 철학입니다.

● 도덕과 종교는 진리라는 허구적 오류로 인류를 기만해 왔다.

도덕적으로 표현하면 세계는 거짓이다. 그러나 도덕 그 자체가 이 세계의 일부인 한에서 도덕도 거짓이다.

진리에의 의지는 고정적인 것을 날조하고 참되고 지속하는 것을 날조하며, 저 거짓이라는 특징을 제거하고 이런 오류를 존재하는 것으로 잘못 해석한다.

그러므로 진리는 현존하는 것도 아니고 발견되고 발굴되어야 하는 것도 아니라, 창조해야 하는 것이고 하나의 과정에 대하여 이름을 부여한다. 더 나아가 그 자체로는 끝나지 않는 극복의 의지에 대한 이름을 부여한다. 즉 진리를 도입하는 것은 무한한 과정으로서 능동적으로 규정하는 활동이지, 그 자체로 고정화되고 규정된 어떤 것에 대한 의식이 아니다. 그것은 '힘에의 의지'를 표현하는 낱말이다.

— 『힘에의 의지』 522단편 중에서, 『유고(1887년 가을~1888년 3월)』1887년 가을 9의 91단편 중에서

기존의 도덕과 종교는 현실의 고통스러운 삶을 부정하며 흔히 이상이나 천국을 삶의 목적으로 제시해 왔습니다. 그러면 현실은 가짜이고 이상이나 천국 즉 피안이 진리가 됩니다. 가짜가 진짜로 둔갑하고 진짜는 가짜가 되어 억압의 대상이 됩니다. 이제 죽음 이후의 세계가 긍정되고 삶의 세계는 부정됩니다. 플라톤이 세운 도덕의 절대 기준이 되는 선의 이데아는 기독교의 신과 마찬가지로 영원불변의 진리입니다. 영원불변하다는 것은 약동하는 삶의 흐름을 고정시키고 지속시킨 것입니다. 그러나 진짜 존재하는 것은 삶의 흐름입니다. 선의 이데아나 신은 고정된, 다시 말해서 날조된 대상들입니다. 따라서 진리라고 하지만 실은 생동하는 삶을 억압하는 허구에 불과합니다. 도덕과 종교는 허구를 날조하여 진리로 공표한 것입니다.

이렇듯 도덕과 종교의 밑바탕에 진리에의 의지가 존재합니다. 진리에의 의지는 가짜를 진짜로 날조하는 병든 힘에의 의지입니다. 즉 능동적인 힘이 아니라 반동적인 또는 수동적인 힘이라고 할 수 있습니다. 병든 힘에의 의지는 궁극적으로 니힐리즘에 도달합니다. 니힐리즘에 도달하는 과정은 니체가 『도덕의 계보학』에서 다룬 세 가지 단계로 제시됩니다. 첫째, 원한의 단계입니다. 약한 자는 강자를 비난하고 저주합니

다. 내가 약하고 불행한 것은 네 탓이야라고 생각합니다. 이는 긍정적인 삶이 아니라 반동적인 삶입니다. 주체적인 삶이 아니라 노예적인 삶이지요. 그래서 니체는 원한 의식을 노예 의식이라고 부릅니다. 나를 노예로 만든 주인인 너는 죽어 불지옥에 떨어지는 형벌을 받을 거야라고 강자를 저주합니다. 이제 노예로서 살아가는 현실의 삶은 부정되고 죽음 이후의 희망 찬 천국을 고대합니다. 원한은 악을 외적으로 투사한 것입니다.

두 번째 단계는 양심의 가책입니다. 네 탓이 아니고 내 탓이오. 이러한 자기 책임 의식은 매우 도덕 의식이 발달한 것처럼 보입니다. 우리는 통상적으로 철면피를 싫어합니다. 잘못하고도 양심의 가책을 느끼지 못하는 사람들에게 분노를 느낍니다. 수치심을 느끼는 것은 도덕적인 인간의 상징이라고 생각합니다. 그러나 니체는 양심의 가책을 원한처럼 반동적인 힘으로 적을 공격하는 것이 아니라 나의 내면을 공격하는 것이라고 바꿔 생각합니다. 자책하고 죄의식을 느낄수록 나는 구원받을 가능성이 높아집니다. 기독교는 인간을 원죄가 있는 죄인으로 간주합니다. 자신을 죄인으로 인정하고 예수 그리스도에 대한 신앙으로 신으로부터 죄 사함을 받는 것을 구원이라고 여깁니다. 자책은 자신의 삶을 부정하고 자신을 스스로 공격하는 내적인 투사의 단계입니다.

세 번째 단계는 금욕주의입니다. 금욕주의는 매우 승화된 이상적인 삶의 모습입니다. 소유욕과 권력욕과 같은 부정적인 힘을 극복하기 위해 아예 욕망 자체를 부정하고 힘의 의지를 거부하는 단계입니다. 이는 삶이나 존재에 의지하는 것이 아니라 허무에 의지하는 것입니다. 금욕주의자들은 삶보다 더 고상한 최고 가치로 삶을 재단합니다. 그러한 경건한 사람들은 삶을 단죄하고 삶과 대립하여 삶을 허무에로 이끌어갑니다. 이는 가장 약하고 가장 병든 구원의 형태입니다. 여기서 노예가 스스로를 주인이라고 부르고 약한 자들이 강한 자라고 자칭하며 저열한 자가 고귀한 자라고 자신을 내세우지요. 모든 가치에 대한 평가가 왜곡되어 버립니다.

이렇게 서양의 역사는 소크라테스 이후로 철학과 기독교에 의해서 니힐리즘이 준비되는 쇠퇴의 역사로 간주됩니다. 이렇게 해서 이데아, 신, 원자, 자아, 원인, 목적 같은 신학적 날조가 이루어집니다. 이러한 병든 니힐리즘은 신의 죽음에서 절정에 달합니다. 원래 니힐리즘은 고상한 가치의 이름으로 삶을 낮게 평가하는 것을 뜻했지만 신의 죽음, 아니 인간이 신을 살해한 이후에는 이러한 고상한 가치들을 부정합니다. 즉 인간적인 도덕이 종교를 대신합니다. 최대 다수의 최대 행복이나 진보 등이 기존의 최고 가치인 신을 대체합니다. 이런 현상은 전에는 성스러운 물건을 실어 나르던 당나귀가 종교라는 짐을 버리고 도덕이라는 짐을 대신 짊어지고 니힐리즘이라는 사막을 횡단하는 격입니다. 이 당나귀는 '고귀한 인간'을 상징합니다. 고귀한 인간들은 도덕이라는 짐을 짊어지고 있으면서도 마치 자신은 짐을 벗고 현실을 긍정하는 듯한 착각에 빠져 살게 됩니다. 이 상태는 병든 힘의 극치입니다.

신의 죽음 이후에 고귀한 인간들은 자신의 의미와 가치를 가질 수 있기를 여전히 소망하게 돼 있습니다. 그러나 기존의 가치들의 새로운 조합은 여전히 기존의 가치에 지배를 받는 것입니다. 신을 대체하고 인간적인 가치들도 점점 가치를 상실해 가면서 고상한 인간들은 허무의 세계로 빠져갑니다. 그래서 최후의 인간이 등장합니다. 이 사람은 허무한 삶 자체를 파괴하고 싶어 합니다. 그래서 최후의 인간 저편에 스스로 소멸을 원하는 인간이 존재하게 됩니다. 이제 필요한 것은 기존 가치의 조합이 아니라 새로운 가치의 탄생입니다. 이를 위해서는 기존의 모든 가치가 전환되어야 합니다. 부정적이고 반동적인 힘이 능동적이고 긍정적인 힘으로 바뀌어야 합니다. 가장 위험한 순간 구원의 싹 또한 자라고 있습니다.

● 질병에서 위대한 건강을 발견한다.

 니힐리즘 그것은 이중적인 의미를 지니고 있다.

A. 정신의 힘이 상승하는 징후인 니힐리즘, 즉 능동적 니힐리즘. 이는 강건함의 징표이다

B. 정신의 힘이 쇠퇴하고 후퇴하는 니힐리즘, 즉 수동적 니힐리즘. 이는 허약함의 징표이다.

— 『힘에의 의지』 522단편 중에서, 『유고(1887년 가을~1888년 3월)』1887년 가을 9의 91단편 중에서

현대 문명의 가장 불길한 손님인 니힐리즘이라는 질병에서 니체는 위대한 건강을 발견합니다. 수동적 니힐리즘은 질병이죠. 그러나 이를 능동적 니힐리즘으로 바꾸면 위대한 건강으로 전환됩니다. 이러한 전환을 위해 니체는 기존의 도덕과 기독교라는 진리의 허상을 보여주며 가치에 대한 시각을 바꾸고자 합니다.

수동적 니힐리즘은 허약한 자들이 보여주는 징표입니다. 그들은 돈과 권력에 목말라 하죠. 많은 돈과 강한 권력 또는 좋은 학교나 직장을 강렬하게 원한다고 해서 또는 획득한다고 해서 여러분이 강해지지 않습니다. 돈과 권력이 목적이면 여러분은 그 수단에 불과하게 되어 돈과 권력이 여러분을 지배하게 되죠. 여러분이 실제로 공부를 하고 있나요, 아니면 공부가 여러분을 잡고 있나요? 다시 말하면 여러분은 공부하도록 강요받고 있나요? 여러분은 살고 있나요 아니면 살아지고 있나요?

다시 말하면 여러분은 삶을 강요받고 있는가요? 강요받고 있다면 이것이 소외입니다. 돈과 공부에 소외된 여러분은 노예에 해당합니다. 돈이 많아도 돈의 노예요 공부를 잘해도 공부의 노예에 불과합니다. 우리는 돈 많고 권력이 세고 공부를 잘하는 사람을 강한 자라고 이야기합니다. 그러나 니체는 이들은 허약한 자에 불과하다고 말합니다.

반대로 능동적 니힐리즘은 정신의 힘이 상승하는 징후로서 강인한 자의 생각입니다. 강인한 자란 자신의 저주와 같은 운명을 사랑한 니체와 같은 사람을 의미하는 것입니다. 그에게 질병은 나쁜 것이 아니라 위험한 것입니다. 전통 도덕과 종교가 관습화되고 독단적인 진리가 되어 이것들은 선이고 이에 반대되는 것들은 악으로 규정되는 '선과 악이라는 고정된 질서'에서 벗어나야 합니다. 선과 악의 이분법을 넘어서 돈과 권력 또는 천국이나 피안이라는 새로운 우상도 세우지 않고 현실을 긍정하고 삶을 기뻐하면서 삶을 극복하는 자가 진정으로 강건한 자입니다. 니체도 초인적인 노력과 훈련으로 자신을 매우 괴롭힌 질병들에서 위대한 건강을 보고 이를 실천하며 주옥같은 글을 놀라운 정신력으로 남긴 위대한 사상가입니다. 철학은 이제 니체 이전과 이후로 갈라집니다. 그러나 니체 자신은 정작 자신을 성스럽다고 기려질 것을 예상하며 이를 조롱했습니다. 그는 진짜로 삶을 즐긴 사람입니다. 짐을 싣고 고된 길을 묵묵히 걸어가는 낙타와 같은 나약한 삶이 아니라 사자의 용기를 가지고 삶을 어린아이처럼 놀이 하며 즐기는 자가 진정 강인한 자입니다.

철학의 이정표 세우기

첫 번째 이정표

『니체의 차라투스트라를 찾아서』
이진우 지음, 책세상, 2010

그리하여 나는 길을 떠났다. 수년간 치열하게 부둥켜안았던 나의 문제를 안고 길을 떠났다. 이번 여행의 동반자는 프리드리히 니체였다. 삶으로써 사유하고, 사유로써 살고자 했던 천재. 삶과 사상이 결코 분리될 수 없을 정도로 자신에게 철저했던 철학자. 평생 자신에게 맞는 장소를 찾아 방랑했던 노마디즘의 철학자. 그의 화두는 하나였다. "나는 어떻게 존재하는 대로의 내가 될 수 있는가?" 많은 사람들은 지금 그리고 여기에 존재하는 자신의 모습에 실망하여 다른 자기를 찾지만, 니체는 있는 그대로의 자기를 긍정할 수 있는 새로운 중심을 찾으려 평생을 방랑했다. 그가 찾은 '차라투스트라'는 그에게 끊임없는 자기 극복의 '초인'을 가르치고, 삶의 매순간을 신성하게 만드는 '영원회귀'를 가르치고, 무엇보다 자기와 세계 전체를 긍정하라는 '운명애'를 가르친다."(10~11쪽)

오랫동안 니체를 연구해 온 철학자가 고통과 고독으로 점철되었던 니체의 삶의 궤적을 좇고, '초인'과 '영원회귀'로 대표되는 사상의 궤적을 탐색한다. 그 여정을 함께하다 보면, 서양 사상의 토대를 뒤흔든 '망치를 든 철학자' 니체가 영혼의 장소를 찾아 떠돈 '노마디즘'의 철학자이기도 하다는 사실을 알게 된다. 삶은 곧 여행이기 때문일까. 니체의 차라투스트라를 찾아가는 길 위에서, 고단한 일상에 눌려 잊고 있었던 물음이 마음 깊은 곳으로부터 차올라 나를 흔든다. "어떻게 살아야 하는가?" 그리고 '비탄과 불행 앞에서 고개 숙이지 않고 그것을 정면으로 바라보는' 니체의 긍정을 꿈꾼다. 《경향신문》

『니체 1』
마르틴 하이데거 지음, 박찬국 옮김, 길 출판사, 2010

독일 철학자 마르틴 하이데거(1889~1976)가 가장 집요하게, 되풀이해서 대결했던 철학자가 프리드리히 니체(1844~1900)다. 니체에 대한 하이데거의 대결은 1961년 두 권으로 출간된 대작『니체』에 집약됐다. 이 두 권 중 첫 번째 권이 하이데거-니체 연구자 박찬국 서울대 교수의 노력으로 처음 우리말로 옮겨졌다. 박교수는 1990년대 중반에『니체』두 번째 권의 일부를 우리말로 옮겨『니체와 니힐리즘』이라는 이름으로 펴낸 바 있다. 옮긴이는『니체와 니힐리즘』에 담긴 내용을 포함해 나머지 전체를 번역해『니체 2』로 펴낼 예정이다.

『니체』는 하이데거가 1936~1940년 사이에 프라이부르크대학에서 했던 강의의 기록을 정리해 묶은 것이다. 하이데거는 이 기간에 '예술로서의 권력의지(힘에의 의지)' '동일한 것의 영원회귀' '인식으로서의 권력의지' '유럽의 니힐리즘', 이렇게 네 학기 강의를 했다. 또 1940~1946년 사이에 몇 편의 니체 논문을 집필했다. 그중 앞의 세 강의록이『니체 1』에 수록됐고, 나머지 강의와 논문이『니체 2』에 묶였다. 이 강의와 논문은 주제의 연속성이 있으면서도 각각 별도로 성립된 것이어서,『니체 1』만으로도 나름의 완결성 있는 저작을 이룬다.

하이데거의『니체』는 20세기 후반 니체 사상 부활의 기폭제가 됐다는 점에서 중요한 문헌이다. 이 저작이 출간되고 1년 뒤 질 들뢰즈의『니체와 철학』이 출간됐으며, 이후 니체에 관한 관심과 해석은 폭발적으로 증가해 탈근대철학의 급류를 이루었다. 하이데거의『니체』는 20세기 후반을 휩쓴 그 흐름의 출발점에 놓인

책이다. 니체 해석자라면 누구나 하이데거의『니체』를 들여다보지 않을 수 없고,
하이데거의 해석과 정면 대결하지 않을 수 없을 정도로 이 책은 압도적인 고전의
지위를 누렸다.

《한겨레신문》고명섭 기자

2.
존재라는 별을
찾아가는
길 위에서
생각하다

| 하이데거, 존재의 철학자

1 존재의 철학자, 하이데거의 삶

한 권의 책이 한 사람의 운명을 바꾸는 경우가 있습니다. 그래서 여러분 자신이 어떤 책을 읽느냐가 매우 중요한 인생의 사건이거나 계기가 될 수 있어요. 운명은 정해진 것이 아닙니다. 가난과 유전적 질병과 같은 조건은 우리에게 주어진 것에 불과합니다. 이런 조건을 불변의 운명으로 여기는 것이 비극이지요. 이런 조건들만 우리에게 주어지는 것이 아니라 자유라는 가능성도 우리에게 주어져 있습니다. 이 가능성을 발휘하는 데 한 권의 책이면 충분할 때가 있어요. 니체나 하이데거가 그런 경우이지요.

가난한 성당 종지기의 아들로 태어나 대학 갈 돈이 없어 성직자로 키워질 운명이던 고등학생이 한 권의 책을 만나 '존재라는 하나의 별'에 사로잡혀 위대한 철학자가 됩니다. 그 사람이 20세기 철학을 대표하는 사상가인 마르틴 하이데거(Martin Heidegger, 1889~1976)입니다. 그는 가톨릭 성당의 장학금을 받으며 콘스탄츠에 있는 김나지움을 다니다 17세가 되던 해 1906년 프라이부르크에 있는 김나지움으로 옮깁니다. 가톨릭 신학도로 키워지던 그는 이 학교에서 니체와 마찬가지로 운명처럼 철학과의 만남을 하게 됩니다. 신학에서 철학으로 자신의 학문의 방향을 옮기는 데 필요했던 것은 한 권의 책이었습니다. 니체가 쇼펜하우어의 『의지와 표상으로서의 세계』을 읽고 철학으로 개종한 것처럼 그는 아리스토텔레스의 『형이상학』에 관한 한 논문을 읽고 '존재'의 의미가 무엇인가라는 존재 물음에 꽂힙니다.

이 논문 덕분에 그는 서투르지만 처음으로 철학에 돌입하는 이정표[길 안내판]를 갖게 됩니다. 그에게 철학이란 생각의 길을 다듬어 내는 작업입니다. 이 길은 존재라는 하나의 별로 향하지요. 그가 긴 생애 동안 작업한 100권이 넘는 전집의 주제는 단 하나, 존재의 의미입니다. 그는 그의 전집을 작품이 아니라 '길들'이라고 부릅니다. 그의 전집은 존재의 의미로 향해 가는 '생각의 길들'입니다.

하이데거는 1889년 독일 알레만 지역의 슈바르츠발트(검은 숲)로 유명한 메스키리히에서 태어났습니다. 그는 자신의 고향과의 유대감이 강해서 두 번이나 수도 베를린 대학의 교수 초빙도 거절했지요. 그는 대도시의 인공적인 도로가 아니라 시골의 숲길이나 들길에서 자신의 이정표를 찾은 것입니다.

1909년 20세가 되는 해에 하이데거는 고등학교를 마치고 예수회 수련 수사(修士)가 되지만 건강상의 이유로 한 달 만에 포기하고 사제가 되기 위한 공부를 하러 프라이부르크 대학에 입학합니다. 그러나 22세에 그는 신학 공부를 그만두고 철학으로 방향을 전환합니다. 고등학교 때 나침반처럼 등장한 존재라는 별이 기독교의 신이라는 별보다 그를 더 사로잡은 것입니다. 그는 철학, 수학과 자연과학에 대한 연구를 본격적으로 시작합니다. 이때 그는 현상학의 창시자인 후설의 초기 저작인

『논리 탐구』에 빠져듭니다.

하이데거는 1913년 신칸트주의 철학자인 하인리히 리케르트의 지도로 「심리주의의 판단론」이라는 논문을 제출하여 박사학위를 받습니다. 그는 1914년 1차 세계대전의 발발로 군대에 입대하지만 건강상의 이유로 두 달 만에 제대합니다. 또한 그는 1915년에 자신의 모교의 가톨릭 철학 교수직을 얻기 위해 교수자격논문인 「둔스 스코투스의 범주론과 의미론」을 완성하고 모교에서 강사(Privatdozent, 무급 사강사)로 임명됩니다. 이듬해 후설이 그 대학으로 옮겨오자 그는 후설 밑에서 공동연구를 시작합니다. 그는 1917년에 자기의 수업을 듣던 여학생과 결혼한 후 1차 세계대전 말미인 1918년에 10개월 동안 다시 군복무를 하게 됩니다. 그가 제대 후 첫아들을 얻자마자 1919년에 '가톨릭 교리 체계'에 대한 거부를 선언하고 후설의 유급 조교로 임명받아 새로운 통찰을 가지고 강의를 시작합니다.

하이데거는 아리스토텔레스에 대한 새로운 해석으로 인해 대학가에서 명성을 얻고, 1923년에, 파울 나토르프의 지원으로 마르부르크 대학의 조교수가 됩니다. 이 시기에 그는 헌신적으로 학생들을 지도하여 이 학생들이 나중에 훌륭한 대학자들로 성장하는 데 기여합니다. 그는 학생들 사이에서는 "생각이라는 나라의 숨은 왕"(그의 제자이자 연인인 한나 아렌트의 표현)으로 군림합니다. 그를 통해 과거의 죽은 전통이 생각과 말로 살아나게 된 것입니다. 이 학생들 중에는 미국의 60년대 학생운동의 사상적 촉발제가 되는 허버트 마르쿠제와 여류 철학자인 한나 아렌트, 책임의 윤리로 유명한 한스 요나스 등이 있습니다.

하이데거는 1927년에 최초의 저서이자 20세기 철학의 대표 작품이 되는 『존재와 시간』을 출간합니다. 이 작품은 형식적으로는 후설에 대한 헌사(獻辭)를 담고 있습니다. 1928년 후설이 프라이부르크 대학에서 은퇴하자 하이데거가 그 자리를 이어받습니다. 그러나 『존재와 시간』에서의 그의 현상학은 실질적으로는 후설 현상학과의 결별 선언에 해당합니다. 후설이 세계와 분리된 데카르트적인 자아의식으로부터 철학의 출발점을 마련하려 했다면 이와는 반대로 하이데거는 세계 안에 존재하는 인간의 실존으로부터 철학의 출발점을 마련하려 했습니다. 의식이냐 실존이냐? 이렇게 근본 문제를 보는 시각이 달랐기에 스승과 제자는 이별하게 됩니다. 이 이별은 두 사람 모두에게 상처로 남습니다. 나중에 하이데거는 히틀러 통치 기간 중에 박해받던 유대인인 후설을 모른 체했다는 비난에 시달리게 되지요.

하이데거의 학문과 교수직이 정점에 도달하는 순간인 1933년에 독일에서는 히틀러가 권력을 잡습니다. 그는 같은 해에 프라이부르크 대학의 총장으로 선출됩니다. 그의 취임 강연인 「독일 대학의 자기주장」은 나치즘(국가사회주의)을 옹호한 것으로 간주되어 2차 세계대전이 끝나고 나치에 가담한 행위로 비판받게 됩니다. 그가 비록 몇 달 뒤에는 나치즘을 반대하게 되지만 그가 '국가사회주의적인 혁명'에 잠시라도 빠져든 것은 사실입니다. 그의 나치즘 연루는 원래 비정치적이던 그가 정치라는 샛길로 빠진 것일까요, 즉 대철학자의 사상과는 무관한 외적인 삶의 실수인 것일까요? 아니면 그의 생각의 길 자체가 막다른 골목에 처한 것은 아닐까요, 즉 그의 철학 자체에 본질적으로 그와 같은 문제점이 있는 것은 아닐까요? 이러한 논란은 여전히 전 세계 철학계를 달구는 뜨거운 쟁점입니다.

이와 같은 소동에서 벗어나 연구실에 은둔한 그는 1934년 겨울학기 강의부터 나치 이데올로기에 대한 비판을 하며 유명한 사상적인 방향

하이데거는 대도시를 싫어하여 독일의 수도인 베를린 대학의 교수 초빙도 거부하고 자신의 고향인 슈바르츠발트 지역의 조그만 산골 마을인 토트나우베르크에 오두막을 짓고 이곳에서 서양의 전통 철학을 부수고 새로운 생각의 길들을 다듬습니다. 이 산골 오두막은 이런 연유로 세계적으로 유명한 곳이 되지요.

전환(轉回, die Kehre)을 시작합니다. 이때부터 그는 나치 비밀경찰의 감시를 받고 결국 1944년에는 필요 없는 인사로 낙인찍혀 참호를 파도록 라인 강으로 보내집니다. 이와 같이 괴롭고 참담한 10년의 시기 동안 그는 고독하게 횔덜린과 니체에 대한 본격적인 강의를 진행하며 서양의 전통 철학을 부수면서 새로운 생각의 길들을 다듬습니다.

그러나 전쟁이 끝난 후에는 나치 동조자로 재판받고 1946년에 대학 강의가 금지됩니다. 전쟁의 원흉인 독일에서는 금기시되는 철학자이지만 전쟁의 피해자인 프랑스에서는 오히려 사르트르의 실존주의의 유행과 더불어 하이데거의 사상적 제자들 덕분에 그의 철학이 유명해집니다. 특히 사르트르는 자신의 실존주의가 하이데거의 『존재와 시간』 덕분이라고 주장하지만, 하이데거는 그것은 오해라고 반박을 해서 더욱 유명해집니다. 그는 자신의 철학이 왜 실존주의가 아닌지를 밝히는 유명한 「휴머니즘에 관한 편지」(1946년)를 발표합니다.

1949년에 대학 강의를 다시 할 수 있게 되지만 그는 1951년에 대학에서 은퇴합니다. 그 이후 1976년에 그가 평생 동안 사랑하던 고향인 메스키르히의 묘지에 잠들 때까지 그는 지속적으로 슈바르츠발트의 토트나우베르크에 있는 유명한 자신의 오두막에서 고독한 생각의 길을 걸으며 많은 저서와 논문을 발표합니다. 그의 대표작으로는 『존재와 시간』외에도 『철학에의 기여』, 『이정표』, 『숲길』, 『동일성과 차이』, 『니체』, 『사유의 경험으로부터』, 『언어로 가는 길 위에서』 등이 있습니다.

2 존재의 언어로 가는 길 위에서 이정표를 세우다: 하이데거의 철학

하나, 현대 과학은 생각하지 못한다.

하이데거는 현대 과학이 진리를 독점할 수 없다고 생각합니다. 과학의 시대에 이러한 태도는 낭만주의적 퇴행이거나 비과학적인 엘리트주의로 보일 수 있어요. 과학이 아니라 예술이 진리를 드러낸다고 주장한다면 과학은 사실에 기초를 두고 있고 예술은 상상적인 허구에 기초를 두고 있다고 생각하는 현대인들에게 일종의 충격일 테지요.

그러나 하이데거는 거꾸로 과학은 존재자[있는 것]에만 관심을 두고 존재자의 존재[있음]에 대해서는 망각하고 있다고 비판할 것입니다. 과학은 존재에 관심이 전혀 없으며, 존재를 생각하지 못합니다. 과학은 존재자를 사실적으로 서술할 뿐입니다. 그러나 과학적 탐구는 이러한 존재를 전제로 하고 있는데도 불구하고 이 점을 잊고 있어요. 예를 들어 물리학은 시간과 공간 그리고 운동 안에서 움직이고 있지만 운동이 무엇이고 공간과 시간이 무엇인지를 과학 자체는 결코 규정할 수 없다는 것이 문제입니다. 과학은 이러한 자신의 전제를 생각하지 못합니다. 즉 과학적 방법으로는 이러한 것의 의미를 생각할 수 없다는 것입니다. 그러한 전제 중의 전제를 하이데거는 존재라고 부릅니다. 이러한 존재의 의미는 철학적 물음에서 드러납니다. 과학이 진리를 독점하는 시대에 진리의 세계에서 밀려난 예술작품에서 도리어 이러한 존재의 진리가 더 잘 드러난다고 그는 생각합니다.

하이데거의 생각을 이해하려면 존재와 존재자의 구분 즉 차이를 이해하는 것이 중요합니다. 존재자는 존재 없이 존재하거나 생각될 수 없습니다. 존재자 없이는 존재가 드러나지 않습니다. 그러나 이 둘은 다릅니다. 존재 망각이란 이 차이를 잊고 존재자에게만 관심을 두고 존재 자체에는 전혀 관심이 없는 상태를 말합니다. 존재는 존재자가 아니기에 전통적인 형이상학적 언어로 표현할 수 없습니다. 이러한 존재를 표현하기 위해 하이데거는 기존 언어 용법을 비틀거나 해체하고 새로운 언어 용법을 창안하는 시인처럼 언어적 실험을 시도합니다. 그래서 하이데거의 글은 난해합니다. 독일 사람들도 하이데거의 독일어가 일상적인 독일어로 번역되기를 원할 정도입니다. 하이데거는 존재의 시인입니다.

하이데거는 전통 형이상학(철학)도 현대 과학과 마찬가지로 존재 망각에 빠져 있다고 봅니다. 실은 전통 형이상학의 이런 성격 덕분에 현대 과학이 생겨난 것이라고 생각합니다. 형이상학이란 무엇인가요? 우선 형이상학의 대상은 개별적인 존재자가 아니라 이것의 제일 원리이거나 원인이 되는 신이나 이데아 같은 것을 말합니다. 존재는 존재자의 제일 원리입니다. 그래서 형이상학은 존재론으로 불리기도 하고 제일 철학으로 불리기도 하며 신학이라고 불리기도 합니다.

동양에서는 존재는 도(道)에 해당하고 존재자는 기(器), 즉 그릇(구체적 개별자, 즉 존재자)에 해당합니다. 이러한 존재를 탐구하는 학문을 전통적으로 존재론 또는 형이상학이라고 합니다. 존재는 구체적인 형태를 초월한 형이상(形而上)이므로 존재론은 형이상학이 됩니다. 반면에 존재자는 구체적인 형태를 띠고 있는 것이므로 형이하(形而下)이고, 형이하학이 과학이거나 실학인 것입니다.

둘, 실존하는 인간을 통해 존재에로 나아가자.

고대에서는 형이상학, 즉 철학이 학문의 여왕인 반면에 현대에서 철학은 탐구할 영토 전부를 개별 과학에 줘버리고 더 이상 아무런 영토도 없어 천대받는 슬픈 리어왕일 뿐입니다. 슬픈 리어왕이 되어버린 철학은 이제 다른 과학의 언어를 명백하게 밝혀주는 부차적인 메타과학이 되어버렸지요. 현대는 과학의 시대입니다. 그러나 과학은 존재자를 탐구할 뿐 존재 자체는 고민하지 않습니다. 그러나 존재를 고민해야 하는 철학은 이 존재라는 영토를 잃어버리고 과학 언어를 분석하는 과학의 시녀로 전락해 버렸습니다.

전통 형이상학에서 존재라고 말하는 이데아나 신 그리고 고대적 원자나 근대적 자아(개인) 모두 최고의 존재자일 뿐 존재는 아닙니다. 따라서 존재를 잊어버린 전통 형이상학은 현대 과학의 허무주의의 기초가 됩니다. 하이데거 철학은 이 존재를 다시 철학적 주제로 살려내려고 시도합니다. 그래서 그의 유일한 주제는 존재의 의미 또는 존재의 진리입니다. 그의 사상은 전부 이 존재의 의미를 탐구하고 존재의 진리를 드

하이데거의 유일한 주제는 존재의 의미 또는 존재의 진리입니다. 그의 철학은 이러한 존재라는 하나의 별을 향해 나아가는 길을 내는 작업이라고 할 수 있습니다. 이러한 존재가 깃들일 언어가 필요합니다. 그래서 그는 '존재의 집'인 시적 언어를 실험적으로 다듬어냅니다. 이런 연유로 그의 철학에는 숲길도 있고 들길도 있고 언어로 가는 길도 있듯이 다양한 길들이 나타납니다.

러내려는 시도입니다. 이 시도를 하이데거는 길이라고 부릅니다.

하이데거의 첫 번째 길은 기초존재론(Fudamentalontologie)입니다. 기초존재론이라는 말이 어마어마하게 들리지만 실은 대단히 겸손한 길입니다. 그는 존재의 의미를 탐구하기 위해 그리고 존재의 진리를 드러내기 위해 다시 인간을 의식 주체로 보고 세계를 자기 앞에 세우고 만드는 데카르트적인 오만한 자아관에서 벗어나 이 세계 안에 존재하는 겸손한 인간으로 변화시키고자 합니다. 인간은 존재를 잊어버리고 세계의 주인으로 자처하는 거만한 자기의식으로서의 자아가 아니라 '다자인 (Dasein)'으로서 존재를 드러내는(현시하는) 터로서 구체적으로 세계 내에 존재하는 실존에 불과합니다. 그래서 독일어 '다자인'은 세계를 초월하여 세계를 장악하고 지배하는 의식으로서의 인간이 아니라, 거기에 있음, 즉 구체적으로 세계 내에 실존하는 존재자를 의미합니다. 또한 '다자인'은 동시에 존재가 드러나는 장소이기도 합니다. 즉 '다자인'은 존재에 대한 이해를 가지고 있는 존재자인 것입니다. 이런 이중적인 의미에서 '다자인'은 현존재라고 불립니다. 그래서 '다자인'으로서의 인간 현존재는 다른 존재자와는 달리 실존한다고 말할 수 있습니다.

나치즘의 유혹에 빠져들기 전에 하이데거는 이처럼 '다자인', 즉 인간 현존재를 존재의 의미를 탐구하는 기초적 지평으로 간주합니다. 그래서 초기의 길을 기초존재론이라고 한 것입니다. 기초존재론에 의해 그는 '다자인'으로 실존하는 인간을 통해서 존재에로 나아가는 길을 걸으려고 합니다. 그러나 기초존재론이라는 말이 마치 인간의 주체성을 강조한 듯이 보인다면 이는 기초존재론을 오해한 것입니다. 이러한 대표적인 오해의 사례가 사르트르의 실존주의입니다. 이러한 실존적 결단은 일종의 영웅적인 태도입니다. 그러나 이런 영웅적 결단주의가 현대 사회에 대한 구체적인 분석이 없이 행해진다면 하이데거처럼 정치적인 오류에 빠질 수 있습니다. 그 자신도 이 점을 고민해서 스스로 생각의 길을 방향 전환합니다. 이것이 그 유명한 케레(die Kehre, 전환)입니다.

셋, 존재 망각에 빠진 전통 형이상학을 해체하다.

하이데거는 존재의 진리와 그 존재가 드러나는 지평으로서의 시간을 탐구하기 위해 존재 이해를 지니고 있는 인간(다자인)의 본질(실존)에 대한 성찰의 필요성을 느끼고 '존재와 시간'이라는 근본 문제를 제기합니다. '존재와 시간'은 단순히 책의 제목이 아니라 철학적 탐구의 사태 자체입니다. 원래 현상학의 구호가 모든 선입견과 이론의 옷을 다 벗어던지고 '사태 자체로' 나아가는 것입니다. 하이데거에게 현상학이란 이런 사태 자체로 나아가는 것이고 이를 근본적으로 경험하는 방식이지요.

이 '존재와 시간'이라는 사태가 생각의 문젯거리입니다. 이 문제를 해명하기 위해 기초존재론을 전개해서 인간 현존재의 본질이 시간성이라는 것을 밝혀내고 사태 자체의 시간성 즉 역사성에 주목하게 됩니다. 존재의 의미를 인간 현존재의 시간성이라는 지평으로 탐구하려던 첫 번째 길의 영웅적 결단주의의 문제점을 깨닫고 존재 자체의 시간성 즉 역사성에 주목하게 됩니다. 인간 현존재뿐만이 아니라 존재 자체도 역사적입니다. 존재가 인간 현존재에서 드러나는 것은 인간의 주체적인 결단이 아니라 존재 자체의 역사적 운명으로 인해 존재는 인간 현존재에 시대적으로 드러납니다. 그러나 이러한 드러남은 반드시 은폐됨을 동반합니다. 존재는 현존재에게 다가오면서도 내뺍니다. 그래서 존재는 현존재에게 역사적으로 다르게 나타납니다. 이렇게 존재의 의미를 탐구하기 위해 현존재 분석의 길로부터 존재의 드러난 진리를 역사적으로 탐구하는 길로의 방향 전환이 케레(die Kehre)인 것입니다.

하이데거의 사유를 이끄는 것은 그 자신의 말에 따라 존재입니다. 존재의 사건이란 마음대로 처분할 수 없고 그때그때마다 일어나는 하나의 진리의 일어남으로서의 존재(Seyn)를 의미합니다. 이때의 진리는 스스로를 위해 인간의 사유를 필요로 하고 그 때문에 인간의 사유와 '동일시'되고 그때그때 역사적으로 존재자를 그 존재에 있어서 보도록 해주고, 그래서 형이상학적 존재 사유에 대한 근거인 존재와 존재자의 '차이'를 열어 밝힙니다. 이처럼 존재가 인간 사유의 운명을 결정하는 것입니다. 이러한 존재가 인간의 사유에서 유일하게 탁월한 문젯거리입니다. 그래서 존재의 역사적 진리는 인간이 겸손하게 받아들여야 할 존재의 역사적 운명입니다. 이렇게 인간과 연관성을 지닌 존재의 사건을 그는 생기(生起, Ereignis)라고 부릅니다.

존재의 역사적 운명에 따라 형성된 전통 형이상학의 존재 망각을 극복하기 위해서는 전통의 반복을 통해 전통을 해체해야 합니다. 이것이 그 유명한 해체론의 선언입니다. 그런 점에서 하이데거야말로 현대 해체론과 포스트모던 철학의 선구자입니다. 이 반복적 해체를 위해 전승되어 온 것으로 물러나야 하며 전승의 잘못된 첫 번째 시작점으로 되돌아가야 합니다. 이를 위해 하이데거는 횔덜린이나 니체처럼 예술적인 철학에서 실마리를 찾고, 소크라테스 이후로 잘못 시작된 서구 형이상학의 첫 번째 시작 이전의 그리스 철학의 근본 경험으로 물러나고자 합니다. 이것이 전통 형이상학의 해체입니다. 해체는 단순한 극복이 아니라 견뎌내는 것입니다.

해체는 과학중심주의, 논리중심주의, 이성중심주의, 인간중심주의, 유럽중심주의를 해체하는 것입니다. 하이데거는 고대 형이상학을 한마디로 존재신학(존재-신-로고스)이라고 부릅니다. 이 존재신학이 근대에는 의식 중심의 자아주체성으로 나타납니다. 이를 한마디로 그는 휴머니즘(인간중심주의)이라고 부릅니다. 그는 존재신학적인 불변적이고 초월적인 진리와 휴머니즘적 진리를 실존하면서 육체를 지닌 구체적인 인간에게 역사적으로 존재가 드러나는 사건으로서의 진리로 변형하고자 합니다.

넷, 방향 전환된 길, 존재의 언어로 가는 길 위에서 여러 이정표를 보여주다.

전기 하이데거가 인간이라는 현존재 분석으로부터 존재의 의미를 해석해 내려고 한다면 케레 이후의 후기 하이데거는 존재의 역사적 진리를 드러내기 위한 언어의 길을 내고자 노력합니다. 이 언어의 길을 내기 위해 전통적인 형이상학의 논리와 현대 과학의 언어를 해체하고 시와 예술작품을 모델로 존재의 언어에 도달하고자 합니다. 이를 위해 존재의 언어로 가는 길 위에서 그는 여러 길 표지판을 드러내 보여줍니다.

하이데거의 마지막 탐구는 존재의 언어입니다. 언어는 존재의 집이기 때문입니다. 언어 없이는 존재가 존립할 수 없습니다. 그러나 과학적 언어에는 존재가 거주할 수 없습니다. 존재에 걸맞은 언어가 필요합니다. 그래서 하이데거의 언어는 시인의 언어처럼 존재자에 대한 관습적인 의미 전달을 목표로 하는 것이 아닙니다. 마치 일반인들이 알아듣기 어려운 선문답을 통해 불교의 진리를 드러내고 깨우침을 겨냥하여 언어 아닌 언어를 구사하는 선승처럼 하이데거의 언어도 인간과 존재와의 관련성을 드러내고 그동안 망각되고 들리지 않던 존재의 소리를 듣고자 시도하는 일종의 실험이자 구도의 길입니다.

이런 존재의 소리에 귀를 기울이고자 하는 사람은 현대 사회의 위험에 대해 고민하고 구원을 모색하는 사람입니다. 자신이 살고 있는 시대가 궁핍의 시대임을 알지 못하는 거만한 인간에게 이 소리는 들리지 않습니다. 그에게 하이데거의 언어는 언제나 물음표에 불과합니다. 그러나 위험을 자각하고 구원을 모색하는 겸손한 사람에게 그의 언어는 신선한 물음이며 자극입니다. 길은 각자가 걷는 것입니다. 남이 걸은 길은 나의 길이 아닙니다. 그러나 남이 걸은 길에서 존재로 가는 이정표를 참고할 수 있습니다. 언어가 과잉인 매스미디어 사회에서 존재의 언어는 절망스럽게도 우리들에게 전혀 들리지 않습니다. 그러나 하이데거의 외로운 목소리에서 과학기술과 합리적인 제도로 세계 전체를 짓누르고 인간과 자연을 지배하는 오만한 주인으로 살고 있는 현대인들의 가공할 권력과 병적인 행동에 대한 경고를 읽을 수 있습니다. 동시에 구원의 길에 대한 희망도 읽을 수 있습니다. 그는 철학을 다시 시작하고자 합니다. 잘못된 첫 번째 시작으로 물러나서 니체와 횔덜린을 통해 경험한, 시작 이전의 그리스 철학의 근본 경험을 다시 우리 생각의 언어로 가져온다면 다른 시작이 열릴 수 있습니다.

3 『존재와 시간』과의 대결

하이데거는 철학이 현대 과학의 실험 같은 인간 중심적인 생각의 활동이 아니라고 생각합니다. 현대 과학에서는, 인간이 주체가 되어 수동적인 대상에게 일방적으로 질문을 던지고 대답(불어로 레퐁스réponce)을 강요하지요. 도리어 그는 철학적 물음은 길 위에서 그 길이 향하고 있는 어떤 것(예를 들어 존재)과 인간이 관계하며 소통(커뮤니케이션)할 때 응답을 얻는다고 말합니다. 그가 생각하는 철학적 질문의 답은 일종의 응답(불어로 코레스퐁당스correspondance)으로서 관계와 소통의 의미를 지니고 있습니다. 그는 철학적인 생각의 구조를 현대 과학적인 생각의 구조와 다른 방식 또는 더 근원적인 방식이라고 간주하지요. 철학적인 활동은 존재하고 있는 모든 것의 존재로 향하면서 그 존재와 근원적으로 관계를 맺고 그 존재에 응답하며 존재에게 물음을 던지는 것입니다.

다만 『존재와 시간』의 현존재(독일어는 다자인Dasein)는 구체적으로 세계에서 살아가며 죽을 육체를 지니고 관심을 보여주는 인간을 뜻합니다. '다(da)'는 '거기에'를 의미하는 장소이고 '자인(sein)'은 존재를 의미하므로 현존재는 이미 존재가 드러난 구체적인 장소이며 그런 점에서 현존재는 존재와 관계를 맺으며 소통하는 인간을 의미합니다. 여러분들이 하이데거를 읽을 때 항상 이 관계와 소통이라는 관점을 잊지 않기 바랍니다. 그런 점에서 하이데거 철학이 관계론적인 사고의 전형인 불교, 특히 선불교와 많이 비교되고 있습니다. 오늘날 우리는 기계론적이고 원자화된 개인이라는 추상적인 관점에서 모든 사물과 인간 자신마저 바라보는 시대에 살고 있기 때문입니다.

그런데 현대 과학도 이러한 현존재의 관계와 소통이라는 구조 위에 인간이 외부 사물과 관계하는 측면에서 성립된 표면층에 불과합니다. 흔히 야스퍼스나 사르트르의 실존주의는 이러한 현대 과학과 대립하는 표면적인 차원에서 인간이 자신 자신과 관계 맺는 측면으로 성립합니다. 서로 대립하는 현대 과학과 실존주의는 양자 모두 현존재의 존재와의 관계와 소통 위에서 성립하는 것입니다. 그러므로 현존재에 대한 실존론적인 분석은 현대 과학과 실존주의의 기초에 해당합니다. 그래서 하이데거는 자신의 이런 생각을 바탕으로 해서 자신의 현존재 분석을 단순한 실존주의 철학과 구분하면서 기초존재론(Fudamentalontologie)이라고 부릅니다. 이런 뜻에서 자신의 현존재 분석을 단순한 실존주의의 실존적인 것과 구분해서 실존론적이라고 부릅니다.

이러한 실존론적 현존재 분석을 인간 실존을 중심으로 한 주체철학으로 오해하여 실존주의를 부르짖은 철학자가 사르트르입니다. 이는 사르트르만의 오해가 아니라 방향 전환(케레) 이전의 하이데거 자신이 제대로 길의 방향을 잡지 못하고 헤맨 탓도 있습니다. 그래서 방향 전환이 필요한 것이었지요. 방향 전환 후 그는 명확히 현존재 분석이 아니라 존재가 역사적으로 어떻게 현존재에게 드러났는지를 조명하는 존재 역사적 사유(思惟)를 시도합니다. 『존재와 시간』이라는 책은 존재 물음에 대한 방향을 제대로 잡지 못하는 한계가 있지만 '존재와 시간'이라는 사태 자체를 제대로 물음으로 제기했다는 점에서 여전히 하이데거 사유의 출발점으로 유효합니다. 이 원문 분석에서는 『존재와 시간』이 워낙 방대하므로 이 책에서 대중적으로 가장 각광받은 주제인 '실존'과 '대중'이라는 두 개념 분석에 집중할 것입니다.

과학(학문) 일반은 참인 명제들의 연역 체계 전체로서 규정될 수 있다. 이러한 정의는 완전한 것도 아니고 학문(과학)이라는 본래적인 뜻에도 맞지 않는다. 과학(학문)들은 인간의 태도들로서 이러한 존재자(인간)의 존재 방식을 지니고 있다. 이러한 존재자를 우리는 용어상으로 현존재(Dasein)라고 부른다. 과학(학문)적인 연구는 이러한 존재자의 유일한 존재 방식도 아니고 가장 가깝게 가능한 존재 방식도 아니다. 현존재 자체가 무엇보다도 다른 존재자와 유별나게 다르다. 이러한 유별나게 다름을 미리 보여주는 것이 중요하다. 이 경우에 그 논의는 뒤따르는 분석을 예견해야만 한다. 이 분석은 오로지 나중에 본래적으로 입증된다.

현존재는 단순히 다른 존재자들 안에 나타나는 것 이상의 존재자이다. 오히려 현존재는 다음과 같은 것에 의해서 존재자적으로 유별난 것이다. 즉, 그 존재라는 면에서 이 존재자에게는 존재 자체가 중요하다는 것이다. 그래서 현존재의 이러한 존재 구조에는 다음과 같은 것이 속해 있다. 즉, 현존재는 그의 존재라는 면에서 이러한 존재와 존재 관련성을 지니고 있다는 점이다. 그리고 이것은 다시 다음과 같은 것을 의미한다. 즉, 현존재는 자신을 그 존재라는 면에서 어떤 방식으로 명확하게 이해하고 있다는 것을. 이러한 존재자에게 다음과 같은 일이 고유하게 일어난다. 즉, 그의 존재와 더불어 그리고 그의 존재를 통해서 이 존재가 그 현존재에게 열어 밝혀져 있다는 것이. 존재 이해는 자체로 현존재를 규정하는 존재 규정 중의 하나이다.(그러나 여기서 존재는 인간의 존재(실존)만을 의미하는 것은 아니다. 이 점은 다음으로부터 분명하게 드러난다. 세계-안에-존재함은 자기 안에 그 실존의 존재에 대한 관계, 즉 존재 이해를 전체적으로 포함하고 있다. 하이데거 자신의 주석) 현존재의 존재자적 유별남은 현존재가 존재론적으로 존재하고 있다는 점에 성립한다.

현존재가 그렇고 그렇게 그것에 관해서(그것의 고유한 것으로서, 하이데거의 주석) 관계를 맺고 있을 수 있으며 항상 어떤 식으로든 관계를 맺고 있는 그 존재(그와 같은 것, 하이데거의 주석) 자체를 우리는 실존(Existenz)이라고 부른다. 이러한 존재자에 대한 본질적 규정이 사실적인 내용에 관한 정보를 줌으로써 이루어질 수 없기 때문에, 그리고 그 현존재의 본질은 오히려 다음과 같은 것에 성립하기 때문에 즉, 현존재는 실로 자기 것으로서 자신의 존재로 존재해야 한다는 점에 성립하기 때문에, 현존재라는 용어는 존재에 관한 순수한 표현으로서 이러한 존재자의 특징을 나타내기 위해 선택된 것이다.

현존재는 항상 자신의 실존으로부터 자기 자신을 이해한다. 여기서 실존은 자기 자신으로 존재할 것인가 아니면 자기 자신으로 존재하지 않을 것인가 하는 자기 자신의 하나의 가능성이다. 이러한 가능성은 현존재가 스스로 선택했던 것이거나 또는 현존재가 그 가능성에 사로잡혔거나 실은 이미 그 가능성 안에서 자라왔던 것이다. 실존은 항상 각각의 현존재에 의해서만 장악함의 방식이거나 소홀함의 방식으로 결단된 것이다. 실존의 물음은 항상 오직 실존함 자체에 의해서만 다루어진다. 그 자기 자신에 대한 이와 같이 진행된 이해를 우리는 실존적(existenzielle, 실존주의적 실존, 인용자 주)인 것이라고 부른다. 실존의 이러한 물음은 현존재의 존재자적 '사건'이다. 이와 관련해서는 실존의 존재론적 구조에 대한 이론적인 투명성이 필요치 않다. 이러한 구조에 대한 물음이 실존을 구성하는 것에 관한 분석(서로를 떼어 놓음)을 겨냥한다(그래서 실존주의 철학이 아니다, 하이데거 자신의 주석). 이러한 구조의 연관성을 우리는 실존론성(Existenzialität)이라고 부른다. 그러한 분석론은 하나의 실존 철학적인 것이 아니라 실존론적인 이해의 성격을 갖는다. 그 현존재에 대한 실존론적 분석론의 과제는 현존재의 존재자적인 구조라는 면에서 그 분석론의 가능성과 필연성과 관련해서 규정된다.

—하이데거의 『존재와 시간』 서론 1장 4절 중에서

현대 사회에서는 학문이 모두 과학이라고 규정됩니다. 이때 과학이라는 말은 자연과학을 모델로 한다는 뜻입니다. 다시 말해서 자연과학이 모든 학문의 모델이 된 이상, 학문은 자연과학적 방법론을 구사할 경우에만 학문 자격이 주어진다는 뜻입니다. 이 자연과학적 방법론은 데카르트와 뉴턴의 기계론적인 환원주의에 기초합니다. 이 세계는 기계이고 이 기계는 자신을 구성하고 있는 부품(원자)들로 분해될 수 있다는 것이 환원주의입니다. 따라서 세계를 이해한다는 것은 구성단위로 분해해서 구성단위의 성격을 규명한다는 것을 말합니다. 전체를 부분으로 쪼개서 이해하므로 환원이라고 하는 것입니다.

그런데 이러한 이해를 수학적인 언어로 표현해야 학문이 객관성과 보편성을 지닐 수 있습니다. 그래서 서양 근대에 출현한 자연과학은 수리적인 언어를 구사하는 환원주의 방법론에 기초를 두고 있습니다. 이것을 대표하는 학문이 갈릴레이와 뉴턴의 물리학입니다. 물리학이 모든 학문의 방향을 제시하고 학문성을 결정적으로 규정하는 척도가 됩니다. 이렇게 학문을 물리학과 같은 과학으로 규정하여 이러한 과학성이야말로 진리의 척도라고 주장하는 것을 과학주의 또는 물리제국주의라고 합니다. 이런 과학주의가 지배하는 상황에서 한의학이 과학인가 아니면 과학이 아닌가의 논쟁도 일어나는 것입니다. 한의학은 서양 현대 의학과는 달리 인간의 몸을 기계론적이고 원자론적인 것으로 보지 않기에 환원주의 방법을 사용할 수 없고 도리어 이러한 적용을 반대하기 때문입니다.

이러한 과학주의가 우세한 분위기에서 모든 학문은 과학이 되어야 학문으로서 인정을 받게 됩니다. 과학으로 인정받지 못한 학문은 비(非)과학이 되어 학문의 세계에서 배제됩니다. 심지어 인간과 사회를 연구하는 학문들도 인간과학(인문과학)이니 사회과학으로 불립니다. 그런데 현대 과학의 객관성은 관찰자인 인간 주관과 관찰 대상인 객관을 분리하는 데서 성립합니다. 인간 주관의 가치가 개입되지 않는다고 해서 이러한 분리를 가치중립성이라고 부르기도 합니다. 자연은 순수한 관찰의 대상으로서 죽은 시체로 취급받고 인간은 순수한 관찰자로서 의식으로 간주됩니다.

의식으로서의 인간은 세계와 분리되어 이 세계를 구성하는 선험적인 순수한 의식으로 간주됩니다. 선험적이고 순수한 의식이 칸트와 후설의 출발점입니다. 후설은 초기에 비록 칸트의 의식 중심에서 벗어나 의식의 지향성(의식은 의식하는 자와 의식되는 대상의 관계성)을 밝힘으로써 '사태 자체로' 나아가는 길을 밝히려고 시도했지만 중기에 도로 데카르트적이고 칸트적인 선험적 의식으로 되돌아간 것으로 하이데거는 해석했지요. 이런 문제제기 때문에 후설이 후기에 생활세계를 강조하지만, 후설 중기의 공식적인 철학적 입장은 데카르트적이라고 할 수 있습니다. 이러한 선험적인 순수한 의식을 데카르트는 생각하는 자아라고 불렀지요. 이 자아와 의식은 구체적인 육체성을 결여한 매우 추상적이고 이론적인 것에 불과합니다. 인간은 순수 의식이 되고 세계는 추상적이고 수학적인 구조가 됩니다. 사실을 탐구한다고 하는 현대 과학에서 피와 살이 있는 구체성이 아이러니하게도 사라집니다.

이러한 현대 과학의 추상성에 반기를 들고 인간 실존의 구체성에 주목한 철학이 사르트르의 실존주의 철학입니다. 이 실존주의 철학은 인간이 본래적으로 존재할 것인가 아니면 비본래적으로 존재할 것인가에 관한 그 자신의 선택과 결단에 주목합니다. 본래적으로 존재한다는 것은 자기 자신으로 존재하는 가능성을 말하고 비본래적으로 존재한다는 것은 자기 자신이 아닌 것으로 존재하는 가능성을 말합니다.

그러나 하이데거는 이러한 실존주의 철학이 피상적이라고 생각합니다. 그 이유는 이러한 실존의 기초가 되는 그 존재론적 구조에 대한 해명이 필요하다고 보았기 때문입니다. 여기서 하이데거가 의미하는 존재론은 전통적인 존재론이 아닙니다. 전통 존재론은 존재자의 존재에 관한 명확히 이론적인 물음으로 한정됩니다. 이런 전통 존재론의 관점에서 보면, 현존재의 존재론적인 존재 방식은 이러한 전통적인 존재론에 선행하는 것을 가리키게 됩니다. 이러한 전통적인 존재론보다 현존재의 존재론은 더 기초가 됩니다. 그는 이 현존재의 존재론적 구조를 실존주의 철학의 실존과 구분해서 실존론이라고 부릅니다. 실존론적이라는 말은 실존적인 것의 기초에 해당합니다.

현존재의 존재론적 구조는 현대 과학과의 관계에서도 현대 과학이 성립하는 기초에 해당합니다. 그러므로 하이데거는 추상적인 현대 과학과 구체적인 실존주의 철학이라는 이분법을 넘어서 이 양자의 기초가 되는 현존재의 실존성에 주목한 것입니다. 현존재는 세계(현실적이거나 가능한 인간, 사회, 자연을 모두 포괄한 의미)와 분리된 고독한 의식(데카르트의 생각하는 나)이 아닙니다. 현존재로서의 인간은 더 이상 현대 과학에서 순전히 수동적인 관찰자로서 격하된 인간도 아니고 실존주의 철학에서 자유로운 선택의 존재로서 자기 자신과 세계를 구성해 가는 주체적인 인간도 아닙니다. 다시 말하면 하이데거는 현존재라는 인간 규정을 통해 순수 의식과 자유로운 주체라는 근대적인 인간중심주의에서 벗어난 것입니다.

현존재는 세계-안에-존재함입니다. 현존재는 이성적인 동물로서의 인간, 순수한 의식으로서의 과학적인 인간, 자유의지를 지닌 주체적인 인간이라는 서양의 전통적인 인간관과의 결별입니다. 이는 칸트의 순수 의식을 출발점으로 삼은 후설의 선험적 의식 철학과의 결별이기도 합니다. 전통과 스승과의 결별, 이 고독한 길을 하이데거는 걸어야 하는 운명인 것이지요. 그것은 곧 이러한 인간관을 신학적으로 규정한 기독교의 교리 체계와의 결별도 의미합니다. 1차 세계대전이 끝난 직후에 이 결별을 선언한 것도 그의 운명입니다. 이 결별은 그의 철학에서 현대 과학과 전통 철학을 존재 망각이라고 비판하는 것으로 명확히 드러나지요.

존재 망각이라는 말은 현대 과학과 전통 철학이 존재자에게만 관심이 있고 이 존재자의 존재에는 관심이 없다는 것을 말합니다. 반면에 현존재는 존재 이해를 지니고 있다는 점, 다시 말해서 존재한다는 점과 이미 존재와의 관련성을 지니고 있다는 점에서 특이한 존재자입니다. 다시 한 번 말하지만 이 특이한 존재자의 존재 방식이 실존입니다. 이러한 현존재의 실존이 존재론적인 구조를 지닌다는 것은 현존재가 단순히 다른 존재자들처럼 존재자로서만 존재하는 것을 의미하는 것이 아니라 존재에 관한 이해의 방식에서 존재하는 것을 의미합니다. 이러한 존재 이해를 지닌 현존재의 존재론적인 구조는 세계-안에-존재함으로 드러납니다. 현존재와 세계는 분리되어 존재하지 않습니다. 현존재는 다른 존재자와 분리되어 순수한 의식으로도 존재하지 않습니다. 현존재는 자기 자신과 타인과 사물과 구체적인 연관성 속에서 살아가는 실존적인 존재자입니다. 현존재는 구체적인 삶이자 생명입니다. 육체와 대지를 초월한 플라톤적인 인간도 아니고 신의 형상을 닮은 인간도 아니고 근대적인 순수 의식이나 개인으로서 자연의 지배자와 소유주가 아닙니다. 현존재는 모든 것과 관계하고 소통하며 존재하는 존재자입니다.

그런데 하이데거가 말하는 존재론이란 존재 이해를 지닌 것을 말합니다. 그러나 전통적인 이론적인 존재론에서는 이러한 존재 이해 또는 현존재의 존재론적 구조는 이론 이전의 일상적인 것에 불과합니다. 이 일상적인 세계-안에-존재함은 현존재의 실존이 이미 존재와의 연관성을 지니고 있다는 사실을 포함하고 있습니다. 따라서 현존재가 모든 것과 관계하고 소통하는 기초가 되는 것이 현존재의 존재와의 관련성과 응답입니다. 이 기초 위에서 현존재가 자신이 아닌 다른 존재자와 관계 맺는 존재 방식이 과학이 됩니다. 과학이란 현존재의 하나의 존재 방식, 즉 실존인 것입니다. 또한 실존주의에서 말하는 실존도 현존재가 자신과 관계하는 가능성의 방식인 것입니다. 현존재자의 자기 관계와 자신이 아닌 존재자의 관계의 기초가 현존재의 존재 관련성입니다.『존재와 시간』은 현존재에 대한 실존론적 분석을 통해 이와 같은 현존재의 존재자적인 구조를 드러냅니다.

그런데 하이데거는『존재와 시간』에서는 이 관련성과 응답의 주도적인 역할을 현존재에게 부여하고 있습니다. 그러나 이것은 여전히 인간중심적인 영향력에서 벗어나지 못하고 있습니다. 이는 그가 여전히 전통적인 형이상학의 언어에서 벗어나고 있지 못하기 때문입니다. 이런 이유로 그가 존재로 가는 길을 가다가『존재와 시간』으로부터 방향전환을 시도하는 케레(die Kehre)의 시기를 겪게 됩니다. 이 케레란 한마디로 휴머니즘이라는 질병을 극복하는 것이 아니라 견뎌내는 것입니다. 극복은 여전히 이 질병에 사로잡힌 사람들의 태도입니다. 견딤은 질병과 더불어 살면서도 이 질병에 사로잡히지 않는 태도입니다.

그러한 견딤을 위해 그는 케레의 시기에 집중적으로 시와 예술을 탐구합니다. 이는 낡은 언어에서 벗어나려는 그의 노력의 일환입니다. 더나아가 잘못된 철학의 시작인 소크라테스 이전의 철학자들의 근본 경험으로 돌아가는 것도 마찬가지 이유 때문입니다.

그러나 낡은 언어에서 벗어난다고 해서 새로운 언어 체계를 창조할수는 없습니다. 이것이 극복이라는 태도의 문제입니다. 극복이라는 태도의 문제점은 플라톤적인 이데아와 기독교의 신을 낳은 초월적이고 이상적인 태도의 전형적인 것입니다. 이 태도가 현대 철학에서는 메타(초월)과학이니 메타언어라는 것으로 드러납니다. 하이데거는 니체를 이어받아 이러한 초월적인 이상들을 망치로 해체합니다. 인간중심주의도 이러한 초월적 이상의 마지막 모습이자 본질적인 모습입니다. 인간중심주의의 해체를 그는 「휴머니즘에 관한 편지」에서 보여줍니다.(이 짧은 글은 후기 하이데거를 이해하는 지름길입니다. 이 글은 『이정표』에 실려 있습니다.)

하이데거는 니체의 "신은 죽었다."와 동일한 발언을 이 글에서 합니다. "존재는 신도 아니고 세계 근거도 아니다." 마찬가지로 존재는 신이나 이데아처럼 세계의 근거가 아닙니다. 따라서 근대 인간처럼 신 대신 세계의 근거가 되는 것도 아닙니다. 존재를 단순히 근거나 기초라는 개념으로 표현해서는 여전히 전통 철학에 사로잡히게 됩니다. 이제 하이데거는 존재는 무엇이 아니라고 합니다. 존재는 무엇으로도 생각할 수 없기 때문입니다. 그의 표현대로 존재의 집이 되는 언어가 필요합니다. 그래서 후기 하이데거에서 언어의 문제가 부각됩니다.

새로운 이상 언어를 창조할 수는 없지만 인간은 낡은 언어를 비틀거나 다른 새로운 방식으로 활용해서 낡은 언어에 새로운 생명을 불어넣을 수는 있습니다. 이것이 견딤의 태도이자 시인의 역할입니다. 따라서 존재의 집으로서의 언어를 고민하는 자는 시인이 되어야 합니다. 앞에서 이미 언급한 것처럼 생각한다는 것은 시를 짓는 것과 마찬가지입니다. 이는 일상 언어의 소음에 대한 침묵도 요구합니다. 그래서 하이데거의 『존재와 시간』에서 유명한 현존재의 일상성 분석이 탁월한 이유가 이러한 소음의 정체와 침묵의 의미를 밝힌 데 있습니다.

현존재는 일상적인 '서로 함께 존재함'으로서 타인들에 예속되어 있다. 현존재가 그 스스로 존재하지 않고 타인들이 그에게서 존재를 빼앗았다. 타인들이 마음대로 현존재의 일상적인 존재 가능성들을 처리한다. 이때 이러한 타인들은 특정한 타인이 아니다. 그 반대로, 각각의 타인 누구라도 그 타인들을 대표할 수 있다. 결정적인 것은 오직 타인들의 눈에 안 띄는 지배인 것이다. 이 지배는 '함께 존재함'으로서의 현존재로부터 의식하지 못한 채 넘겨받은 것이다. 사람들 스스로 타인들에 속해 있으며 그 타인들의 권력을 공고히 한다. '타인들'이란 이들 속에 고유하게 본질적으로 귀속된다는 점을 은폐하기 위해서 사람들이 그렇게 부르는 것이다. 이 타인들은 그 일상적인 우선 그리고 대체로 '서로 함께 존재함' 안에 '현존하는(거기에 존재하는)' 자들이다. 그 '누구'는 이러저러한 사람도 아니고 사람들 자신도 아니며, 몇몇 사람들도 아니고, 모든 사람의 총합도 아니다. 그 '누구'는 중성자(불특정 다수)로서 '그들'(세인(世人))이다.

앞에서 살펴본 것처럼, 공식적인 '주위세계'는 실로 이미 가장 가까운 주위세계에 도구적으로 존재하며 '함께 (일상적인) 관심'을 받고 있다. 공식적인 교통수단의 이용과 정보매체(신문)의 사용 속에서 각각의 타인은 모두 같은 타인으로 존재한다. 이러한 '서로 함께 있음'은 고유한 현존재를 완전히 '타인'들의 존재 방식 속으로 풀어헤쳐진다. 그래서 차별성을 지니고 두드러져 보이는 것으로서의 타인들은 더욱더 사라져 버린다. 이러한 눈에 안 띔과 확정할 수 없음 속에서 '그들'은 자신의 본래적인 독재를 펼친다. 우리는 '그들'이 즐기는 것처럼 즐기며 만족한다. 즉, 우리는 '그들'이 보고 판단하는 것처럼 문학과 예술에 관해서 읽고 보며 판단한다. 또 우리는 '그들'이 물러서듯이 '군중'으로부터 물러선다. 또 '그들'이 격분하는 것에 우리도 격분하게 된다. '그들'은 어떤 특정한 사람들이 아니고, 비록 총합은 아니지만 모두이다. 이 '그들'이 일상성의 존재 방식을 규정한다.

—하이데거의 『존재와 시간』 1부 1편 4절 27장 중에서

하이데거에게 인간은 현존재입니다. 현존재의 존재가 거기에 드러나며 인간도 거기에 존재합니다. 인간이 존재하는 거기가 세계입니다. 이 세계는 단순히 존재자의 총합이나 특정 영역을 가리키기보다는 인간의 삶이 이뤄지는 마당과 이 마당의 구조(세계성)를 가리킵니다. 따라서 세계는 인간의 삶과 연관되기 때문에 과학적 대상의 범주가 아니라 인간의 삶의 방식인 실존의 범주인 것입니다. 이런 이유로 세계는 인간이 의미를 부여한 장으로서 의미연관체라고 할 수 있습니다. 그러나 이 세계는 나 홀로의 세계가 아니라 이미 '함께 존재'하는 세계입니다. 인간은 함께 존재합니다. 인간은 사물과 더불어 다른 사람과 함께 존재합니다. 각 사람이나 집단이 서로 다르게 의미를 부여하지만 각각의 세계는 이러한 근원적인 연관성 때문에 서로 만나 이해의 지평이 섞일 수 있습니다.

그러나 이 세계는 인간이 만든 것이 아닙니다. 인간은 이미 존재하는 세계에 내던져져 있다는 것을 운명으로 받아들여야 하는 존재자라

는 뜻입니다. 이미 있는 세계는 일상적인 세계로 우선 나타납니다. 이 일상 세계에서 현존재는 이 세계에 존재하는 모든 존재자들에게 관심을 보냅니다. 그래서 '세계-안에-존재함'으로서의 현존재의 본질이 관심(독일어로는 조르게Sorge, 라틴어로는 쿠라cura, 영어로는 케어care)입니다. 현존재가 일상적인 도구들에 대해 실용적인 관심을 갖는 것을 일상적인 관심(독일어로는 베조르게Besorge)이라고 합니다. 반면에 도구가 아닌 타인에 대해 관심을 갖는 것을 배려(독일어로는 피어조르게Fürsorge)라고 하지요. 이 일상적인 관심에 의해 일상적인 일이 발생하고 일상생활이 열리게 됩니다. 이러한 일상은 과학의 토대이자 실존의 토대이기도 합니다. 이런 점에서 삶이 이론에 앞섭니다.

그런데 그 일상이 현존재가 존재 망각을 하고 일상 사물이나 돈이나 권력에 집착하는 삶으로 변질되기도 합니다. 예를 들어, 현대 자본주의 소비문화의 대중 사회에서 이런 변질이 일어납니다. 이 변질을 하이데거는 비(非)본래성이라고 부릅니다. 즉 현존재가 자신으로 존재하는 가능성을 상실한 것입니다. 대신 지배하고 있는 것은 자본과 권력의 논리이고 이것들이 대중매체를 통해 조작한 대중의 논리입니다. 이러한 논리에 의해 평균화되고 획일화된 대중을 하이데거는 독일어로 '다스 만(das Man)'이라고 부릅니다. 우리말로는 불특정 다수로서 익명적인 '그들' 또는 '세인'이라고 번역할 수 있습니다.

현대인들은 그들이 보고 이해하고 판단하고 말하고 표현하고 행동하는 대로 합니다. 그들이 분노하면 같이 분노하고 그들이 좋아하면 같이 좋아합니다. 그러나 그들의 '함께 있음'은 진정하고 투명한 '함께 있음'이 아니라 왜곡된 '함께 있음'이며 각자의 차이와 특징이 사라져 익명적이고 보이지 않는 것을 그 특징으로 합니다. 이러한 그들은 획일화된 평균성을 특징으로 갖습니다. 또한 그들의 삶은 습관적인 공식성으로 규범을 삼습니다. 따라서 그들은 책임감에 해당하는 존재 부담을 덜고 공식성에 안주하므로 주체성을 상실합니다.

그들의 일상적 관심에서 비판적 반성이 사라지고 쇼윈도처럼 호기심만 두드러집니다. 호기심은 둘러보는 것도 아니고 바라보는 것도 아니라 겉모습만 집착하는 태도입니다. 다른 사람의 외모에 대한 호기심은 다른 사람과의 진정한 모습을 닫아버립니다. 따라서 관계가 단절됩니다. 진정한 관계의 단절과 더불어 가십처럼 잡담만이 난무합니다. 잡담은 그 대상을 더욱 모르게 만듭니다. 현대 언론이 그런 방식을 주도합니다. 개별 연예인의 스캔들이 터지고 세부적인 사항들이 보도되지만 우리는 그 사람을 더욱 모르게 됩니다. 언론이 보도할수록 실체적 진실은 사라지고 애매함이 판을 치게 됩니다. 이처럼 일상적 현존재가 일상적인 관심에만 몰입할수록 일상은 더욱 비본래적인 그들의 논리가 지배하게 됩니다.

이러한 일상성에서 벗어나려면 먼저 호기심과 잡담을 침묵함으로 눌러야 합니다. 침묵함에 관해서 하이데거는 다음과 같이 말을 합니다. "말함의 본질적인 가능성의 하나인 침묵함도 동일한 실존론적 기초를 가지고 있다. 서로 함께 말하는 가운데 침묵하고 있는 사람이 끊임없이 말하는 사람보다 더 본래적으로 이해시킬 수 있다." 장황한 말은 거꾸로 이해된 것을 은폐하고 거짓 명료함, 즉 진부한 몰이해로 이끌 수 있습니다.

그렇지만 침묵함이 벙어리나 천성적으로 말수가 적은 사람의 태도는 아닙니다. 오히려 말할 수 없는 벙어리는 말하고 싶은 충동을 가지고 있지요. 말수 적은 사람도 필요한 경우에 침묵하는 법을 모르고 있어요.

말이 없다는 것이 침묵할 수 있음을 입증하는 것은 아닙니다. 하이데거의 말처럼 침묵할 수 있으려면 무엇인가 말할 것이 있어야 합니다. 다시 말해서 현존재가 자기 자신에 대해 본래적으로 풍부하게 열어 밝힐 수 있어야 침묵함이 가능합니다. 다시 말해서 오직 진정한 말함에서만 본래적으로 침묵함도 가능한 것입니다.

진정한 말함인 침묵함은 현존재의 본래성을 드러내는 방식입니다. 이 침묵함이 비본래적으로 말하는 방식인 '잡담'을 누르게 되지요. 이런 침묵함이야말로 현존재의 이해 가능성을 밝혀줍니다. 이 이해 가능성이 드러나면 진정한 들을 수 있음이 생겨납니다. 동시에 다른 현존재와 사물과 왜곡된 관계에서 벗어난 진정한 관계인 투명한 '서로 함께 존재함'도 생겨납니다. 이렇듯 현존재의 침묵적 회심(回心)은 자신의 본래성을 회복하는 하나의 계기가 될 수 있어요.

그런데도 이러한 본래성의 회복이 잘 안 되는 이유는 존재가 지닌 근원적인 시간의 성격과 현존재의 유한성에 대한 자각이 없기 때문입니다. 그래서 본래성 회복의 제일 장애가 역사 유토피아주의입니다. 역사는 시간에 바탕을 두고 있습니다. 현대 대중은 그들의 일상적인 삶을 살아가기 때문에 정확한 시간에 관심이 있습니다. 예를 들어 지하철 시간과 프로야구 중계 시간이나 애인과의 약속 시간을 정확하게 알고 지키는 것이 그들에게 중요하지요. 그러나 그 시간이란 시계라는 기계화되고 표준화된 시간 계산을 바탕으로 하고 있습니다. 그래서 이 계산을 빠르게 하고 속도를 높이는 것이 현대 사회의 과제입니다. 이러한 시간관은 비본래적인 시간성으로서 공식적인 시간의 무한성으로 표현됩니다. 이 시간의 무한성은 진보라는 근대적인 역사관을 낳았으며 과학 유토피아주의라는 현대의 이데올로기의 원천이 됩니다. 이러한 시간관은 이미 공간화된 시간으로서 진정한 시간성이 아닙니다. 그러한 시간관이 세계시간의 근원성에 바탕을 두고 있다는 것도 모릅니다. 하이데거는 근원적인 시간성을 제시하기 위해 현존재의 유한성에 주목합니다. 인간은 죽음을 향한 존재이며 그렇기 때문에 이 죽음을 미리 생각합니다. 이러한 무와 유한성에 대한 자각이 본래적인 자신으로 결단할 수 있는 자유의 원천이 됩니다. 이런 이데올로기도 역시 존재 망각에 사로잡혀 있는 것입니다.

하이데거는 이런 기만적 환상을 제거하기 위해 존재의 의미와 진리를 탐구하는 것을 평생의 목표로 삼아 고독한 사유의 길을 걸었습니다. 그러기 위해 서양의 전통 형이상학을 해체(데리다의 해체철학의 모델)하려고 합니다. 그러기 위해 단순히 이론적인 차원이 아니라 인간의 일상적인 삶에서 출발합니다. 이 일상적 삶에 대한 분석이 『존재와 시간』에서 잘 나타납니다.

그러나 자각의 계기는 단순히 인간의 주체적 결단만의 문제는 아닙니다. 일상성을 본래성으로 회복하는 주체적 결단을 강조한 결과 잠시 국가사회주의 혁명(나치 운동)에 참여하게 됩니다. 이러한 실수의 원인을 분석하면서 그는 길의 방향 전환을 시도합니다. 이를 위해 전통적인 언어로부터 벗어나고자 과학이 아닌 시에서 진리의 모델을 추구합니다. 존재의 진리는 인간에게 언제나 드러나 있고 언제나 인간에게 말을 걸고 있기 때문에 인간의 주체적 결단보다 인간의 겸손한 마음이 필요합니다. 인간은 겸손하게 존재의 소리에 응답하면 됩니다. 존재 물음은 현존재의 겸손한 응답이지 거만한 요구가 아닙니다. 이를 하이데거는 안티 휴머니즘(반인간중심주의)이라고 부릅니다.

철학의 이정표 세우기

첫 번째 이정표

『존재와 시간 — 인간은 죽음을 향한 존재』
이기상 지음, 살림출판사, 2008

우리나라에서 하이데거의 전문 연구자이자 전문 번역가로 널리 알려진 이기상 교수가 하이데거의『존재와 시간』입문서로 내놓은 책이다. 그는 이 책의 서문에서 우리 현대인은 탈근대라는 시대를 살면서 근대와는 다른 생활여건에서 삶을 꾸려나가고 있다고 말한다. 현대인은 유럽중심주의, 이성중심주의, 인간중심주의에서 벗어나 지구상의 모든 민족들이 자신들뿐 아니라 다른 생명체와 더불어 평화롭게 살아가는 지혜를 배워야 하는 시대를 살고 있다고 진단한다.

그는 이 책에서 하이데거의『존재와 시간』이 21세기를 살아가는 현대의 지성인에게 던지고 있는 중요한 메시지를 정리하려고 시도한다. 서양의 2500년 걸친 전통 철학과 벌이고 있는 하이데거의 논쟁을 따라가기 위해서는 기본 개념에 대한 이해가 필요하므로 하이데거의 중요 사상을 예를 들어가며 쉬운 우리말로 설명하려고 시도한다. 전반적으로『존재와 시간』의 흐름을 좇아가면서 존재 이해, 존재 지평, 존재 물음, 존재와 인간의 거기-있음(현존재), 실존, 세계-안에-있음, 세계, 시간, 진리 등의 중요 개념들을 탈근대적 시각에서 조명하고 있다.

『하이데거』
권터 피갈 지음, 김재철 옮김, 인간사랑, 2008

피갈의 이 입문서가 하이데거 철학을 공부하는 데 여러 면에서 유익할 것으로 여겨져 그동안 대학원 학생들과 강독했던 것을 정리하여 이번에 출판하게 되었다. 먼저 이 입문서는 하이데거의 철학적 고민을 통해 독자 자신의 철학함을 작동시킬 수 있는 좋은 매개가 될 수 있다고 생각된다. 하이데거 자신이『철학입문』강의(1928/29)에서 "입문"이란 어디 안으로, 즉 철학 안으로 들어가는 것이 아니라 "이미 현존재 안에 있는 철학함을 작동시키는 것"이라고 한 것처럼, 이 책의 저자는 하이데거의 철학이 원만하게 형성된 것이 아니라 그의 말대로 "부단한 실험"의 과정이었음을 의도적으로 보여줌으로써 독자들이 이러한 하이데거의 철학적 실험에 직접 동참하도록 유도하고 있다. 미완성에 그치기도 하고, 수차의 뒤집기와 헤매기를 거쳐 다시 새롭게 출발하고, 개념을 바꾸거나, 도입한 개념조차 새로운 의미로 적용해 가는 하이데거의 저작들과 강의들이 은연중에 치밀한 문헌학적-역사학적 접근을 통해 연결되어 있어 독자들은 자연스럽게 논의를 따라가면서 어느덧 하이데거의 사유-길 전체를 개관할 수 있다.

(출판사 책 소개에서 인용)

3부

내가 살아가는 이 세계는 무엇인가

Max Weber
1864 ~ 1920

Georg Hegel
1770 ~ 1831

1.
합리적인
현대 사회에서
산다는 것은?

| 베버, 자본주의 정신을 묻다

1 자본주의 정신을 묻는 학자, 베버의 삶

아버지를 싫어한 대학 입학생, 아버지와 닮은꼴의 대학 생활을 보내다.

막스 베버(Max Weber, 1864~1920)는 커가면서 보수적이며 권위적인 아버지의 모습에 반감을 가졌지만, 대학 생활 하는 동안 아이러니하게도 아버지를 닮게 됩니다. 1882년 베버는 독일의 인문계 고등학교인 김나지움을 졸업하고 하이델베르크 대학에 입학합니다. 이 대학은 헤르만 헤세의 『청춘은 아름다워』와 같은 낭만주의 소설에 많이 등장하는 유명한 대학이죠. 베버의 대학 생활은 겉으로는 아버지를 그대로 빼닮았습니다. 아버지와 마찬가지로 하이델베르크 대학에 입학하였고, 아버지와 마찬가지로 법학을 전공으로 선택했으며, 아버지와 마찬가지로 같은 사교 서클에 가입하였습니다.

이 서클은 스포츠를 장려하고 심지어 결투도 행하는 거친 사교 모임이었지요. 소심하고 내성적이던 베버는 이 클럽 활동을 통해 변모하기 시작했습니다. 친구들과 밤늦도록 술을 마시고 가끔씩 결투를 신청하거나 받아들여 싸움질을 하기도 했습니다. 이러면서 얼굴에 흉터가 생기고 살찐 모습으로 변해 어머니에게 뺨을 맞기까지 했지요. 아마 신앙심이 강한 어머니는 사랑하는 아들에게서 싫어하는 남편의 모습을 보았기 때문일 것입니다.

베버는 괴팅겐에서 한 학기를 공부한 것과 예비군 훈련 몇 차례를 받은 것을 제외하고는 결혼할 때까지 집을 떠난 적이 없었습니다. 그는 복종을 강요하는 권위적인 아버지와 끊임없이 충돌했죠. 결국 33세에는 어머니에게 함부로 대하는 아버지의 태도에 화가 나서 아버지에게 대들었는데, 이 일이 있은 지 한 달도 안 되어 아버지가 돌아가시고 맙니다. 베버는 죄책감에 시달리다 신경 쇠약에 걸려 연구를 그만두게 됩니다. 그 이후로 정신 치료에 힘쓰며 유럽 이곳저곳을 여행하죠.

이러한 베버는 1864년에 독일의 전형적으로 성공한 시민계급의 가정에서 태어났습니다. 베버의 할아버지와 큰아버지는 직물 사업으로 큰돈을 벌어 부유한 가문을 일구었습니다. 베버의 아버지는 법률 전문가이자 국회의원을 지낸 사람이었어요. 반면에 어머니는 칼뱅주의(청교도라고 불린 프로테스탄티즘의 일파) 전통 속에서 성장했죠.

그는 어려서부터 책을 좋아하여 중고등학교 시절에, 역사서와 그리스로마 고전, 칸트, 스피노자, 쇼펜하우어와 같은 철학자들의 책도 읽었습니다. 이런 독서의 영향으로 인해 이미 13세 때 논문 수준의 글도 쓰고 14세부터는 베를린 대학생인 사촌과 고전에 대해 편지를 교환하기도 했지요.

이렇게 학문적으로 조숙한 그도 학교에는 적응하지 못했습니다. 선생님들께는 버릇 없는 학생으로 지적받기도 하고 학교 공부가 지루한 나머지 수업 중에 몰래 괴테 전집을 읽기도 했어요. 그렇지만 어학에는

막스 베버는 유명한 저서인 『프로테스탄티즘의 윤리와 자본주의 정신』에서 가톨릭의 윤리와 개신교의 윤리를 대비시킵니다. 그는 개신교를 신비적인 가톨릭을 합리화한 기독교로 해석합니다. 그는 이를 근거로 하여 자본주의는 쾌락주의이거나 탐욕주의이기 때문에 금욕주의적인 기독교와 정반대의 삶의 태도라는 생각을 비판하고 가톨릭과 대비시켜 개신교의 윤리에서 어떻게 자본주의적 정신이 탄생했는지를 명쾌하게 보여줍니다.

발군의 실력을 발휘하여 그리스어, 라틴어, 히브리어에 탁월한 역량을 보여줬어요. 대학에 입학한 뒤에도 생활은 방탕하였지만 학업에는 충실한 편이었습니다. 처음에는 주로 법학을 공부하였고 이외에도 경제학, 중세 역사, 철학, 신학 등 다방면의 강의도 들었습니다.

1892년 가을, 그는 베를린 대학교 임시 법학 강사로 채용되었고, 이듬해 오촌인 마리안네 슈니트거(Marianne Schnitger)와 결혼했습니다. 그 뒤 명석함과 끊임없는 노력으로 매우 빠르게 승진하여 1895년 프라이부르크 대학 정교수가 되었으며, 이듬해에는 하이델베르크 대학 정교수가 되었죠.

아버지의 사망 이후 죄책감에 시달리다 결국 5년이 지나서야 연구를 다시 시작하여, 『프로테스탄티즘의 윤리와 자본주의 정신』을 완성하는 등 활력을 되찾게 됩니다. 그리고 1907년에 유산을 상속받으면서 경제적으로 안정되자, 오랫동안 병을 감내하면서 생긴 통찰력을 바탕으로 학문적으로 중요한 저서들을 탄생시키죠.

베버는 가치중립적인 사회학 방법론을 명확히 규정함으로써, 사회학을 하나의 학문으로 만들기 위해 노력했습니다. 그리고 서구의 전통 종교와 비교하기 위해 인도 · 중국의 종교 문화를 연구하기도 했죠. 말년까지 정치 · 경제생활의 합리화를 위한 조건과 그 결과를 탐구하다, 1920년 6월 폐렴으로 삶을 마감하게 됩니다.

2 현대 자본주의 사회를 이해하는 사회과학적 방법: 베버의 학문

하나, 학자는 선동가가 아니다.

막스 베버는 독일의 사회과학자입니다. 그는 마르크스(Karl H. Marx, 1818~1883)와 더불어 현대 자본주의 사회를 이해하는 사회과학적 방법론을 정립한 것으로 유명하죠.

마르크스는 물질의 생산과 유통, 소비와 분배 과정을 중심으로, 역사 비판적인 관점에서 현대 자본주의의 성립과 본질을 파악하려고 했어요. 이런 까닭에 마르크스가 사회과학으로 정립한 방법론을 '역사유물론' 또는 '역사에 대한 유물론적 관점'이라 부르죠. 이 관점은 단순히 세계를 이해하는 데 그치지 않고 변혁(근본적 변화)하려는 시도와 결합되어 있습니다. 그래서 그는 변혁에 방해되는 관념이나 사상, 이데올로기 같은 가짜(허위) 의식을 비판하죠. 그런데 이러한 비판에는 'ㅇㅇ은 예쁘다,' 'ㅇㅇ은 나쁘다'처럼 사람의 가치관이 반영되는 생각(가치 판단)이 전제되어 있습니다.

베버는 물질적인 차원을 중시한 마르크스와는 다르게 현대 자본주의 사회를 정신적인 측면에서 고찰합니다. 그러면서도 학문에는 가치 중립적으로 접근해야 한다고 생각했습니다. 교수는 정치적 선동가가 아니라 학문적인 전문가이기 때문에 학생에게 자신의 가치관을 강요해서는 안 된다고 본 것이죠. 이런 점에서 그는 사회 비판과 변혁을 지식인의 사명으로 생각한 마르크스와 견해를 달리합니다. 물질적 탐구와 가치를 연계시킨 마르크스를 비판하면서, 정신적 탐구에서 가치를 배제한 거죠.

특히 베버는 '자본주의 정신'과 '직업 윤리'의 연관성을 객관적으로 이해하려고 시도했어요. 먼저 그는 성공한 사업가 가운데 개신교(프로테스탄티즘) 신자들이 많다는 사실에 주목했죠. 이를 구체화한 책이 『프로테스탄티즘의 윤리와 자본주의 정신』이라는 명저입니다.

개신교(특히 칼뱅주의)는 '신의 소명에 대한 끊임없는 헌신,' 그러한 노력으로 거둔 이윤을 낭비하지 않는 '금욕적인 절제'를 윤리로 가르쳤습니다. 그런데 이윤 추구를 큰 목적으로 하는 '자본주의 정신'과 금욕적이고 검소한 삶을 강조하는 '프로테스탄티즘의 윤리'는 전혀 어울리지 않아 보입니다. 여기에 대해 베버는 다음과 같이 설명합니다. 금욕주의에 따라 소비를 억제하고 절약하며 열심히 일하면 돈을 벌게 됩니다. 이렇게 번 돈을 함부로 쓰지 않으면 더 많은 물건을 만들 수 있고, 그만큼 더 큰 돈을 벌게 되죠. 결국 금욕주의 같은 종교적 입장이 '자본주의 정신'이라 불리는 생활 태도를 만들었다는 것입니다.

사실 프로테스탄티즘의 윤리가 자본주의 정신에 어느 정도 영향을 주었는지는 통계적으로 정확히 규명할 수 없어요. 그렇지만 개신교도들은 그 덕분에 부의 축적에 대한 도덕적 부담에서 벗어날 수 있었으니, 세속적 금욕주의라는 가면을 자진해서 받아들였다고 볼 수 있죠. 그런데 "가면이 철창으로 변한 것은 숙명이었다."라는 베버의 말처럼, 이렇게 탄생한 자본주의적 삶의 태도가 그 사회적 틀 속에서 살아가는 모든 사람의 생활방식과 가치관을 결정하게 됩니다. 이로써 현대 자본주의적 사회와 자본주의적 인간이 탄생하게 된 거죠.

둘, 서구 근대정신, 마법에서 벗어나다.

『직업으로서의 학문』은 베버가 제1차 세계 대전이 끝날 무렵인 1917년, 독일 뮌헨 대학에서 열린 '학생 단체 초청 강연회'에서 강연한 원고에 해당합니다. 비록 강연하는 방식으로 서술되어 있지만 생애 마지막 시기에 해당하는 문헌이라서 베버의 핵심 사상이 잘 드러나 있죠.

베버는 이 강연에서 합리화된 서구 근대 사회에서 '직업으로서 학문한다는 것'의 의미를 묻고 있습니다. 먼저 그는 직업으로서 학문한다는 것의 외적인 의미를 보여줍니다. 그것은 졸업한 학생이 대학에 남아 직업적으로 학문에 헌신함을 의미해요. 이 경우 정교수가 되어야만 생활이 안정됩니다. 그렇지 않으면 돈이 없는 젊은 학자는 매우 힘든 생활을 하게 되죠.

그런데 문제는 조교로 출발하여 정교수나 연구소장이 되는 것이 그 사람의 학자적 유능함에 달려 있기보다 그야말로 전적으로 요행, 곧 우연에 속하는 일이라는 데 있습니다. 게다가 대학의 환경도 점차 미국식으로 바뀌어 연구소 같은 곳도 국가가 관리하는 자본주의적 기업이 되면서, 대규모 경영 수단에 의해 운영되기에 이르렀어요. 따라서 젊은 학자들은 조교, 곧 노동자로서 공장의 종업원처럼 연구소장이나 정교수에게 종속되게 됩니다.

이런 조건에서도 학문 연구가 자신의 소명이라고 느끼는 젊은 학자에게는 이중적 과제가 부과되어 있습니다. 학자뿐 아니라 교사로서도 자질을 갖추어야 한다는 것입니다. 문제는 이 두 가지가 일치하지 않을 수 있다는 점입니다. 학자에게는 교육의 임무도 중요하지만 가르치는 능력은 개인의 천부적 재능일 뿐, 학자로서의 학문적 자질과 반드시 일치하지는 않습니다. 그러므로 이 두 가지 능력을 한 사람이 모두 갖춘다는 것은 우연에 달려 있다고 할 수 있어요.

한편 '우연에 달려 있는 학자'라는 직업의 외적인 조건과 달리, 학문에서 진실로 결정적이며 가치 있는 업적을 쌓기 위해서는 자신의 연구를 철저히 전문화하지 않으면 안 됩니다. 하지만 이렇게 모든 정열을 쏟아 이룩한 학문적 업적도 결국에는 다시 또 다른 성취에 의해 낡아 빠지게 됩니다. 학문에서 일어나는 모든 성취는 '새로운 질문'을 뜻하는데, 이는 시대가 흐르면 뒤떨어질 운명에 놓여 있다는 의미죠. 이러한 학문적 진보는 끝나지 않습니다. 그런데도 사람들은 결코 끝나지 않을 일을 왜 하는 걸까요?

여기에 대해 '실용적이고 기술적인 목적을 위해서'라고 말하는 사람들이 있습니다. 그러나 이는 실천가에게나 중요할 뿐, 학자들은 더 잘살기 위해서가 아니라 '학문 자체를 위해서' 노력한다는 주장도 있습니다.

그렇다면 항상 시대에 뒤떨어질 운명을 지닌데다 무한히 되풀이해야 하는 학문적 작업에 학자들이 자신을 얽어매는 이유는 무엇일까요? 이 문제를 일반적인 상황에서 살펴본다면, 학문의 진보는 서구 사회 지성화 과정의 한 단편이라고 이해할 수 있어요. 그런데 이 지성적 합리화가 증대한다고 해서 자신의 일상생활과 관련된 일반적인 지식, 예컨대

식량을 얻는 방법 등을 더 잘 알게 되지는 않습니다. 지성적 합리화란 원하면 무엇이든 언제라도 배워서 알 수 있다는 사실, 곧 계산을 통해 모든 사물을 지배할 수 있다는 사실을 의미합니다. 따라서 생활에 개입하는 그 어떤 힘도 근본적으로는 결코 신비스러운 것이 아닙니다. 이것이 세계의 '탈(脫)마법화'입니다.

이러한 지성적 합리화로서의 탈마법화가 근대 계몽주의 사상의 핵심입니다. 근대인은 원시인처럼 마법이나 주술 같은 미신의 힘에 의지할 필요가 없습니다. 기술적인 수단과 계산이 이러한 마법과 주술을 대신하기 때문이죠. 신화에서 벗어나 합리성에 돌입한 근대 세계에서, 진리는 신의 계시가 아니라 '계산의 정확성'입니다.

셋, 학문은 은총의 선물도 아니고 철학적 반성도 아니다.

학자란 오늘날에는 우리 자신을 자각하고 사실 관계를 인식하는 데 기여하는 전문적인 직업을 말하며, 학문은 결코 구원과 계시를 주는 예언자로부터 받은 은총의 선물이 아닙니다. 또 현명한 사람들과 철학자들이 행하는 반성도 아닙니다. 따라서 학문적 직업인인 교수는 지도자가 되어서는 안 됩니다. 그런데 그들 중에는 젊은이들의 조언자가 되는 것이 자신의 사명이라 느끼는 사람이 있습니다. 그래서 세계관이나 당파적인 견해들로써 투쟁에 적극적으로 개입해야 한다고 생각하는 사람도 있죠. 하지만 전문적인 학자는 오로지 교사로서만 강단에 서야 합니다. 사정이 이렇다면, 도대체 학문은 실천적이며 인격적인 삶에 어떤 기여를 하고 있을까요?

먼저, 학문은 외적인 사물과 인간의 행동을 계산으로써 지배할 수 있게 해줍니다. 또 사고의 방법과 도구를 찾아내는 데 도움을 주죠. 그

뿐 아니라 모든 면에서 '명확성'을 얻을 수 있게 도와줍니다. 이를테면 어떤 사회 현상을 놓고 대립하는 서로 다른 입장을 설명해 줄 수 있습니다. 더 나아가 이 입장들이 지닌 궁극적인 세계관들, 다시 말해 그것이 어떤 근본 태도에서 기인한 것인지를 밝혀줄 수 있죠.

그러나 어떤 한 입장에 찬성한다고 말하는 것은 그 신(神)만을 섬기고 다른 모든 신에게 모욕을 가하는 것이나 마찬가지입니다. 이는 교사가 아닌 선동가의 일이라 할 수 있어요. 이와 달리 학문을 하는 사람은 자신이 택한 신이 성스럽듯 다른 신도 그것을 택한 사람에게는 성스러운 것임을 인정해야 합니다. 왜 그럴까요? 그들이 자기 자신에게 충실했다면, 그들 역시 나름대로 궁극적이면서도 내적으로 의미 있는 결론에 도달했을 것이기 때문입니다.

여기서 중요한 점은 궁극적인 결단은 학문을 통해 내려지지만, 학문이 그 결단을 우리에게 그냥 주지는 않는다는 사실입니다. 따라서 우리는 무언가를 갈망하고 고대하는 것으로 그쳐서는 안 됩니다. 시대적 요구에 따라 이를 '행동'에 옮길 것, 베버가 우리에게 주는 교훈은 이것입니다.

3 『직업으로서의 학문』과의 대결

과학(학문)적인 진보는 저 지성화 과정의 한 부분, 그것도 가장 중요한 부분입니다. 그 지성화 과정을 우리는 수천 년 전부터 겪어왔고, 그 과정에 대하여 오늘날 더 습관적으로 그렇게 이상하리만큼 부정적인 방식으로 자세를 취하고 있습니다.

우리는 우선 이러한 과학(학문)과 과학(학문)적으로 방향을 잡은 기술이 실제적으로 무엇을 의미하는지를 분명히 밝혀야 합니다. 말하자면, 오늘날 우리,

여기 강연장에 앉아 계시는 모든 분들이 여러분이 살아가는 삶의 조건들에 대하여 인디언이나 남미 유목민보다 더 많이 알고 있는 것을 의미하는 것입니까? 그렇지 않습니다. 우리 중에 전차를 타는 어떤 사람도, 그가 전문 물리학자가 아니라면, 그 전차가 어떻게 만들어지고 운행되는지를 알지 못합니다. 또한 그러한 사항을 알 필요도 없습니다. 그가 전차의 운행에 대해 "계산"할 수 있으면 그것으로 충분합니다. 즉, 그는 전차의 운행에 자신의 움직임을 맞추면 됩니다. 그러나 어떻게 전차가 그런 식으로 만들어지고 운행되는가에 관해서 그는 아무것도 모릅니다. 그러나 야만인은 자신의 작업도구에 대해서 비교가 안 될 정도로 잘 알고 있습니다. 이 강연장에 국민경제학의 전문가인 동료들이 있다 하더라도 저는 다음과 같이 장담할 수 있습니다. 우리가 오늘날 돈을 사용할 때 어떻게 돈이 생겨나서 그것으로 어떤 물건을 때로는 많이 때로는 적게 살 수 있는가라고 묻는 질문에 거의 모두가 다른 대답을 할 것이라고요. 야만인은 나날의 식량을 얻기 위해 어떻게 돈을 만들어야 하며, 그에게 어떤 제도가 필요한지를 알고 있습니다.

그러므로 지성화(Intellektualisierung)와 합리화(Rationalisierung)의 증가가 인간이 처해 있는 삶의 조건에 대한 보편적인 지식의 증가를 의미하지는 않습니다. 오히려 그것은 다른 어떤 것 즉, 인간이 단지 원하기만 하면 인간은 그것을 경험할 수 있다는 것, 그래서 여기로(da) 들어와 역할을 행하는 비밀스럽고 계산 불가능한 힘들은 원칙적으로 존재하지 않는다는 것, 오히려 인간은 모든 사물을—원칙적으로—계산(Berechnen)을 통해 지배할 수 있다는 것을 의미합니다. 그런데 그것이 세계의 탈마법화를 뜻합니다. 그러한(비밀스럽고 계산 불가능한, 인용자 주) 힘들이 있다고 믿은 야만인들처럼 정령들(Geister)을 지배하거나 간청하기 위하여 인간은 이제는 더 이상 마법적인 수단을 쓸 필요가 없습니다. 오히려 기술적인 수단과 계산이 그 일을 수행하면 됩니다. 이런 것이 무엇보다도 지성화 그 자체를 의미하는 것입니다.

— 『직업으로서의 학문』 중에서

흔히 현대는 위기의 시대로 규정되고 있습니다. 현대의 위기는 현대의 본질을 형성하고 있는 현대성의 위기입니다. 현대성의 위기는 이 현대성의 모체가 되는 근대성의 위기이지요. 현대성이란 우리가 살고 있는 시대적 양식입니다. 우리 시대의 삶의 방식이요 그 삶의 본질입니다. 그러나 현대성이 여전히 서양 근대에 만들어진 삶의 방식에서 본질적으로 벗어나지 않는 한, 현대성은 여전히 근대성에 불과합니다. 그래서 우리가 모더니티(modernity)를 번역할 경우에, 때에 따라 동시대성을 강조하려면 현대성으로 번역하고 그 발생적 측면을 강조하려면 근대성으로 번역하면 됩니다. 또한 포스트모던(postmodern)이란 이러한 근대성의 방식을 비판하고 해체하자는 것이므로 탈(脫)근대나 탈현대라고 번역하면 됩니다.

이 근대성의 위기는 근대성을 형성시킨 유럽인과 유럽 사회의 위기이며 이미 근대화된 우리 사회의 위기이기도 합니다. 이 위기의식의 징후가 현대와 탈현대의 치열한 논쟁에서 나타난 바 있습니다. 우리는 현대와 탈현대 사이에서 어느 한 쪽의 입장을 취하기 전에 그 논의의 실체가 되는 현대성(곧 근대성)을 규명하는 것이 선행되어야 합니다. 즉, 푸코의 말대로 현대냐 탈현대냐 하는 "계몽의 협박"에 굴복하지 말아야 합니다. 이를 위해서 근대 유럽인의 핵심적 과제인 계몽(Enlightenment)의 의미를 분석해야 합니다. 왜냐하면 베버의 통찰처럼 계몽이 현대의 본질이기 때문입니다.

계몽이란 베버의 말처럼 "세계의 탈마법화"입니다. 이는 신성한 신화나 계시(신이 인간에게 드러나는 방식, 예를 들어 기독교의 성경, 이슬람의 코란)가 아닌 인간의 이성을 통해 세계의 비밀을 푸는 것을 의미합니다. 베버는 이를 '합리화' 또는 '지성화'라고 부른 것입니다. 그러므로 계몽은 지성화이며 그 지성화의 본질은 합리화입니다. 특히 합리화는 유럽의 근대 과학적 사고와 발전과 그 궤도를 같이 합니다. 이처럼 세계의 탈마법화란 지성적 합리화입니다.

이 합리화는 근대의 본질로서 기술과 계산을 통한 자연 지배를 의도합니다. 이것이 근대 과학 즉, 학문의 본질이기도 한 것입니다. 왜냐하면 근대성은 근대 과학에서 가장 잘 드러나며, 근대 과학이야말로 이 근대성을 실현하는 핵심 도구이기 때문입니다. 그래서 이제 학문은 과학이 되어야 합니다. 과학이 아닌 학문은 진리의 세계에서 감정의 세계로 격하됩니다. 대표적으로 윤리와 예술이 그렇게 과학에서 배제되어 주관적인 감정과 취향의 문제가 되어버렸지요. 이렇듯이 근대의 계몽에서 학문이 과학으로 되어버린 사건이 중요합니다. 이 과학은 그 본질상 기술적인 것과 연관이 있습니다. 자연이 만들어진 과정을 이해하는 것이 과학이고 그 이해를 바탕으로 다시 자연을 소재로 하여 재조립하는 것이 기술 또는 공학이기 때문입니다.

이러한 합리화는 계산을 하기 위해 자연과 정신을 합리화·수학화합니다. 왜냐하면 계산 가능한 것만이 예측되고 통제될 수 있기 때문이지요. 그래서 계몽은 지성화이고 이것이 근대에는 합리화로 나타나고 합리화는 수학화로 실현됩니다. 인간 정신의 능력인 이성도 라치오(ratio, 계산)로 불립니다. 사유(思惟)란 계산이요, 계산은 더하기와 빼기일 뿐이지요. 이 정신의 수학화는 컴퓨터(계산하는 기계)에서 절정에 도달합니다. 또한 자연도 신비스러운 힘이 지배하는 경외의 존재가 아니라 인간이라는 주체가 자신의 의도에 따라 분석하고 종합(재구성)하는 대상 즉 객체, 즉 수학적인 크기로 존재하게 됩니다. 이로써 자연과 인간은 서로 분리됩니다.

인간에게서 분리된 자연은 인간에게 도구적 수단이나 자원이 됩니다. 이를 위해 자연은 수학적 구조를 지닌 추상체로 존재합니다. 수학적 구조의 자연은 사유의 계산에 적합하게 되어 인간의 의지에 따라 변형됩니다. 즉, 인간은 공작(工作)을 위한 수단으로 자연을 탐구하는 것입니다. 다시 말해서 자연을 안다는 것은 그것을 만들 수 있음을 의미하는 것입니다. 이 자연 세계의 수학적 동일성이 그 계산 가능성으로 인해 인간 지배의 기초(수단, 자원)가 됩니다. 다른 말로 하면 인간의 계산적인 사유가 계산되는 자연을 지배합니다.

자연 세계에 대한 완전한 지배권 획득에는 이 자연 세계(환경)에 속한 인간성, 더 나아가서 자기 자신 그리고 동료 인간에 대한 지배권도 포함되어 있습니다. 이것은 자연뿐만 아니라 인간까지도 기술적 수단의 자원으로 파악됨을 의미합니다. 인간도 인간 자원화를 위해 훈련되고 조직됩니다. 이와 같이 계산을 통한 기술적인 자연 지배와 사회 조직화가 계몽의 실질적인 의미입니다.

계몽은 이성의 승리입니다. 이 이성은 과학과 문화, 질서정연한 사회와 자유로운 인간 사이의 조화의 근거입니다. 하지만 근대적 이성의 산물인 현대가 많은 모순에 직면해 있다는 점이 문젯거리입니다. 즉, 제국주의, 전쟁, 생태계의 파괴, 핵무기로 인한 공포와 더불어 자본과 기술 그리고 과학의 힘으로 세계의 구석구석을 '하나'의 세계로 만드는 과정(전체주의로의 경향)이 그런 문제들입니다. 이러한 문제를 비판하고 저항하는 사람들에게서, 예를 들어 반(反)월가(미국 금융 중심지) 시위대의 모습에서 우리는 탈현대의 가능성을 보게 됩니다.

그러나 이러한 탈현대적인 발상에 대해서 하버마스는 반대로 "현대성과 그것의 기획을 '실효성을 상실한 명분(lost cause)'이라고 포기하는 대신에 우리는 현대성을 부정하려고 시도해 왔던 저 터무니없는 기획들의 실수로부터 무엇인가를 배워야 한다."고 주장합니다. 이는 근대 유럽의 계몽과 이성에 대한 확신의 표현입니다. 이러한 탈현대와 현대의 논쟁은 계몽에 대한 이해가 서로 다르기 때문에 벌어지기도 합니다. 탈현대를 외치는 쪽은 계몽이라는 현대가 지닌 모순에 주목하는 반면 현대의 기획을 찬성하는 쪽은 계몽이라는 현대의 과제를 긍정적으로 평가하고 있는 것입니다. 그런데 우리는 푸코가 지적했듯이 계몽에 대한 찬성 아니면 반대라는 식의 양자택일을 요구하는 '계몽의 협박'에서 벗어나야 합니다. 이는 "계몽이라는 현대의 '과제'를 인식하면서도 또 동시에 이 계몽이라는 현대가 지니고 있는 '모순'까지도 깊이 통찰하는 그러한 자기반성"(송두율, 『현대와 사상』)을 요구합니다.

이 자기반성을 위해 우선 계몽과 계몽이 기획한 합리성의 실체를 규명하는 것이 중요합니다. 여기에는 근대 계몽의 합리성이 인간이 지닐 수 있는 유일한 합리성이 아니라 근대 유럽에서 탄생한 역사성과 상대성을 지닌 한 종류의 합리성에 불과하다는 생각이 전제되어야 합니다. 이 계몽주의적 합리성의 위기가 현대가 알고 있는 위기의 본질입니다. 후설의 언급대로 계몽의 합리성은 본질적으로 합리성 자체가 아니라 일면화되고 길을 잘못 들어선 합리성일 수 있습니다. 이러한 합리화를 근대 계몽의 본질로 설명한 점이 베버의 학문적인 기여입니다.

자연의 형식화는 '자연의 수학화' 과정에서 분명히 드러납니다. 수학화된 자연이야말로 인간의 기술-지배적 관심을 충족시켜 줄 수 있는 것이지요. 이 수학화된 자연이 근대 객관주의의 진정한 핵심입니다. 그 이유는 객관의 객관성은 자연의 수학적 구조인 연장(크기 즉, 제일 성질)이라는 점에 있기 때문입니다. 동시에 자연의 수학화는 정신의 수학화,

즉 자연과학주의화를 동반합니다. 이 정신의 수학화는 사유의 공리-연역적 구조 또는 기하학적 방법으로 나타나며 보편 수학(데카르트와 라이프니츠)과 기호 논리학(비트겐슈타인)에서 가장 분명하게 이루어집니다. 다시 말해서 자연과 정신의 수학화는 자연과 정신의 수학적 구조에 대한 발견이며 이것은 수학적 도식이라는 형식으로의 자연과 정신의 환원인 셈입니다. 이 자연과 정신의 수학화 즉 형식화가 근대 계몽의 합리성의 본질이며, 이 형식화된 자연과 정신은 계산을 통한 기술적 지배의 전제가 됩니다. 따라서 근대 과학에서는 더 이상 의미나 목적이라는 단어가 사라지게 됩니다.

베버는 현대의 자연과학들이 세계의 "의미"를 살해했다고 생각합니다. 그래서 오늘날 젊은이들은 학문(특히 과학)이라는 인위적 구성물이 비현실적인 나라이며 이 인위적인 추상들은 결코 현실적 삶의 피와 생동성을 낚지 못한다고 느끼고 있습니다. 이런 현대 과학의 추상성에 절망을 느낀 젊은이들은 자신의 삶과 세계의 본질을 파악하기 위해 학문의 지성화에서 벗어나 비합리적인 낭만주의에 빠져들고 있습니다. 원래 근대의 과학은 프로테스탄티즘과 청교도주의로부터 영향을 받아 신(神)으로 나아가는 길이었습니다. 예를 들어 네덜란드의 생물학자인 스밤메르담은 다음과 같이 말했지요. "저는 이 자리에서 한 마리의 이를 해부하여 여러분들에게 신의 섭리를 입증해 보겠습니다."

그러나 현대의 과학주의 분위기에서는 신적인 것에 몰입하려면 학문의 지성화와 합리화에서 벗어나지 않으면 안 됩니다. 젊은이들은 종교적 체험을 포함하여 비합리적 영역에 대한 의식적 체험을 추구합니다. 이를 베버는 "비합리적인 것에 대한 현대의 지성주의적 낭만성"이라고 표현합니다. 그러나 베버는 이런 식으로 지성화와 합리화에서 벗어나는 길은 그들이 원하는 것과는 정반대로 지성화의 길로 다시 빠져듭니다. 즉 낭만주의의 지성화입니다. 예를 들어 현대 물리학의 카오스 이론이나 복잡성 과학 같은 새로운 흐름들이 동양 사상과 유사하다는 신과학 운동(프리초프 카프라, 『현대 물리학과 동양사상』)에서 낭만주의(신비주의)의 과학화가 또는 과학의 신비주의화(낭만주의화)가 이루어집니다.

이와는 다르게 일반 사람들이 순진하게도 낙관적으로 현대의 과학이, 즉 이러한 과학에 기반을 둔 생활 지배의 기술이 행복으로 가는 길이라고 믿고 있습니다. 이들이 니체가 말한 과학 유토피아주의를 꿈꾸는 "마지막 인류"라고 베버는 통렬하게 비판합니다. 베버의 말처럼 현대의 많은 영화들이 과학 유토피아(이상적 공간)는 디스토피아(환멸의 공간)임을 보여주고 있습니다.

이런 식으로 베버는 현대 사회에서 과학에게 더 이상 '진정한 존재로 가는 길,' '진정한 예술로 가는 길,' '진정한 자연으로 가는 길,' '진정한 신으로 가는 길,' '진정한 행복으로 가는 길'이라는 환상을 기대하지 않는다고 진단합니다. 이와 같이 탈마법화된 현대에서 직업으로서의 학문의 의미는 무엇일까요? 베버는 톨스토이의 말을 빌려 다음과 같이 이야기합니다. "학문은 의미가 없습니다. 왜냐하면 학문은 우리에게 유일하고 중요한 문제인 다음과 같은 물음, 즉 '우리는 무엇을 해야 하는가?,' '우리는 어떻게 살아야 하는가?'에 대해 어떤 답도 할 수 없기 때문입니다." 학문이 인생의 의미와 목적에 대해 답을 줄 수 없다는 점에는 누구나 동의할 것이라고 베버는 말합니다.

그렇지만 학문이 어떤 의미에서 답을 못 주는지, 답을 못 준다면 학문은 물음을 올바르게 제기하는 사람에게도 전혀 쓸모가 없는 것인지를 물어야 한다고 생각합니다. 예를 들어 의사는 모든 수단을 활용해서 위급한 환자를 살려내려고 합니다. 왜냐하면 의학의 생명 보전(保全)이라는 전제가 의사의 행위를 규정하고 있고 또한 이러한 전제를 바탕으로 해서 만든 형법이 의사가 그런 노력을 그만 두는 것을 금지하고 있기 때문입니다. 그러나 환자가 기계적인 연명 치료를 거부하고 자연적으로 죽기를 간청해도, 식물인간이 된 환자의 친척들이 그가 그런 무가치하고 무의미한 삶의 고통에서 벗어나기를 원해도, 의사는 그냥 기술적인 치료만 할 뿐입니다. 의사는 삶이 가치가 있는지 또는 어떤 경우에 그러한지를 묻지 않습니다.

(이런 점에서 존엄사 논쟁은 삶과 죽음의 의미와 가치를 의학 현장에서 물어야 한다는 점에서 의미 있는 것이긴 하지만 기술적으로 답을 줄 수 없는 문제이기에 다른 가치관들을 지닌 사람들의 충돌의 장으로 변질되기 쉽지요.)

이처럼 우리가 삶을 기술적으로 지배하고자 한다면, 모든 자연과학은 우리가 무엇을 해야 하는가에 대해 답을 줄 수 있습니다. 그러나 우리가 과연 삶을 기술적으로 지배해야 하는지, 또 왜 지배하고 싶어 하는지, 그리고 그러한 지배가 참으로 의미 있는 것인지에 대해서는 자연과학이 답을 줄 수 없습니다. 자연과학은 그러한 물음을 그대로 놔두거나 아니면 자신의 전제로 삼을 뿐입니다. 이와 마찬가지로 미학도 예술품의 존재 이유에 대해 묻지 않습니다. 동일하게 사회학, 역사학, 경제학, 정치학과 같은 역사문화과학(사회과학의 독일식 표현)도 문화 현상들의 존재 가치나 이를 탐구하는 과학의 존재 가치에 대해서는 묻지도 못하고 답도 주지 못합니다. 이러한 존재 가치나 존재 이유는 전제가 될 뿐입니다. 그러나 과학과 학문의 전제는 여전히 증명되지 않은 것입니다.

그러면 합리화된 현대 사회에서 학문은 어떤 의미가 있으며 직업으로서의 학문에 종사하는 학자는 어떻게 해야 합니까?

여러분은 결국 다음과 같은 물음을 던질 것입니다. 상황이 그러하다면 대체 학문은 실천적이고 인격적인 '삶'에 대해 어떤 긍정적인 역할을 할 수 있는 것인가요? 그리고 이러한 물음과 더불어 우리는 다시 학문의 '소명'이라는 문제로 되돌아갑니다. 우선 당연하게도 기술에 관한 지식이 있습니다. 이 기술적 지식은 삶, 즉 인간의 행동뿐만 아니라 외적인 사물까지도 계산을 통해 지배하는 방식입니다. 그렇지만 그런 것은 미국 젊은이의 채소장수(미국에서는 대학교수를 채소장수처럼 지식을 판매하는 사람 정도로 여긴다는 뜻, 인용자 주)가 하는 방식이라고 여러분은 말할 것입니다. 저도 같은 의견입니다.

두 번째로, 이러한 채소장수가 더 이상 할 수 없는 것입니다. 즉, 생각의 방법들, 작업 수단들, 그리고 이것들에 대한 훈련이 그것입니다. 여러분들은 아마도 다음과 같이 말할 것입니다. 그것은 채소가 아니긴 하지만 채소를 스스로 구매하기 위한 수단에 불과하다고 말입니다. 좋습니다. 오늘은 일단 그렇다고 합시다. 그러나 학문의 작용은 다행스럽게도 그런 식으로 끝나지는 않습니다.

우리(직업으로서 학문을 하는 학자들, 인용자 주)는 여러분들이 세 번째, 즉 명석함(Klarheit)을 획득하도록 도와줄 수 있는 위치에 있습니다. 물론 우리가 그러한 명석함 자체를 갖고 있다는 것을 전제하고 있습니다. 이것이 사실이라면 우리는 여러분들에게 다음과 같은 것을 명확하게 밝힐 수 있습니다. 즉, 때때로 중요하다고 여겨지는 가치문제(단순화를 위해 사회현상들을 예로 생각해보기를 여러분에게 부탁드립니다)에 대해 사람들은 실천적으로 이러저러한 여러 입장을 취할 수 있습니다. 사람들이 이러저러한 입장을 취한다면 이러한 입장을 실천적으로 실행하기 위해서 학문의 경험에 따라 이러저러한 수단을 적용할 것입니다. 이러한 수단들은 아마도 이미 여러분들이 거부해야 한다고 믿고 있는 것 그 자체일 수 있습니다. 그러하다면 사람들은 목적과 불가피한 수단 가운데서 선택을 하지 않으면 안 됩니다. 그 '목적'이 이러한 수단을 '정당화'할까요? 아니면 그렇지 않을까요? 가르치는 사람은 여러분들에게 이 선택의 불가피성을 설명할 수 있습니다. 그러나 그가 교수로 남고 선동가(Demagoge)가 되지 않으려면 그 이상을 해서는 안 됩니다. 물론 그는 더 나아가, 여러분이 그 목적을 원한다면 경험적으로 나타나는 이러저러한 부작용도 감내해야 한다고, 즉 앞의 경우와 마찬가지 상황이라는 것까지 말할 수 있습니다. (……)

우리가 우리의 문제점(Sache)을 이해하고 있다면(여기서는 이 점이 한 번은 전제가 되지 않으면 안 됩니다), 우리는 개인들에게 자신의 고유한 행동의 궁극적인 의미에 관하여 스스로 설명할 수 있도록 강요하거나 최소한 도움을 줄 수 있습니다. 저에게는 이것이 순전히 개인적인 삶에게 사소한 것이 아닌 듯합니다. 만일 교수가 그런 일에 성공하다면 그가 '윤리적인' 능력들, 즉 의무, 명석함, 그리고 책임감을 기르는 데 기여한 것이라고 저는 이 자리에서 말해 보고자 합니다. 그리고 제가 믿기로는 교수가 자신 쪽에서 수강생에게 입장을 강요하거나 제안하고픈 욕망을 양심적으로 회피할수록 오히려 그가 이런 일을 할 수 있습니다. (……)

오늘날 학문은 사실관계에 대한 자기숙고와 인식에 기여하는 전문적으로 수행되는 '직업'이지 구원의 선물과 계시를 베푸는 선지자와 예언자의 은총도 아니며 세계의 의미에 관한 현자들과 철학자들의 반성의 요소도 아닙니다. 이것이 우리에게 주어진 불가피한 역사적 상황이고, 우리는 우리 자신에 충실한 한에서 이런 상황에서 벗어날 수 없습니다.

— 『직업으로서의 학문』 중에서

베버는 합리화된 현대 사회에서 학문은 전문적인 직업이고 이러한 직업에 종사하는 학자는 선동가가 아니라고 규정합니다. 학문은 사실 관계를 인식하는 것이며 학자는 이러한 사실 관계를 학생들에게 설명해 주는 전문적인 교수라는 것입니다. 물론 교수는 이런 사실 관계가 전제하고 있는 목적이나 가치에 대해서도 설명해 줄 수 있습니다. 그리고 그러한 목적이나 가치나 어떤 부작용을 일으키는지도 설명해 줄 수 있습니다. 그러나 거기까지입니다. 교수는 이것을 넘어서 학생에게 자신의 입장을 강요하거나 제안해서는 안 됩니다. 이러한 강요나 제안은 선동가가 하는 일이지 가르치는 사람이 해서는 안 되는 일이라는 것이지요. 학자의 평가 기준은 명석함입니다. 본인 자신이 명석하게 알아야 하고 학생들이 이 명석함에 도달하도록 설명을 잘해야 합니다.

현대는 하나의 가치가 절대성을 상실한 다원주의 사회입니다. 가치의 절대성이란 기독교나 이슬람 같은 일신론에서 잘 드러납니다. 비록 일신론은 아니더라도 성리학처럼 태극이라는 절대 기준을 상정하는 것은 일신론이나 마찬가지입니다. 이 일신론의 비극은 기독교의 마녀사냥이나 이단자의 화형 처형, 그리고 성리학의 사문난적에 대한 박해와 같은 잔인한 역사에서 잘 드러납니다. 가치의 절대성을 주장한 일신론의 사회가 중세사회입니다. 이러한 독단적 불관용에 대해 문제제기를 한 것이 근대의 자유주의입니다. 자유주의 창시자인 로크는 이러한 종교적 불관용을 광신주의라고 비판하면서 종교적 관용을 주장합니다. 그래서 오늘날 자유주의자들은 정치와 법의 문제에서 가치중립성을 금과옥조로 여깁니다. 같은 하버드 대학의 교수들이지만 롤스는 이를 주장하고 샌델은 여기에 문제점이 있다고 비판하는 것이지요. 가치중립성을 사회과학적인 방법론의 원리로 제시한 학자가 베버입니다. 베버는 학문은 가치중립적이어야 한다고 주장한 것입니다.

근대 계몽의 합리화 덕분에 일신론이 다신론으로 전환됩니다. 니체의 말대로 신이 죽었습니다. 인간의 이성이 절대적인 신을 살해했습니다. 그러자 그동안 억눌려왔던 여러 (잡)신들이 부활했습니다. 이를 베버는 다신론이라고 표현한 것입니다. 다신론이란 가치다원주의 사회를 가리킵니다. 이런 다신론 즉, 가치다원주의 사회에서 어떤 가치가 다른 가치보다 나은가라는 질문을 학문과 학자는 물어서도 안 되고 이 질문에 답을 주어서도 안 된다는 것이지요.

베버는 이런 상황과 관련해서 톨스토이의 말을 빌려 다음과 같이 묻습니다. "우리는 실로 무엇을 해야 하는가, 또 우리는 어떻게 살아야 하는가?" 베버는 이를 다음과 같은 말로 다시 묻습니다. "우리는 서로 싸우는 신들 중 어느 신을 섬겨야 하는가? 아니면 전혀 다른 신을 섬겨야 하는가, 그리고 그 신은 누구인가?" 그러나 이러한 질문에 대해 앞서 이미 말한 것처럼 학문은 답을 줄 수 없습니다. 이러한 답을 주는 자는 학자가 아니라 예언자나 구세주일 것입니다.

그런데 현대의 합리화된 사회에서는 그 세속적 경향 때문에 이런 예언자나 예언에 대한 믿음이 전혀 없습니다. 만약 학자나 교수가 강의실에서 이와 같은 질문을 던지고 답을 주려고 한다면 그는 지상으로 내려온 작은 예언자에 불과합니다. 교회가 신자에게 요구하듯이 사이비 예언자로서의 교수는 제자에게 지성의 희생을 요구합니다. 그러나 이것은 남에 대한 사기이고 동시에 자기기만에 불과합니다.

베버에 의하면 지성화와 합리화, 무엇보다도 세계의 탈마법화를 특징으로 하는 우리 시대의 운명은 가장 궁극적이고 숭고한 가치들이 공동체 전체의 공론(公論)의 영역에서 벗어나 신비적인 삶의 초월적인 나라로 들어갔거나, 아니면 개인들 사이의 직접적인 관계의 작은 사적인 형제애 속으로 들어가 버렸다는 것입니다. 이런 까닭에 교수들이 행하는 강단 예언은 광신적인 종파들만 양성할 뿐이지 진정한 공동체를 창출할 수 없습니다. 이러한 강단 예언은 지성의 희생만을 요구하는 것입니다.

그러나 지성의 희생과 솔직한 지적인 공정함의 의무를 회피하는 것은 전혀 다릅니다. 지적인 공정함의 의무를 회피하게 되는 경우는 자신

의 궁극적인 입장에 관해서 명석하게 이해하지 못할 때입니다. 그래서 자기 확신에 대한 용기가 없어서 허약한 상대주의에 빠질 때입니다. 강의실에서는 솔직한 지적인 공정함이 유일한 미덕이라는 사실을 모르는 강단 예언보다는 이러한 회피가 더 낫다고 베버는 생각합니다. 이런 시대에서는 각자가 자신의 인생을 조종하는 데몬(신 또는 가치)을 찾아 그에게 순종하는 것이 간단명료한 해답입니다.

그러나 각자의 신들이 충돌할 때 공동체 전체는 어떤 해결책을 제시해야 합니까? 학문과 학자가 이것을 할 수 없습니다. 학문과 학자는 공적으로는 허무주의를 지향해야 합니다. 학자와 지식인은 과연 공적인 문제에 대해 비판적 능력을 상실해야 할까요? 그러하다면 베버가 남겨놓은 공적인 허무주의, 다시 말해서 가치의 진공은 '모든 단단한 것이 사라져 버린 시대'(마르크스)의 치료책이 아니라 오히려 질병적인 징후는 아닐까요? 과연 선동과 비판은 같은 말인가요? 아니면 전혀 다른 말인가요?

철학의 이정표 세우기

『베버의 프로테스탄티즘의 윤리와 자본주의 정신』
최한빈 지음, 삼성출판사, 2006

베버는 기본적으로 자본주의를 합리주의의 결과로 보았지만, 일반적인 합리화의 경향에 비해 독특한 방식의 합리화가 개입되었다고 생각한다. 그는 이를 '자본주의 정신'이라 명명했고, 그 내용을 독특한 성격을 띤 직업윤리에서 찾는다. 특히 그는 직업 소명설, 예정론, 금욕주의 윤리 같은 개신교의 종교적 교리에 주목한다. 이것들이 종교적 구원을 증명하려는 개인들의 심리적 경향과 결합하여 '자본주의 정신'을 탄생시켰다는 것이다. 이처럼 베버는 자본주의적 산업화의 본질을 형성하는 문화적 태도를 문제화함으로써, 그 당시 독일 사회의 문제점과 문화적 뿌리를 인식하게 된다. 저자의 말대로 마르크스가 자본주의에서 인간 소외를 발견했듯이, 베버는 이러한 현상에서 비인간적인 문화가 전개될 가능성을 발견한 것이다.

막스 베버의
『소명으로서의 정치』
최장집 엮음, 박상훈 옮김, 폴리테이아, 2011

최장집 교수가 막스 베버를 소개하다

정치의 계절이다. 4.27 재보선을 앞두고 여야는 전력을 다하고 있다. 재보선이 끝나면 다가오는 총선, 대선을 향해 돌진할 것이다. 정당과 정치인들은 매번 선거에 올인하는데 투표를 하는 국민들은 심드렁하다. 정치가 일부 정치인들만의 놀이터라고 생각하는 사람들이 많다. 하지만 조금만 더 생각해보면 우리 가정을 행복하게도 불행하게도 만드는 많은 문제들이 우리 사회의 시스템과 제도에 기인하는 것이 많으며 이런 시스템과 제도를 만드는 것이 정치임을 알 수 있다.

좋은 정치 없이 좋은 공동체의 삶은 불가능하고, 좋은 정치인 없는 좋은 정치 역시 불가능하다. 최장집 교수가 정치철학 강의 시리즈 1번 타자로 소개하는 막스 베버의 저작 '소명으로서의 정치'는 정치가 무엇이고, 정치인이란 어떤 존재인지를 이해하는 데 고전 중의 고전이다.

물질적 정신적 윤리적으로 개인의 삶을 행복하고 풍요롭게 만드는 공동체는 무엇이고 어떻게 만들 수 있을까? 국가와 정치가 이런 일을 할 수 있을까? 그 한계와 범위는 무엇일까? 이런 근본적인 정치와 관련된 문제들을 이론과 현실 속에서 찾아보기 위해 최장집 교수가 정치철학 강의 시리즈를 시작했고, 그 첫 시리즈로 막스 베버의 '소명으로서의 정치'를 들고 나왔다. 앞으로 마키아벨리, 몽테스키외, 홉스, 로크, 루소, 플라톤 등 대표적인 정치철학자들의 텍스트들을 살펴 볼 것이라 한다. 해설에만 의존하는 공부의 한계를 넘기 위해 1부에는 강의 내용을 쓰고, 2부에는 텍스트를 번역해 실었다.

베버는 신념 윤리와 책임 윤리를 구분하여 대립적이고 양립할 수 없는 명제가 동시에 가능하다는 이율배반이 정치 행위의 본질적인 측면이라고 말한다. 이것은 인간적 현실이 얼마나 복합적이고 다원적인가, 얼마나 이중적이고 모호한 것인가를 동시에 일깨워 준다. 우리는 여기서 정치 행위에 있어 무엇보다도 균형적 판단, 절제, 나아가서 겸허함이 중요하다는 것을 깨닫게 된다.

《건치신문》 전민용 기자

2.
진흙탕이라는
현실에서 꽃 핀
연꽃이라는
진리

| 헤겔, 현실적인 이상주의자

1 현실적인 이상주의자, 헤겔의 삶

대학의 천재 친구들 사이에서 둔하고 서투른 행동으로 늙은이로 불렸던 청년. 그리고 말을 유창하게 하지 못해 교수로 부적합하다고 판정을 받은 철학자.

뛰어난 성적으로 김나지움을 졸업한 게오르크 빌헬름 프리드리히 헤겔(Georg Wilhelm Friedrich Hegel, 1770~1831)은 18세가 되는 1788년에 신학으로 유명한 튀빙겐 대학교에 입학합니다. 그는 대학 시절 동안 고등학교의 모범생 시절과는 반대로 소설 『청춘은 아름다워』(헤르만 헤세)처럼 방탕한 생활, 좋게 말하면 낭만적인 생활을 보내며 '나쁜 도덕 생활'이라는 평가를 두 번이나 받았습니다. 대학은 직접적인 생산과 직업에서 벗어나서 활동하는 공간이기에 이러한 일탈적인 낭만이 용납되는 유일한 곳입니다. 그래서 대학이 좋습니다. 그래서 청춘은 아름답습니다.

이 낭만적인 시절, 그의 모토는 다음과 같습니다. "지난여름의 모토는 포도주였지만 올여름의 모토는 사랑이다." 그는 자신의 모토대로 신학 교수의 딸을 열렬히 사랑하지만 그녀에게 차이게 되어 심한 낙담에 빠집니다. 그는 육체만 느린 것이 아니라 연애에서도 느렸던 모양입니다. 이로부터 얻은 실망과 마음의 상처를 극복하는 데는 상당한 시일이 걸립니다.

그의 대학 시절은 삶을 즐기는 낭만적인 모습으로 변한 시절이기도 하지만 계몽주의에 기초를 둔 프랑스 대혁명이라는 정치적 대격변이 일어난 시기이도 하지요. 이로 인해 인류의 자유와 독일의 자유로운 미래에 대한 기대가 싹튼 대변혁의 시기이기도 합니다. 이 혁명을 이해하고자 이 대학교에서도 한 정치 동아리가 자발적으로 생겨납니다. 이 동아리는 자유의 노래를 부르며 당대(當代)의 많은 사건들을 논의합니다. 이런 만남 속에서 헤겔은 자신보다 다섯 살이 어리지만 이미 20세에 철학자로 명성을 얻은 천재적인 셸링과 20세기 이후 독일을 대표하는 천재 시인으로 평가받게 되는 같은 나이의 횔덜린이라는 두 명의 친구를 사귀게 됩니다. 이들과의 우정을 통해서 헤겔은 학문적인 발전의 커다란 계기들을 마련하게 됩니다. 역시 친구들이 좋아야 자기 발전이 있을 수 있습니다. 그렇지만 좋은 친구들에 가려 자신이 잘 드러나지 않는 문제점도 있지요. 인생의 모든 것은 일면적으로 좋거나 일면적으로 나쁜 것이 아닙니다. 이러한 이중성이 변증법 논리의 바탕이 됩니다.

20대 초반에 자신의 철학을 꽃 피운 셸링과 20대 후반에 천재적인 작품들을 쓴 횔덜린의 비범한 재능에 비하면 헤겔은 둔하고 서투른 동작으로 인해 얻게 된 늙은이라는 별명답게 이들보다 훨씬 늦은 30대 중반에 자신의 걸작인 『정신현상학』(1805)을 쓰고 40대에 방대한 『대논리학』과 『엔치클로페디』와 같은 본격적인 저작들을 활발하게 펴냅니다. 그렇다고 해서 헤겔은 느린 편이 아닙니다. 우리 평범한 사람에 비하면

몸이 둔하고 어눌한 말 표현으로 인해 교수로 부적합하다는 판정을 받은 헤겔이 베를린 대학의 철학교수가 되어 강의를 시작하자 유럽 전역에서 학생들이 몰려듭니다. 역시 강의는 내용이 중요하다는 점을 알 수 있습니다. 아무리 난해해도 시대를 꿰뚫어보는 통찰의 힘은 언제나 대단해서 미래를 끌어갈 젊은 인재들의 마음을 흔들어 놓습니다.

대단히 이른 편입니다. 실례로 독일의 선배 철학자인 칸트는 57살에 최초의 저서인 『순수이성비판』을 출판합니다. 칸트에 비하면 헤겔이 훨씬 빠른 편이지요. 그러나 이렇듯 비범한 그이지만 조숙한 두 친구들에 비해 상당히 늦게 자신의 사상을 꽃피우는 것처럼 보이게 되지요.

원래 헤겔은 1770년 독일 슈투트가르트에서 세무사인 아버지와 세련되고 교양 있는 어머니 사이에서 장남으로 태어났습니다. 헤겔의 어린 시절과 청년 시절은 정치적으로는 프랑스 대혁명(1789)과 경제적으로는 영국의 산업혁명으로 대표되는 대변혁의 시대였습니다. 이 시기의 독일에는 커다란 모순이 존재했습니다. 정치와 경제는 여전히 구시대에 머물러 있는 반면에 사상과 문예(文藝)에서는 커다란 변화가 일어난 것이지요. 이 변화의 시기를 보통 문학사에서는 '질풍노도(낭만주의)의 시대'라고 부릅니다. 이 시기는 레싱, 괴테, 실러의 청년기 작품들이 청춘의 반항을 그리며 독일의 문예 활동을 뒤흔든 때입니다.

헤겔은 3세 때 독일어 학교에 보내지고 2년 뒤에는 라틴어 학교에 다닙니다. 그리고 7세 때 김나지움(독일의 인문계 중고등학교)에 입학하면서 모든 학습 과정에서 우수함을 발휘합니다. 그는 특히 그리스와 로마의 고전 작가들과 당대의 사랑받는 작가들을 즐겨 공부합니다. 특히 레싱과 실러의 작품들을 통해 '질풍노도의 시기'(낭만주의)의 정신적 세례를 받습니다. 그러나 그의 정신적인 활발함과는 정확히 반비례하여 육체의 민첩성은 대단히 떨어지는 편입니다.

헤겔의 육체적 둔함은 거꾸로 정신적인 신중함과 사려 깊음으로 나타나게 됩니다. 그는 공부할 때 기억할 만한 가치가 있는 것은 모두 각장의 종이에다 다 적습니다. 각 종이의 윗부분에는 일반적인 항목을 표시하고 그 밑에는 이와 관련되는 개별적인 내용들을 정리합니다. 이러한 종이들을 알파벳순으로 정돈합니다. 이렇게 교재를 발췌하고 정돈하는 습관으로 인해 그는 필요할 때면 언제나 이 자료들을 이용할 수 있었지요. 이러한 습관과 더불어 그는, 다른 사람의 생각으로 파고 들어가서 그 사람의 생각을 충실하게 되풀이하며 그를 비판하는, 헤겔 자신의 특유한 생각의 스타일을 개발하게 됩니다.

그는 다른 사람의 이론을 전적으로 폐기처분하는 것이 아니라 그 이론 중에서 긍정적인 부분을 추려내어 보존하고 이를 더 높은 단계로 발전시킵니다. 이것이 유명한 그의 변증법적 지양(止揚)입니다. 변증법적 지양은 폐기, 보존, 고양(高揚)의 세 요소로 이루어져 있습니다. 그래서 그에게 모든 것은 단순히 오류이거나 무의미한 것이 아니라 그 나름대로 역사적인 의미와 역할이 있습니다. 역사에 버릴 것은 하나도 없다는 뜻입니다. 또한 어떤 특정한 부분이 지나치게 과대포장 되어서도 안 된다는 뜻입니다. 그에게는 부분이 아니라 역사 전체가 진리입니다.

독일 정치와 문화의 중심지인 베를린 대학에 초빙받기 전에 헤겔은 채용 심사위원들인 다른 교수들로부터 그 유창하지 못한 언어 습관 때문에 강의에 부적합한 것은 아닌가 하는 부정적인 평가를 받습니다. 그럼에도 불구하고 철학은 말이 아니라 내용이 중요하지요. 말이 중요하면 대학의 모든 교수는 개그맨들로 채워져야 합니다. 결국 그의 학문적 성취를 인정받아서 나이 48세가 되던 1818년에 독일의 수도 베를린 대학의 교수로 취임합니다.

어눌한 그가 마침내 이 대학에서 당대의 최고 철학자로 떠오르게 됩니다. 그는 1821년 51세에 그 유명한 『법철학』을 출판합니다. 그리고 59세에 베를린 대학의 총장이 됩니다. 이로써 그는 독일을 대표하는 대지식인이 되었고 유럽 전역에서 많은 학생들이 그에게 배우러 몰려들었습니다. 자기 철학에 자부심 강한 풋내기 철학자인 쇼펜하우어가 그와 동일한 시간에 강의를 열었다가 학생이 거의 없어 절망하던 시절입니다. 그 이후로 부유한 아버지의 유산을 물려받은 쇼펜하우어는 아예 대학을 떠납니다. 그리고 집에 헤겔이라는 이름의 개를 키웠다는 일화가 있지요.

헤겔은 전형적인 대기만성(大器晚成)형의 인물입니다. 아쉽게도 그는 61세인 1831년에 당시 유행하던 전염병인 콜레라에 감염되어 죽습니다. 절대정신도 작은 바이러스에 스러지네요.

2 헤겔 철학은 왜 살아 있는가?

헤겔 철학의 난해함은 잘 알려져 있어서, 철학자 러셀(B. A. W. Russell, 1872~1970)은 그를 "가장 이해하기 어려운 철학자"로 꼽았다고 합니다. 또 "프로이센(독일이 통일되기 이전, 그 부근에 있었던 왕국)의 어용 철학자"에서 "마르크스의 혁명 사상을 낳게 한 불온한 철학자"에 이르기까지, 그에 대한 평가도 매우 극단적으로 엇갈리죠. 이런 평가와 무관하게 우리가 그의 철학을 무시하면 안 되는 이유는 현대 철학의 대부분이 헤겔의 영향을 받았거나 아니면 그에 대한 반작용으로 생겨났기 때문이에요. 하지만 헤겔 철학의 매력이 단순히 이런 역사적 사실에 있는 것은 아닙니다. 그 이유는 그가 제기한 문제들이 여전히 우리 시대에도 절실하게 여겨진다는 데서 찾을 수 있죠.

헤겔 철학은 '변증법(辨證法)'이라는 한마디로 규정할 수 있어요. 변증법이란 수학을 모델로 삼는 형식적 방법론이 아니라, 생명과 역사의 운동을 표현할 수 있는 역동적인 논리학이자 존재론입니다. 다시 말해서 헤겔의 변증법적 사유는 형식주의(形式主義, 사물의 내용적 측면을 경시하고 형식적 측면을 중시하는 태도)에 대한 불만과 비판 의식에서 나왔어요. 헤겔은 철학이 내용과 무관한 형식에 대한 탐구가 되어서는 안 된다고 생각했던 겁니다. 내용과 무관한 형식에 대한 탐구는 환상과 기만을 낳는 근원이 되기 때문이죠.

형식주의에 따르면, 철학은 공허한 형식적 개념들의 정교한 배열과 계산에 지나지 않습니다. 따라서 철학이 과학을 통하지 않으면 현실과 동떨어지게 되므로, '과학의 과학'인 '메타과학(metascience)'으로 변모하게 되죠. 메타과학은 정확성을 모델로 하지만 어디까지나 과학의 형식적 언어만을 대상으로 해요. 다시 말해서 철학은 현실이 아니라 과학적 언어만을 그 대상으로 갖게 된 거죠. 이로써 현대 철학은 딸들에게 자신의 땅을 나눠 주고도 결국 쫓겨난 리어 왕과 같은 슬픈 운명에 놓이게 됩니다.

한때 한국 사회를 휩쓴 분석 철학(分析哲學)이 이러한 형식주의의 성과와 한계를 극명하게 보여줍니다. 분석 철학은 언어 분석에 치중하는 바람에 한국적 현실을 철학의 대상으로 삼는 데 실패했고, 서양의 언어와 다른 우리말의 논리적 특성도 해명해 주지 못했어요. 헤겔은 이러한 형식주의를 비판하기 위해 '철학'을 '현실에 대한 탐구'로 못 박은 거예요. 헤겔을 통해, 철학은 과학의 전성기에도 언어뿐 아니라 현실을 바탕으로 이에 대한 비판적 성찰을 할 수 있었던 겁니다.

하나, 현실이 이성이고 이성이 현실이다.

헤겔은 그 유명한 『법철학』 서문에서 철학을 "황혼이 질 무렵이 되어서야 비로소 비상하는 미네르바(로마 신화에 나오는 '지혜 · 공예의 여신'. 그리스 신화의 '아테나'와 동일시됨)의 올빼미"에 비유합니다. 이는 철학이란 있는 현실을 그대로 파악하는 것이지, 있어야 하는 당위(當爲)를 설파하는 것이 아니라는 사실을 의도적으로 표현한 문장이에요. 당위는 '마땅히 있어야 하는 것'이므로 현실에서는 무력할 뿐입니다. 그래서 진정한 철학은 당위를 말하지 않아요. 칸트와 롤스의 윤리학이 이런 당위를 대표하는 철학이지요. 롤스는 칸트 윤리학의 무력함을 스스로 넘어섰다는 자신감으로 자신의 사상을 "현실적인 이상주의자"라고 표현했어요. 현실과 이상은 모순입니다. 그런데 현실적 이상주의라니? 참으로 어려운 입장이네요. 변증법을 싫어하던 형식주의자 롤스도 자신을 변증법적인 모순으로 설명할 수밖에 없었네요.

그렇다면 헤겔에게 철학은 현실을 뛰어넘을 수 없고 현실 변혁의 능력이 없는 종이호랑이에 불과한 것은 아닌가 하는 의문이 생깁니다. '철학이란 사건이 끝난 뒤에 그 사건을 지적(知的)인 왕국에 편입시키는 사후 반성에 불과한 것은 아닌가?' 하는 의문 말입니다. 그러나 이러한 지적은 헤겔의 철학관을 지나치게 보수적으로 바라보는 시각에 지나지 않아요.

이러한 시각은 『법철학』에 나오는 다음 구절에서 힘을 얻습니다. "있는 것을 개념적으로 파악하는 것이 철학의 과제이다. 왜냐하면 있는 것은 이성이기 때문이다. 개인으로 말하자면 모든 사람은 그 시대의 아들이다. 철학 또한 사상으로 포착된 그의 시대이다. (따라서) 어떤 철학이 그 현존 세상을 뛰어넘을 수 있다고 생각하는 것은 어떤 개인이 그의 시대를 뛰어넘고 로도스 섬(그리스의 섬으로, 여기서는 '현실'을 뜻함. 고대 그리스 시대에는 해상 교통의 요지로 경제적인 번영을 누렸음) 위로 뛰어넘을 수 있다고 생각하는 것과 마찬가지로 어리석은 짓이다. 만약 한 이론이 그 시대를 초월하여 당위로서의 세계를 구축한다면 그것은 의견이라는 불안정한 요소의 형태로 존재할 뿐이다. 이는 온갖 종류의 괜한 상상에 여지를 준다."

이 구절을 표면적으로 이해한다면 철학이란 자신의 시대를 뛰어넘을 수 없는 무기력한 존재이기 때문에 현실을 이성적인 것으로 옹호하는 극단적 보수주의 성향을 띠게 됩니다. 현실이 이성적이라는 것은 현실이 아무리 문제가 많아도 살기 좋은 세상이라는 뜻이죠. 따라서 헤겔의 철학관을 균형감 있게 보기 위해서는 이 구절보다는 다음 구절을 새겨 읽어야 해요.

"철학은 이성적인 것, 그러므로 실재적이고 현재적인 것에 대한 탐구이다. 따라서 철학은 피안(彼岸, 현실적으로 존재하지 않는 관념적으로 생각해 낸 현실 밖의 세계)의 세계에 대한 해명일 수 없다. 그 피안의 세계는 단지 사상누각(沙上樓閣, 모래 위에 세운 누각이라는 뜻으로, 기초가 튼튼하지 못하여 오래 견디지 못할 일이나 물건을 이르는 말)으로서 사유(생각)의 일면적이고 공허한 형식주의를 제외하고는 어디서도 존재하지 않는다."

이 구절에서 헤겔은 철학을 "이성적인 것, 그러므로 실재적이고 현재적인 것에 대한 탐구"로 규정합니다. 여기서는 '그러므로'가 특히 중요한 의미를 지녀요. 이성적인 것이 '그러므로'라고 이어주는 말에 의해, 곧 실재적이고 현재적인 것과 동일시되기 때문이죠. 이는 현실이 이성적으로 바뀌어야 함을 의미합니다. 다시 말해서 잡초가 무성한 낡은 폐가(廢家)를 장미꽃이 만발한 아름다운 집으로 다시 짓는 것을 의미합니다.

비유하자면, 진정한 철학자는 이성을 현실에서 피어난 장미로 간주하고 이를 즐깁니다. 헤겔은 이를 다음과 같이 표현합니다. "여기에 장미가 있으니 여기서 춤을 추자." 불교식으로 말하면, 이성적인 것은 현실이라는 진흙밭에서 피어난 연꽃에 해당합니다. 여기서 장미나 연꽃은 '진리'를 의미해요. 곧 이성은 현실의 진리이며, 현실을 역사적으로 구성해 오고 현재에도 구성하고 있는 참된 이치인 거죠.

이러한 이성과 현실의 동일성을 가장 극명하게 보여주는 것이 그 유명한 "이성적인 것은 현실적인 것이고 현실적인 것은 이성적인 것이다."라는 헤겔의 격언입니다. 철학은 공허한 이상이나 당위를 추구하지 않고 이성적인 현실, 다시 말해 "현실 속에서 이성을 실현하는 길을 탐구"한다는 의미죠. 이러한 길 위에서 마르크스의 변혁 철학이 생겨나게 됩니다. 그러니 헤겔 철학은 결코 보수주의 철학이 아니지요.

하지만 그가 프랑스 혁명 시기에 혁명파의 순수주의가 낳은 극단적 테러리즘(terrorism)에까지 동의했던 것은 아니에요. 헤겔은 현실의 진리로서의 이성을 말했을 뿐, 피안의 유토피아적인 이념을 고집하지도 않았고 현실에 안주하는 태도를 고수하지도 않았어요. 그는 "변혁을 위해서라면 역사적 조건도 무시할 정도의 과격한 낭만주의적 테러리즘"과, "역사적 조건을 바꿀 생각조차 없는 보수주의의 기득권 유지"라는 양극단의 태도에서 벗어나기 위해 그 사이에서 긴장된 줄타기를 한 겁니다.

아무리 우리가 현실을 바꾸고 싶어도 생물학적인 조건이나 사회적인 조건을 쉽게 무시해서는 안 됩니다. 영생(永生)을 꿈꾸며 불로초를 구하다가 간교한 도사(道士)에게 쉽게 넘어간 어리석은 진시황(秦始皇)의 이야기가 전해옵니다. 전국을 통일할 만큼 강인하고 현명한 황제가 이렇게 어리석게 변모한 이유는 그가 누구나 죽음을 극복할 수 없다는 생물학적인 조건을 너무 쉽게 무시한 데 있어요. 그는 6국을 병합해서 새로운 역사를 열었기에 자신감이 지나치게 강해져 단순한 사실을 간과해 버린 것이죠. 이렇게 역사적인 조건들을 무시하고 중요한 인물 몇 사람들만 제거하면 쉽게 세상을 바꿀 수 있다는 테러리즘은 현실성을 잃어버린 잘못된 낭만주의가 낳은 정치적인 태도입니다.

그러나 조건은 무조건 바뀌지 않는다고 여겨 잘못된 조건을 바꾸거나 제거할 마음이 없는 것도 마찬가지로 문제가 있는 태도입니다. 이는 전형적인 보수주의자의 행태입니다. 조선 시대에 양반과 상민을 나누는 반상 제도(신분 질서)는 절대 불변의 질서라고 생각했어요. 심지어 개혁군주인 정조도 이런 생각에 충실하였고 대표적인 실학자인 정약용도 이런 생각에서 완전히 벗어난 것은 아니었어요. 그러나 오늘날 우리 사회에서 이러한 주장을 하는 사람은 시대착오적인 사람으로 비웃음을 받을 것입니다. 정치적인 신분은 사라졌지만 경제적이고 사회적인 계급은 여전히 존속하고 있습니다. 과연 이 계급은 영원토록 존속할 조건인가요? 아니면 역사적으로 바뀔 수 있는 조건인가요? 더 나아가 우리가 그 문제점 때문에 바꿔야 하는 조건인가요?

이성과 현실은 같기도 하고 다르기도 합니다. 이 때문에 정치의 색깔이 갈리게 됩니다. 같기 때문에 현실을 바꿀 필요가 없다는 견고한 보수주의가 있는 반면, 같기 때문에 현실 속에서 이성을 실현해야 한다는 현실적인 진보주의도 있게 됩니다. 이성과 현실은 달라서 어차피 이성은 공허한 이상에 불과하고 현실에 안주할 수밖에 없다는 대단히 현실적인 보수주의도 있는 반면에 이성과 현실은 다르기 때문에 현실을 근본적으로 바꾸어 이상을 실현해야 한다는 대단히 근본주의적인 진보주의도 있습니다. 보수주의도 다 같은 보수주의도 아니고 진보주의도 다 같은 진보주의가 아니기 때문에 어떤 사람의 정치적 입장을 해석하는 데 있어 우리는 더 신중해야 합니다. 더 복잡해지는 것은 보수나 진보 자체에도 다양한 스펙트럼이 펼쳐져 있고 그 양 입장 사이에도 더욱 다양한 스펙트럼이 존재한다는 것입니다.

그러나 헤겔 철학은 역사적으로 매우 신중하지 못하게 일면적으로 규정돼 버렸습니다. 그의 철학은 보수주의 성향인 헤겔 우파와 진보주의 성향인 헤겔 좌파의 양 시각에서 극히 반대되는 방식으로 해석되었지요. 하지만 결국 그의 사유 방식인 "현실 속에 핀 장미를 즐기는 태도"는 현실의 역사적 성취와 조건을 모두 고려하는 태도를 의미합니다. 여러분 스스로 헤겔의 정치적 입장과 자신의 정치적 입장에 대해 신중하게 고려해 보시기 바랍니다.

둘, 세계사의 발전은 자유 의식의 진보

헤겔에 따르면 누구도 자기 시대에 뒤져 있을 수 없거니와 그의 시대를 뛰어넘을 수도 없어요. "여기가 로도스 섬이다. 여기서 ('안주하라'가 아니라) 뛰어라."

헤겔은 이러한 도약, 곧 이성의 현실적 실현이 국가에서 구체화된다고 생각했어요. 그런데 이 국가는 현실의 프로이센 국가가 아니라 이성 국가였죠. 곧 헤겔이 추구한 국가는 미래의 이상적인 국가도 아니고 현재의 현실적인 국가도 아니었어요. 이상은 물론이거니와 현실에 안주하는 것도 혐오했던 헤겔에게, 역사의 완성과 이성 국가의 실현은 학문적 인식의 형태를 빌린 미래에 대한 예언이자 바람이며 동시에 현실에 대한 비판이었죠. 다시 말해 '현실을 바꾸어 보려는 의지'였던 거예요.

따라서 그에게 (이성) 국가는 다음과 같은 두 계기의 통일을 의미했어요. 하나는 절대적 · 궁극적 목적인 '자유'의 이념이며, 다른 하나는 이 이념의 수단으로서 생명력 · 운동 · 활동성이 뒷받침된 앎과 의욕의 주체적 측면인 '노동'입니다. 이렇게 보면 국가는 인륜(인간의 윤리)적 공동체이고 자유의 실재이며, 이 두 계기의 '객관적 통일'입니다. 이는 전근대의 수직적 위계질서에 바탕을 둔 공동체적 요소와, 근대의 평등하지만 개인주의적인 요소를 모두 지양하고 있죠. 곧 만인이 자유로우면서도 서로 화해하는 공동체를 이루는 사회, 이것이 헤겔이 꿈꾼 (이성) 국가입니다. 오늘날 샌델, 테일러, 매킨타이어와 같은 정치적 공동체주의자들이 주로 헤겔을 공부한 사람들이라는 점은 헤겔 철학의 이러한 면에서 기인하는 것이지요.

'진실한 것'은 영원히 그 자체이면서도 자각적인 것으로, 어제와 내일이 아니라 절대적 현재라는 의미에서 '지금' 존재하는 것입니다. 이는 이념 속에서는 사라져 버린 듯이 보여도 영원히 소멸하지 않습니다. 이런 점에서 "이념은 현재적인 것"이며 "정신은 불멸하는 것"이라 할 수 있어요. 결국 현재화된 세계의 정신은 선사시대 이후 6,000년에 걸친 역사 시대의 노력의 결과이자, 정신이 세계사의 노동을 통해 이루어 낸 결과나 다름없죠. 따라서 철학은 현재적이고 현실적인 것을 다루어야 하며, 정신은 역사 속에서 모든 계기들을 거쳐야만 해요.

영원에 속하는 정신에게는 본래 주어진 길이란 없기에, 고통스럽지만 현재 속에서 그 모든 계기를 거쳐 나가야 하는 거죠. 부모님들도 여러분에게 더 살아봐야 당신들의 마음을 헤아릴 수 있다고 이야기하는 것을 자주 경험했을 것입니다. 인간은 누구나 다 거쳐야 할 통과 의례가 있어요. 유교는 이를 관혼상제(冠婚喪祭)라는 의례로 나타냈지요. 혹시 지금 겪고 있는 일이 너무나 아프다면 그리고 나중에 아플 일을 겪는 것을 두려워한다면 헤겔의 이 말을 기억해 보세요. 정신은 모든 계기를 거쳐야 성숙해진다는 것을요.

자본시장은 국민국가라는 근대적인 틀을 벗어나 하나로 통합되고 있지만 반면에 기독교 문명과 이슬람 문명의 심각한 대립에서 보듯이 각각의 문명 공동체들은 서로 첨예하게 갈등하는 현재의 이중적 세계화 시대에, 우리에게 헤겔 철학은 여전히 의미 있는 화두(話頭, 참선 수행의 실마리를 일컫는 불교 용어로, 여기서는 골똘히 성찰해 봄직한 생각거리를 뜻함)입니다. 이런 시대적 문제에 공감하는 사람이라면, 아마도 세계사에 대한 헤겔의 철학적 고찰이 우리 시대의 문제점을 해결하는 데 기여하리라는 점은 부인하기 힘들 겁니다.

3 『법철학』과의 대결

 철학적 법학은 법의 이념, 즉 법의 개념과 그의 실현을 대상으로 한다.

- 『법철학』§1

헤겔은 철학이 다루어야 할 대상으로 이념, 즉 플라톤이 말한 이데 아를 언급합니다. 이 이념(Idea)은 보통 관념(idea) 또는 개념이라고 말해지는 것과 구분되어야 합니다. 우리가 흔히 말하는 개념이나 관념은 추상적이고 형식적인 지성의 규정에 불과합니다. 여기서 형식적인 지성이란 보통 영어로 언더스탠딩(understanding)을 뜻합니다. 언더스탠딩은 상식적인 지적 활동입니다. 상식적인 지적 활동은 먼저 구분을 시도합니다. 이것은 먹을 수 있는 것, 저것은 먹을 수 없는 것 하는 식으로 구분합니다. 그리고 이 구분한 것들을 고정된 것으로 파악하여 둘 사이의 관계를 묻지 않습니다. 좀비가 우리에게 두려움을 주는 이유가 뭘까요? 좀비는 살아 있다는 개념과 죽어 있다는 개념의 고정화되고 안정적인 구분에 도전하기 때문입니다. 좀비는 살아 있다고도 말하기 어렵고 죽어 있다고도 말하기 어렵습니다.

좀비가 무서운 것은 이런 상식적인 구분을 깨뜨리기 때문이지요. 이런 기존의 개념들의 한계를 넘어 좀비를 규정하려고 시도하는 것이 (절대) 이성입니다. 헤겔의 철학을 이해하려면 이처럼 낮은 단계의 형식 지성(우리의 상식적이고 과학적인 지적 능력)과 높은 단계의 이성(우리의 고차원적인 지적 능력)을 구분해야 합니다. 낮은 단계의 형식 지성(보통 철학 책에서는 오성이라고 번역됨)에 의해 파악하는 대상이 관념이며 개념입니다. 이 관념과 개념은 구분된 것으로 고정화되며 추상적인 것입니다. 이런 개념들을 다루는 학문이 현대의 수학과 과학 논리의 기초가 되는 형식 논리에 해당합니다. 따라서 이것은 살아 있는 것을 파악하는 데 적합하지 않습니다. 살아 있다는 것은 늘 변하기 때문입니다. 이 변화 전체를 파악하려는 지적 능력이 이성입니다.

이성은 살아 있는 것의 개념이 끝없이 변해 가는 과정(개념이 다양한 현실 존재로 나타남)을 전체적으로 파악하려고 합니다. 이 개념의 운동과 이 운동을 통해 개념이 실현된 것을 이념이라고 부릅니다. 이 이념은 운동을 통해 실현된 것이기 때문에 영원불변의 플라톤의 이데아와 다르게 역사적입니다. 이 이념을 파악하는 논리가 변증법이지요. 변증법은 형식 논리(데카르트의 합리론)처럼 형식만을 강조하는 것도 아니고 경험론(로크)이나 실증주의처럼 내용을 수동적으로 받아들이는 것만을 강조하는 것도 아닙니다. 이러한 합리론과 경험론의 각각의 일면성을 해소하기 위해 칸트 철학처럼 형식과 내용의 관계를 고찰하려는 종합적인 경향이 등장하기도 합니다.

그러나 칸트 철학에서는 여전히 그 관계는 외면적인 것에 불과합니다. 이 지점에서 헤겔의 변증법의 철학사적 의미가 있습니다. 변증법은 합리론과 경험론의 진정하고 역동적이며 종합적인 통일입니다. 인간의 영혼과 육체가 긴밀하게 결합해야 인간이 존립하듯이 변증법에서도 형식과 내용이 긴밀한 연관관계를 형성하고 있습니다. 개념은 현실 속에서 다양하게 나타납니다. 개념과 이 현실 존재는 인간의 영혼과 육체에 비유됩니다. 영혼과 육체의 통일이 인간의 이념인 것처럼 개념의 형식과 그 내용이 통일이 이념입니다. 그래서 변증법은 개념의 운동을 서술함으로써 역사 속에서 실현된 이성을 파악하기에 적합한 고차원적인 논리입니다.

이를 법과 관련해서 말하자면 법의 개념과 그의 현실 존재의 통일이 법의 이념입니다. 이로써 헤겔은 단순히 고정된 현실을 수동적으로 파악하는 것이 아니라 현실을 그 이념에 비추어 그 현실 속에서 이념을 실현하고자 하는 그의 변화에 대한 열망을 보여줍니다. 헤겔의 철학은 추상적이고 이론적인 학문이 아니라 역사와 현실을 파악하고 그 속에서 실현된 이념을 드러내고자 하는 실천적인 열정의 철학입니다. 이는 그가 프랑스 대혁명의 정신 속에서 학문적 비전을 키워 온 결과입니다. 이 헤겔의 법철학과 변증법은 절대정신을 강조하는 관념론적 경향 때문에 비록 마르크스에 의해 비판받기는 하지만 그의 코뮌주의 변혁 사상에 지대한 기여를 합니다.

절대적인 자유의지의 이념이 단계적으로 발전해 나가는 순서를 보면

1) 직접적인 추상 개념으로서의 의지. 인격성과 의지의 현존재인, 직접 눈에 보이는 외적인 물건-추상적인 또는 형식적인 법(권리)의 영역. (……)

2) 외적인 물건에서 자체 내로 반성, 즉 자기 자신으로 복귀한 의지. 공동성에 반하는 개별성의 규정된 의지―도덕성의 영역. (……)

3) 이 두 개의 추상적 요소의 진정한 통일―완전무결한 공동성(보편성) 속에 실존하는 이념. 인륜성. (……)

그러나 인륜적 실체는 다시금 셋으로 나누어진다. ① 자연적 정신-가족. ② 분열상태의 정신-시민사회. ③ 특수한 의지의 자유로운 자립성 속에 공동의 자유와 객관적인 자유를 보장하는 국가. ㉠ 이러한 한 국민의 현실적이고 유기적인 정신은 ㉡ 갖가지 특수한 국민정신과의 관계를 거쳐 ㉢ 세계사 속에서 보편적인 세계정신으로 실현되고 계시된다. 이 보편적인 세계정신의 권리가 최고의 법이다.

— 『법철학』 § 33

헤겔의 철학을 이해하는 데 중요한 구분은 자연 상태, 분열 상태, 통

일 상태입니다. 이를 어려운 말로 즉자(자각 없는 자연적인 그 자체), 대자(자각했지만 분열), 즉자대자(자각 있는 통일)라고 합니다. 즉자란 자신에 즉해 있는 상태로서 아직 정신이 깨어나지 않고 자연스러운 그대로의 존재 상태이지요. 즉자는 발아하지 않은 씨앗에 비유할 수 있습니다. 즉자란 소질, 능력을 뜻하는 잠재태(아리스토텔레스는 이를 디나미스 dynamis라고 했고 나중에 스콜라 학자들이 라틴어로 포텐치아potentia로 번역함)입니다. 이는 필연성이 지배하는 자연적 실체성으로서 미분화된(개별적 자기의식이 없는) 비자각적 단계입니다. 반대로 대자란 자신을 의식하기 때문에 자기 자신과도 대립하며 다른 것과도 대립하게 되는 분열의 상태입니다.

대자는 자신을 자각하기는 하지만 아직 원자화된 상태로 고립적으로 존재하는 로빈슨 크루소 같은 개인들의 분열적이고 투쟁적인 상태입니다. 대자는 씨앗이 발아해서 싹이 튼 상태에 비유할 수 있어요. 이것이 현실태(아리스토텔레스는 이를 에네르게이아energeia라고 했고 나중에 스콜라 학자들이 라틴어로 악투스actus로 번역함)입니다. 대자는 자유의식으로서의 자기의식이 생겨나는 자각적 단계이긴 하지만 아직은 분리된 특수성만 존재하는 불완전한 단계입니다.

그래서 이 고립된 자신은 자신의 독립성을 유지하면서도 다시 다른 것과의 관계를 통해 공동성으로 존재하는 상태에 도달해야 합니다. 이것이 즉자대자입니다. 즉자대자는 추상적인 보편성에 머물고 있는 즉자와 고립된 개별성에 머물고 있는 대자의 통일입니다. 비유하자면 씨앗이라는 즉자가 싹이라는 대자가 되어 다시 열매라는 즉자대자에 도달합니다. 그래서 즉자는 자연 상태이고 대자는 분열 상태이고 즉자대자는 통일 상태입니다.

이때 통일이라는 것은 추상적 보편성과 고립된 개별성의 진정한 공동성입니다. 다시 말해서 획일적인 같음으로서의 추상적인 통일이 아닙니다. 이렇게 즉자와 대자의 통일, 즉 즉자대자는 필연성과 자유, 보편성과 특수성, 공동체와 개인의 통일로서의 구체적 보편성입니다. 처음에는 즉자의 추상적 보편성이 개념의 운동을 통해서 나중에는 즉자대자의 구체적 보편성으로 나아간 것입니다. 즉자인 자연 상태로부터 대자인 분열 상태로, 다시 이 둘의 통일 상태로 나아가는 것을 헤겔은 발전이라고 부릅니다. 이것이 유명한 변증법적 발전입니다. 그런데 씨앗이 열매가 된 것은 발전이지만 열매는 다른 형태의 씨앗일 뿐입니다. 결과는 이미 시작에 내포되어 있습니다. 따라서 변증법적 발전은 단순한 직선적인 역사관과는 다릅니다.

정치적으로 말하면 고대의 폴리스는 아름다운 공동성은 있지만 개인의 자각이 결여되어 있었지요. 그래서 노예제가 인정된 것입니다. 그러나 근대의 시민사회는 아름다운 공동성이 해체되고 이기심으로 서로 분열되고 찢겨진 대중사회가 되지요. 대중이란 원자화된 개인들의 집합으로서 모래알처럼 존재할 뿐 끈끈한 공동의 관계가 없습니다. 고대의 폴리스는 개인의 자각이 없는 추상적인 공동성(보편성)을 의미하고 근대의 시민사회는 분열되고 고립된 개별성(특수성)을 의미합니다. 이 둘의 통일이 헤겔이 말하는 이성 국가입니다.

즉자와 대자 사이의 관계에서 어떤 새로운 내용이 생겨나는 것은 아닙니다. 하지만 이 둘 사이에 놓인 형식에는 엄청난 차이가 있어요. 이 구별을 중심으로 세계사에 등장하는 모든 구별이 행해지게 되지요. 예컨대 인간은 누구나 이성적입니다. 이 이성적인 면을 형식적으로 본다면 인간은 자유로운 존재이며, 이것이 인간의 본성이기도 합니다. 그럼에도 불구하고 여러 민족이 노예 제도를 소유하였고 일부는 아직도 그런 상태를 유지하면서도 만족스럽게 생각하기도 합니다. 따라서 동양과 서양을 가르는 유일한 차이는 서양은 스스로 자유롭다는 것을 알고 이를 자각했다는 사실입니다. 이러한 이유로 동양은 역사상으로 즉자(자연적 실체성)에, 서양은 대자(자각적 분열 상태)에 있는 것으로 헤겔은 보게 됩니다. 이 둘의 통일인 즉자대자는 열매가 씨앗과 다른 것이 아니듯 즉자와 다른 것이 아닙니다.

변화한다는 것은 실존하는 것으로 이행하면서도 동시에 그 본래의 상태를 유지하는 것입니다. 씨앗(출발점)이 열매(종착점)로 맺힙니다. 씨앗이 다시 씨앗으로 복귀한 것입니다. 하지만 자연 사물의 경우에는 이처럼 처음 시작점(최초의 씨앗, 부모)과 종결점(열매로서의 씨앗, 자식)이 별도의 두 개체입니다. 반면에 정신에서는 처음(즉자적인 의식)과 끝(즉자대자적인 의식)이 하나로 귀착되는 까닭에 이 테두리 안에서 정신은 자유롭지요. 정신의 발전은 본래적인 자기의 상태를 벗어나서 자기를 전개, 개진하면서 동시에 자기에게로 귀환하는 것입니다.

법과 관련해서 말하자면 이러한 정신 즉 자유의지의 자연 상태가 추상법에 해당합니다. 왜냐하면 이 자연 상태는 아직 추상적인 인격에 머물고 있어서 이 추상적 인격에 기초하여 외적인 물건에 대한 소유와 계약이라는 법적 형태로 나타나기 때문입니다. 이 추상적 인격이 자신을 자각하는 상태로 변하지만 아직 이 자각이 고립된 개별성에 머무는 단계가 도덕성이지요. 도덕성은 내면화된 의식으로서 양심을 자각합니다. 이 양심은 내면적인 선으로서 외적인 현실과 분열됩니다. 따라서 도덕성은 개별화된 주관적인 법의 형태입니다. 이 추상적인 두 요소인 추상법과 도덕성의 통일이 인륜성입니다. 인륜성은 공동체의 윤리적 실현이지요. 헤겔식으로 표현하면 인륜성은 이성적인 생각의 활동에 의해 얻은 선(善)의 이념이 자체 내로 반성, 즉 복귀한 의지 속에 실현되는 동시에 외면적인 세계에게도 실현됩니다. 실체인 자유는 현실의 필연성으로 존재하고 동시에 주관적인 의지로도 존재합니다. 이것이 완전무결한 공동성입니다. 헤겔은 이를 구체적 보편성이라고도 부릅니다. 이 완전무결한 공동성이 인륜성인 것이지요.

이 인륜성은 다시 세 단계로 나누어집니다. 인륜성의 자연 상태가 가족이고 분열 상태가 시민사회이며 이 둘의 통일 상태가 국가입니다. 국가는 한 국민의 현실적인 정신이자 유기적인 정신입니다. 유기적이라는 말은 사회계약론의 기계적이라는 말에 대립합니다. 왜냐하면 사회계약론은 개인이라는 부품들이 모여 국가라는 기계를 구성하게 되는데 이는 유기적인 관계와는 달리 외적인 관계가 주를 이룹니다. 이 외적 관계를 이어주는 끈이 계약이지요. 그래서 계약은 공동체적인 연대(連帶)와는 달리 끈끈하지 않습니다.

이런 점에서 헤겔이 말하는 국가는 사회계약론의 국가를 넘어선 것입니다. 사회계약론은 진정한 국가가 아니라 아직 분열된 시민사회에 불과한 것이지요. 그래서 사회계약론과 궤를 같이 하는 자유주의 경제학에서 국가는 부정적인 것으로 취급받게 됩니다. 그래서 국가는 시민사회에 간섭하지 않은 최소국가가 되어야 하지요. 개인의 자각과 독립성을 유지하면서도 서로 공동성 속에 실존하는 것은 결코 쉬운 작업의 결과가 아닙니다. 개인과 공동체의 진정한 통일이 이성 국가이지요. 이는 부단한 세계사적 노동의 과정을 통해 얻어진 것이라고 할 수 있어요.

이런 점에서 헤겔의 이성 국가는 결코 그 당시의 프러시아 왕국을 긍정한 것이 아닙니다. 헤겔은 프러시아의 어용 철학자가 아니라는 뜻이지요. 즉 현실 국가를 이성 국가로 인정한 것이 아닙니다. 거꾸로 이성 국가가 현실 속에서 실현되어야 함을 의미합니다. 만약 현실을 이성적인 것으로 정당화한다면 이는 보수의 논리에 불과합니다. 이를 강조하는 헤겔의 제자들을 헤겔 우파라고 부릅니다. 반면에 현실을 이성으로 변혁하려고 시도하는 헤겔의 제자들을 헤겔 좌파라고 합니다. 그래서 마르크스는 헤겔 좌파에 속합니다.

한 국민(민족)의 현실적이고 유기적인 정신으로서의 국가는 다른 국민국가들과의 관계들을 경험하면서 세계사의 과정 속에서 세계정신으로 실현됩니다. 즉 개별성을 지닌 국가가 보편성을 지닌 세계정신으로 발전한 것입니다. 이 세계정신의 권리가 최고의 법입니다. 이 세계정신은 자유가 가장 구체적인 형태로 드러난 것입니다.

오늘날 자본 시장의 세계화는 개별 국가의 규제로부터 벗어났기 때문에 이를 구속할 아무런 정치적 기구가 존재하지 않는다는 문제점을 지니게 되지요. 이는 자본의 유동성은 매우 높아진 반면 이를 제어할 브레이크가 존재하지 않는다고 할 수 있어요. 헤지펀드와 같은 단기자본의 투기적 모험성을 견제할 정치적 조직이 없는 것이지요. 이런 문제가 전 세계의 금융 불안정과 경제 불안정의 원인이 됩니다. 미국의 금융 중심지인 월가를 부시 정부가 신자유주의 정책을 통해 규제하지 않으면서 야기된 2008년 미국발 세계금융위기에서 이런 문제점이 극에 도달합니다. 이때 금융 부문이 부실해지자 이를 세금으로 메워준 미국 정부와 유럽 정부들의 문제가 2011년에는 재정 위기로 나타나게 되지요. 이는 세계 경제가 흔들리고 있다는 뜻입니다. 이런 세계화의 문제점을 치료할 하나의 방책을 우리는 세계정신으로서의 세계정부라는 헤겔의 비전에서 찾아볼 수도 있어요.

한편 국가의 법은 세계정신의 절대 진리에 다음 가는 자리를 차지하게 됩니다. 이로써 세속의 세계는 정의와 법의 이성적인 상태로 나아갑니다. 이때 시민사회의 분열상이 해소됩니다. 이제 현존하는 세계는 그 미개함과 불법적인 자의를 버리고, 기독교의 진리는 그 이상적인 성격과 폭력성을 내버리고 참다운 화해가 이루어집니다.

오늘날 우리 사회에서 다른 종교의 중요한 상징들을 훼손한다든지 정치적으로 장악력을 높이려고 선거에 지나치게 개입한다든지 교회를 세습화하고 사유화함으로써 사회 통합보다는 사회 분열에 기여하는 일부 기독교 지도자들의 비이성적인 행태가 벌어지고 있지요. 헤겔이 진단한 것처럼 이러한 부정적인 행태는 기독교의 인사들이 지나치게 기독교의 진리를 이상화하여 폭력성을 키워온 데 있어요. 이상주의는 현실의 조건을 무시하고 현실을 자기 식대로 바꾸려는 테러리즘에 빠지기 쉬워요. 그래서 헤겔은 기독교의 진리와 현실과의 화해를 모색하는 것입니다.

정의와 법의 이성적인 상태로 나아간 국가는 이성에 어울리는 모습을 하고 이성을 현실화합니다. 이로써 근대 시민사회의 분열된 소외가 극복됩니다. 개별적이고 추상적인 자유는 기만적인 자유에 불과합니다. 개인과 공동체의 통일로서의 국가의 법 체제가 진정한 자유의 실현입니다. 나만 자유롭고 다른 사람들이 억압받고 있다면 이는 진정한 자유의 실현이 아니라는 뜻이지요.

철학의 이정표 세우기

『정신현상학』
랄프 루드비히 지음, 이학사, 2002

누구나 '헤겔' 하면 변증법을 떠올릴 만큼, 변증법은 헤겔 사상의 핵심으로 다른 사상가들에게 커다란 영향을 끼쳤다. 『정신현상학』은 이러한 변증법적 과정을 통해 '의식이 진리를 향해 운동해 가는 과정'을 대학생의 눈높이에서 설명한 책이다. 특히 헤겔의 삶과 시대가 잘 정리되어 있어, 그의 철학이 어떤 시대적 배경 아래 탄생했는지 쉽게 알 수 있다. 또 헤겔 사상을 대표하는 '변증법'과 '절대정신'이 어떻게 그의 사상에 녹아 있는지, 과연 절대정신을 향해 가는 단계는 무엇인지도 자세히 설명하고 있어 그의 철학을 이해하는 데 큰 도움을 준다. 『정신현상학』을 통해, 난해하기로 유명하지만 교과서나 교양 부문 필독서에 빠지지 않고 등장하는 '헤겔 철학'에 도전해 보기 바란다.

『역사 속의 이성』
게오르그 헤겔 지음, 임석진 옮김, 지식산업사, 1992

이 책은 헤겔이 쓴 책 가운데 가장 쉽게 읽을 수 있으며 그의 철학의 입문서로 적합한 책이다. 원래 『역사철학강의』의 서론에 해당한다.

헤겔은 자신의 시대를 분열되고 해체된 시대라고 부른다. 이 경향은 그의 시대보다 훨씬 오늘날에 더 심각해지고 있다. 이러한 시대 인식 속에서 그는 정신이 스스로 해체되어 따로 존재하는 듯이 보이는 정신의 요소들의 공통된 지반을 근거 짓고자 한다. 그는 이 찰나적인 요소들이 운동하면서 해체되는 가운데서 정신의 본질이 나타난다고 생각한다. 그는 각각의 요소들이 스스로 전진해 나가면서 분열하고 해체하는 운동을 정신이 자기 자신으로 귀환하는 과정으로 본다. "자체 내로 복귀해 가는 과정을 통하여 비로소 정신은 본래의 참다운 정신이 된다." 이러한 정신의 자기 귀환 운동을 민족이나 지역의 역사가 아니라 세계사의 운동으로 본 점에서 그의 사상적 위대함이 나타난다고 할 수 있다. 절대정신은 결코 게르만 민족만의 정신이 아니다. 그것은 세계의 정신인 것이다. 이는 시장만 하나가 되고 각각의 문명공동체들끼리는 갈등하는 현재의 이중적 세계화 시대에서 우리에게 분열이 아닌 화합의 정신을 지시하고 있다고 할 수 있다. 현 시대적 문제점에 공감하는 사람이라면 비록 거대 담론에 대한 거부감이 있다 하더라도 헤겔의 세계사에 대한 철학적 고찰이 우리 시대에 의미 있는 연구라는 점은 부인하기 힘들 것이다.

헤겔이 세계사를 통해 말하는 자유는 개인의 자유만이 아니라 인류 공동의 자유이다. 세계사는 정신이 이를 실현해 나가는 과정에 대한 서술인 것이다. 여전히 세계의 80%의 인류가 빈곤과 질곡에서 벗어나지 못한 상황에서 역사를 이런 식으로 자유 의식의 진보와 실현 과정으로 보는 헤겔의 철학은 시사해 주는 의미가 분명히 있다. 그의 한마음의 실현으로서의 세계사는 이러한 빈곤과 질곡에서 벗어나 인류 공동의 자유를 실현하라는 당위적 원칙을 제시해 주고 있다. 사랑이 과학적으로 경험되지 않는다고 해서 인간 사회나 개인에게 사랑이 중요한 의미가 없다고 할 수 없다. 아니면 사랑을 중추신경계의 생화학적 과정으로 환원한다고 해서 그 의미가 줄어드는 것도 아니다. 마찬가지로 정신이 개인들의 심적 기능이라고 정의한다고 해서 시대정신이 사라지는 것도 아니고 무의미한 것도 아니다. 시대정신이 그러하다면 보편적 윤리 정신도 마찬가지일 것이다. 헤겔의 한마음(절대정신)에 관한 담론을 유령으로 보고 있는 현대의 과학적 시대정신 속에서 우리는 공동 윤리적 한마음의 귀환을 목도하고 있다. 현실 공산주의의 몰락은 '역사의 종말'이 아니라 이러한 한마음의 귀환이 시작되었음을 알리는 징표에 불과하다. 여전히 한마음의 역사는 진행 중에 있다.

4부

내가 살아가는
세계를 바꾸는 진정한 힘

Karl Marx
1818 ~ 1883

John Rawls
1921 ~ 2002

1.
억압과
착취의
사회를
바꿔 바꿔!

| 마르크스, 관념에 머물지 말고 행동하라

1 철학의 프로메테우스, 마르크스의 삶

슬 마시고 싸우며 낭비벽이 심한 대학생, 연애에 빠져 시를 쓰며 시간을 보내다.

1836년 카를 마르크스(Karl H. Marx, 1818~1883)는 독일의 문화와 교육의 중심지인 베를린(Berlin) 대학으로 옮깁니다. 그 전년도에 입학한 본(Bonn) 대학에서 그는 '청춘의 아름다워'식으로 매우 낭만적인 생활을 합니다. 이런 생활방식은 그 당시 독일 대학생들의 전형이었죠. 그는 헤겔의 철학만 공부한 것이 아니라 똑같이 절도 없는 학창 시절까지 모방했네요. 사상을 배우면 행동까지 닮게 되나 보지요. 행동은 개차반에 가깝지만 학업은 열심히 하는 이중적인 태도를 말하는 것입니다. 마르크스도 표면적으로는 아버지의 직업을 이어받기 위해 법학을 공부한다고 했어요. 아버지는 고향인 트리어 시에서 시변호사협회장을 맡을 정도로 저명한 법률가셨지요. 마르크스는 본 대학에서 한 학기에 7개의 강의를 들을 정도로 학문에 열성적이기도 했어요. 그러나 그는 트리어 출신 학생들의 우두머리 노릇을 하며 지나친 음주와 소란을 벌여 대학

유치장에 갇히기도 합니다. 이런 생활 때문에 낭비가 심해 빚을 많이 집니다. 이를 보다 못해 아버지는 아들이 베를린 대학으로 옮겨야 한다고 결정한 것이지요.

카를 마르크스는 독일 모젤 강가의 조용하지만 가장 오래된 상업 도시인 트리어 시에서 1818년 5월 5일에 태어납니다. 그의 아버지인 하인리히 마르크스는 유대교의 선생인 랍비를 많이 배출한 가문 출신으로 개신교로 개종하고 성공한 법률가이고 그 어머니도 마찬가지로 랍비의 계보를 지닌 가문 출신입니다. 아버지가 개신교로 개종한 덕분에 그 가족은 폐쇄적인 유대인 공동체에서 벗어나 자유로운 삶을 누리고 동시에 변호사로 성공한 덕분에 수입이 넉넉해서 비교적 안락한 생활을 합니다. 그러나 유대인이라는 출신 성분은 그에게 프로메테우스 신처럼 살라는 운명과 같은 것이 됩니다.

마르크스의 학교 성적은 그의 비범한 지적인 능력에 비해 특출한 편이 아니었어요. 그냥 평균 이상 정도에 불과했지요. 수학 성적에 낙제점을 받은 니체의 경우에서 알 수 있는 것처럼 학교 성적이 나쁘다고 해서 좋은 철학자가 못 되는 것은 아닙니다. 성적이 나쁜 것이 문제가 아니라 어떻게 살겠다는 뜻을 세우지 못한 것이 문제일 뿐입니다. 그런 그에게 지적으로 영향을 준 것은 학교 공부라기보다는 프랑스 고전문학과 그리스 시인들 그리고 셰익스피어의 작품들입니다. 자유의 시인인 하이네를 추종하는 아버지와 함께 프랑스 고전문학을 읽었고, 그의 장인이 될 명문 귀족인 루트비히 폰 베스트팔렌 남작과 함께 숲 속을 거닐며 그리스 시인들과 셰익스피어의 작품들을 접했습니다. 학교 공부는 베버 식으로 말하면 채소를 사고 파는 것에 불과합니다. 역시 고전이 근원적으로 생각하는 힘을 키워주는 것입니다.

■
제우스 신의 명령을 거부하고 인간에게 불을 갖다 주어 코카서스 산 바위에 묶여 독수리에게
간을 계속 쪼아 먹히는 형벌을 받게 된 프로메테우스 신은 마르크스에 의해 "철학의 달력에서
가장 탁월한 성인이자 순교자"의 전형으로 간주됩니다. 그런데 착취와 억압의 세상을 바꾸기
위해 기득권을 버리고 스스로 고난을 택한 마르크스 자신이 바로 현대의 프로메테우스이지요.

이 시절 그는 기독교를 윤리학으로 생각할 정도로 독실한 기독교 신
자였다고 합니다. 철학자와 시인 사이에서 고민했던 젊은 시절, 그는 신
비, 동경, 꿈, 밤의 사랑, 창백한 처녀 등을 주제로 시를 쓰기도 했죠. 이
러한 시적인 문학성 외에도 루트비히 폰 베스트팔렌 남작은 또한 푸리
에(Fourier)와 생 시몽(Saint Simon)과 같은 유토피아적 사회주의 사상가

들을 소개하며 사회 현실에 관해서 청소년 시절의 그를 일깨워줍니다.
여러분 자신도 일깨움을 받은 사람이나 책이 있나요?

당시의 베를린 대학은 헤겔 철학이 지배하고 있었습니다. 이 분위기
의 영향을 받아 마르크스는 법학에서 철학으로 전향하며 청년 헤겔학
파이자 철학과 정치의 아방가르드(실험적인 전위부대)인 박사 클럽에 가
입합니다. 법학을 버리고 철학에 빠져 술로 고뇌를 달래는 아들을 아버
지는 탐탁하지 않게 봤던 것 같아요. 실제로 마르크스는 활발한 정치 활
동 외에도 1836년 18세에 자신보다 네 살 많은 예니 폰 베스트팔렌과 비
밀리에 약혼을 하지만 이 결혼을 반대하고 이를 빌미로 철학 전공을 완강
하게 반대하는 아버지로 인해 내적 갈등도 많이 겪습니다. 이러한 격정에
찬 생활로 돈을 많이 쓰다 빈번히 빚을 지게 되어 여러 번 고소당하고 사
는 곳을 열 번이나 옮기게 됩니다. 빚쟁이 마르크스, 상상이 잘 안 되지만
그도 그 번민의 세월을 술이 아니면 이겨내지 못했을 것입니다.

이런 와중에도 1838년 아버지가 돌아가시고 갈등의 근원이 사라지
자 1841년 「데모크리토스와 에피쿠로스의 자연철학의 차이」라는 박사
논문을 예나대학교에 제출하여 학위를 취득합니다. 그러나 정치적으로
급진주의자이고 출생이 유대인인 그를 기다린 것은 교수의 자리가 아
니라 지식인 실업자의 자리입니다. 요즘 우리 대학생의 모습과 비슷하
게, 아니 더욱 절망적이게도 그의 미래는 암울하였지요. 그래서 그의 철
학은 절망하는 젊은이들을 일깨우는 역할을 할 수 있나 봅니다.

그나마 1842년 쾰른에서 자유시민그룹이 창간한 《라인 신문
Rheinische Zeitung》에 정치 기자로 취직 후 얼마 안 있어 편집자로 승진하
여 금전적으로 여유가 생긴 그는 오랫동안 미뤄온 예니와의 결혼식을
올립니다. 그러나 이 신문은 프로이센 정부와 심한 갈등을 빚다 이듬해

■
좋은 친구들이야말로 인생 길의 중요한 동반자들이라는 사실을 마르크스와 엥겔스의 우정에서 잘 알 수 있어요. 정규직을 한 번도 가져보지 못한 마르크스의 재능이 꽃이 피고 사상적 열매를 맺을 수 있었던 것은 엥겔스의 평생에 걸친 우정에 찬 물질적 지원과 둘이 함께 한 공동 작업 덕분입니다.

폐간됩니다. 편집인인 마르크스 자신은 구속의 위험이 다가오자 파리로 망명할 수밖에 없었지요. 그의 첫 망명지인 파리에서 1844년 그 유명한 『파리 수고』로 알려진 『경제학 철학 수고』를 완성할 무렵, 운명처럼 마르크스는 엥겔스를 만나게 되어 역사적인 공동 작업을 시작합니다. 늘 불행은 행운과 더불어 온다는 것을 여기서도 알 수 있지요.

죽을 때까지 마르크스의 친구이자 동반자로 남았던 엥겔스(F. Engels, 1820~1895)는 생전의 그에게 경제적 후원은 물론, 그가 죽은 뒤 글을 모아 책을 내는 등 마르크스의 사상을 끝까지 지켜준 인물로 평가받고 있습니다. 이러한 우정 덕분에 마르크스는 정규직을 한 번도 제대로 가져보지 못한 상황에서도 사상적 혁명을 이룰 수 있었고, 자신의 사후(死後)에 일어난 거대한 정치 운동의 사상적 토대가 될 수 있었죠.

그러나 이듬해 프랑스 정부로부터 추방 명령을 받아 브뤼셀로 망명하지만 그는 연구를 멈추지 않고 철학의 과제를 규정하려고 시도합니다. 이의 결실로 그는 철학이 더 이상 세계를 해석하는 데에 멈추지 말고 변화시키는 활동이 되어야 한다고 선언한 『포이어바흐 테제』를 출판합니다. 이 시기에 그는 엥겔스의 도움으로 행복한 공동체를 이루고 이를 바탕으로 해서 공동으로 강도 높은 지적인 작업을 하게 됩니다. 이런 작업은 『독일 이데올로기』로 그리고 『코뮌주의자 선언(1848년 공산당 선언)』으로 결실을 맺게 됩니다. 이 덕분에 프로이센 정부와 프랑스 정부의 탄압으로 이듬해 브뤼셀을 떠나 또다시 런던으로 망명하게 됩니다.

런던에서 그는 끔찍한 궁핍을 맛보게 됩니다. 이로 인해 막내인 귀도, 장남 에드가, 셋째 딸 프란체스카를 차례로 잃게 되고 이런 상황에서도 몸을 아끼지 않고 밤낮으로 연구함으로써 그 자신의 건강 또한 악화되어 극심한 간염과 악성 종기, 관절염과 치통 및 탄저병으로 고생합니다. 그러나 이런 경제적 궁핍과 치명적인 병마도 그의 연구에 대한 열정을 가라앉게 하지 못했지요. 진정한 자유를 얻기 위해서는 엄격한 진리가 필요하다는 것을 그가 잘 알았기 때문입니다. 이러한 진리의 발견에 그의 엄청난 지적인 재능이 기여할 수 있음도 그가 잘 알았기 때문이지요.

이런 그의 재능이 꽃피는 데에는 그의 친구인 엥겔스의 역할이 지대합니다. 마르크스는 런던 생활 동안 한 번도 보수를 받고 고용되어 본 적이 없었습니다. 하지만 1849년 런던 망명 이후 엥겔스는 자신이 쓰고 남은 돈은 모두 마르크스에게 보내고 자신이 아버지 공장의 경영인이 되자 회사 경영의 어려움에도 불구하고 친구에게 충분한 후원금을 보내는 등 1883년 마르크스가 죽을 때까지 35년을 한결같이 물질적인 지원을 합니다. 엥겔스의 이러한 물질적 지원과 그와의 공동 작업을 통해 마르크스는 그의 대작인『자본론』1권을 1867년에 세상에 내놓게 됩니다. 그리고 그가 미완성 초고의 형태의 남겨놓은『자본론』2권과 3권을 엥겔스가 정리해서 출판합니다. 마르크스보다 두 살 어린 엥겔스는 마르크스 생전에는 그를 경제적으로 지원하고 사후에는 학문적으로 그의 사상을 널리 알리다 1895년에 사망합니다. 여러분도 엥겔스와 같은 친구를 얻기보다 엥겔스와 같은 친구가 돼보려고 해보세요.

2 관념에 머물지 말고 행동하라: 마르크스의 실천 철학

카를 마르크스는 니체(Friedrich W. Nietzsche, 1844~1900)와 프로이트 (Sigmund Freud, 1856~1939)와 더불어 현대 사회를 이해하는 틀을 결정적으로 바꾼 사상가입니다. 그는 있는 것을 단순히 이해하는 데에 만족하지 않았어요. 있는 것 속에서 문제점을 인식하고 이를 바꾸기를 원했죠. 그는 기존 사회에 대한 비판적 해석뿐만 아니라 새로운 사회를 건설하려는 운동에도 막대한 영향을 끼쳤습니다. 그의 사상과 삶은 '관념에 머물지 말고 행동하라'는 결코 쉽지 않은 이야기를 실천한 모범이라 할 수 있죠.

마르크스는 혁명적인 사상가이며 전통 철학과 가치의 전도(顚倒, 차례, 이치, 가치관 등이 뒤바뀌어 원래와 달리 거꾸로 됨) 및 창조적인 미래의 철학과 가치를 제시하려고 했을 뿐 아니라, 만인이 자유로운 사회를 모색하기 위해 삶의 열정을 불태운 사람이었지요. 그는 사상의 등대를 세워, 방향 감각을 상실한 채 표류하고 있는 현대인에게 올바른 삶의 방향을 알려주려 한 것입니다.

그의 혁명적인 사상은 거짓된 의식의 안개 속에서 살아가는 사람들에게 생생한 삶의 현실을 보여줍니다. 그는 이미 박사학위 논문에서 모든 천상의 신과 지상의 신들을 환상의 산물로 봅니다. 그의 말대로 "종교는 인민의 아편"입니다. 아편은 진짜 행복이 아니라 가짜 행복을 줄 뿐입니다. 이 가짜 행복은 그래서 중독을 낳습니다. 중독된다는 것은 자신의 주체성을 잃어버린다는 뜻이지요. 자기가 하고 싶지 않아도 중독이 되면 안 할 수가 없어요. 그래서 아편이 무서운 법이지요. 여러분에게 아편은 무엇인가요? 마르크스는 그 시대의 아편을 종교라고 규정했어요. 보수적인 교회가 서민이나 민중의 편에 서지 않고 기득권을 위해 서민이나 민중을 속이는 것을 보고 그는 매우 분노하였지요. 이 구호는 현실에서 고통받는 사람들에게 가짜 행복으로 위안을 주고 이 위안을 통해 부당한 현실을 정당화하는 그 당시 종교의 문제점을 지적한 것입니다.

이런 기만적인 환상을 제거하고 인간을 인간답게 하기 위해 노력하는 자는 비극적인 운명에 처할 수밖에 없습니다. 이런 이유로 마르크스에게는 제우스의 명령을 거부하고 불을 인간에게 갖다 준 프로메테우스 신이야말로 "철학의 달력에서 가장 탁월한 성인(聖人)이자 순교자"의 전형이 됩니다. 그 신은 이 일로 인해 코카서스 산 바위에 묶여 독수리에게 간을 계속 쪼아 먹히는 형벌을 받게 됩니다. 사실 마르크스와 그 아내의 인생이야말로 특권층의 기득권을 스스로 버리고 고통스럽게 망명지를 떠도는 삶을 산 현대의 프로메테우스입니다.

이처럼 사회와 인간으로부터의 소외를 극복하는 방법을 알려주는 동시에, 그의 철학은 바람직한 사회상과 인간상을 제시하고 있죠. 인간이 주인 되는 과학적 사회주의 사회를 세우려 했던 마르크스는 자신의 사상을 관철시키기 위해 철저히 자기 희생적인 삶을 살다 간 현대의 위대한 사상가입니다.

마르크스는 프랑스에서 일어난 파리 코뮌을 통해 노동의 경제적 해방이 실현된 새로운 사회의 모델을 읽게 됩니다. 코뮌주의(공산주의)라는 말은 이 파리 코뮌에서 기인하는 것입니다. 그래서 마르크스는 엥겔스와 더불어 유명한 『코뮌주의자 선언(공산당 선언)』을 작성하게 됩니다. 코뮌주의란 인간에 의한 의간의 착취와 억압 및 지배가 끝난 사회이며 인간에 의한 자연의 소유와 지배가 없는 사회입니다.

예수의 기독교 이후 세계사에 가장 큰 영향력을 발휘한 사상

마르크스는 『포이어바흐 테제』(1845)에서 철학자들은 지금까지 세계를 오직 해석하기만 했다고 비판하면서 중요한 것은 세계를 변화시키는 것이라고 주장합니다. 이 세계 변화는 '사회 혁명'을 의미합니다. 그렇다면 마르크스가 사회 변혁으로 얻으려 했던 것은 무엇일까요? 인간을 소외시켜 불행하게 만드는 '자본주의 사회를 뒤집어엎고 사유 재산이 없는 사회주의 사회를 건설하는 것'이 마르크스의 궁극적인 소망이었습니다. 그의 표현을 빌리자면 그러한 사회는 '과학적 사회주의 사회'이자 '코뮌(공산)주의 사회'입니다. 이 사회는 자본에 구속받지 않고 삶과 노동의 주인이 되는 "각 사람의 자유로운 발전이 모든 사람의 자유로운 발전이 되는 연합체"입니다.(마르크스와 엥겔스,『코뮌주의자 선언』)

이런 코뮌(공산)주의 사회의 모델은 1871년 3월 18일에, 프로이센군에 굴복한 프랑스 정부에 맞서 파리 시민들이 봉기하여 시민선거로 수립한 파리 임시정부인 파리 코뮌입니다. 이 파리 코뮌은 이후 두 달 동안 존속합니다. 파리 코뮌은 파리 시민 주도의 정부로서 징병제와 상비군 폐지, 시민에 의한 국민군의 설치, 종교 재산의 국유화, 공장주가 버린 공장에 대한 노동조합의 관리, 노동자의 최저생활보장 등에 대한 정책과 법령 등을 공포합니다. 이러한 파리 코뮌에서 마르크스는 노동의 경제적 해방이 실현되는 새로운 사회의 모델을 읽게 됩니다. 그가 그려본 사회는 인간에 의한 인간의 착취와 억압 및 지배가 없으며 인간에 의한 자연의 소유와 지배가 없는 사회입니다. 이렇게 해서 "코뮌의 역사는 사회주의의 신화"가 됩니다. 공산주의(communism)란 코뮌(commun)+주의(ism)입니다. 이 글에서는 앞으로 공산주의라는 말 대신에 코뮌주의라는 말을 쓰겠습니다. 왜냐하면 공동 재산 또는 공동 생산을 뜻하는 공산이라는 말이 경제적으로 한정된 의미만 전달하기에 코뮌이라는 말의 정치적 함의를 다 전달할 수 없기 때문입니다.

그는 이런 비전을 유명한『파리 수고』로 알려진『경제학 철학 수고』에서 다음과 같이 서술하지요. "코뮌주의란 인간의 자기 소외의 원인이 되는 사유재산권을 긍정적으로 지양하며 이에 따라 인간에 의해서 인간을 위해 인간 본질을 진정으로 회복하는 것입니다. 또 이에 따라 인간이 사회적인 즉 인간적인 인간으로 스스로 복귀하는 것입니다. 이 복귀는 완전하고 의식적이며 이전의 발전 전체의 풍부함 안에서 생겨난 것입니다. 이러한 코뮌주의는 완전한 생태주의로서 휴머니즘이며 완전한 휴머니즘으로서 생태주의입니다. 코뮌주의는 인간과 자연의 투쟁, 인간과 인간의 투쟁의 참다운 해결이며 실존과 본질의 갈등, 대상화와 자기 활동성의 갈등, 자유와 필연의 갈등, 개인과 공동체의 갈등의 진정한 해소입니다. 코뮌주의는 역사의 해결된 수수께끼이며 자기 스스로 이 해결책임을 알고 있습니다."

이러한 사회를 건설하기 위해서는 환상과 공상에 물든 종교와 관념 철학을 붕괴시켜야 합니다. 그리고 물질적 생산관계를 바탕으로 삼아, 인간이 노동의 주인이 되는 데 방해되는 조건을 폐지해야 하죠. 마르크스는 이를 '코뮌주의 운동'이라고 부릅니다. 또 그는 사회의 정치적 · 경제적 위기를 직시하고, 사회 혁명의 토대를 마련할 수 있는 참다운 학문은 역사유물론밖에 없다고 보았어요.

역사유물론이란 종교와 사상 그리고 정치와 사회를 단순히 추상적 관념들로 이해하는 것이 아니라 이것들의 토대(바탕)가 되는 역사적으로 형성된 물질적인 생산관계(경제)를 통해서 구체적으로 파악하려는 이론적인 태도를 의미하지요. 그리하여 『독일 이데올로기』에서 "관념적 사고가 끝나는 현실적 삶에서 현실적인 실증 학문이 시작된다."라고 주장하기도 했죠. 그 뒤 마르크스가 말하는 현실적 실증 학문은 현대 자본주의 사회에 대한 과학적인 비판인 『자본론』에서 구체화됩니다.

여기서 실증 학문이라든가 과학이란 단순히 가치중립적인 자연과학적 의미에서가 아니라 이상이 아닌 현실을 비판적으로 탐구한다는 뜻입니다. 따라서 마르크스와 엥겔스가 주장하는 과학과 오늘날 우리가 과학으로 말하는 것에는 큰 차이가 있어요. 왜냐하면 그에게 이 현실은 헤겔이 말한 것처럼 이상과 분리된 저열한 현실이 아니라 진리의 꽃을 피울 수 있는 이성과 동일한 현실을 의미하기 때문입니다. 아무리 현실에 문제가 많더라도 이 현실은 그때까지 인류가 세계사적 노동을 통해 쌓아온 성과의 축적을 바탕으로 하고 있다는 뜻이지요. 마르크스는 헤겔과 마찬가지로 현실을 이렇게 역사적인 관점에서 보고 있어요. 다만 그 현실의 핵이 절대정신이냐 아니면 생산력과 생산관계라는 물질적인 것이냐가 다른 것입니다. 마르크스의 과학은 가치중립적인 객관성을 추구하고 수동적으로 현실을 파악하는 실증주의적 과학과는 달리 살아 숨 쉬며 노동하는 인류의 역사를 파악하려는 변증법적인 역사과학인 것입니다. 이러한 면 때문에 후학들이 이러한 그의 생각을 역사유물론이라고 부르게 된 것이지요.

3 『자본론』과의 대결

자본의 최초 축적, 즉 자본의 역사적 생성은 무엇으로 귀착되는가? 그러한 축적이 노예와 농노를 임금노동자로 직접적으로 변화시키는 것을 의미하지 않는다면, 그래서 이러한 변화가 단순한 형식적인 변화가 아니라면 그러한 축적은 단지 직접적 생산자를 착취함을 의미한다. 다시 말해서 자신의 노동에 근거를 두고 있는 사적 소유의 폐지를 의미한다.

사회적이고 집단적인 소유와 대립하는 사적 소유는 노동수단과 노동의 외적 조건들이 사적인 개인들에게 속하는 곳에서만 발생한다. 그러나 이러한 사적인 개인들이 노동자냐 또는 노동자가 아니냐에 따라 사적 소유도 다른 성격을 지니게 된다. 처음 봤을 때 사적 소유가 띠게 되는 다양한 음영들은 오로지 이러한 양 극단 사이의 중간 상태들을 반영한 것이다. (……)

(노동자가 자신의 생산수단과 관련해서 갖게 되는 사적 소유에 근거를 두고 있는 소규모 자영업적인) 생산방식의 철폐, 즉 개인적이며 분산적인 생산수단이 사회적으로 집중된 생산수단으로 전환되는 것, 따라서 다수의 영세한 소유가 소수의 거대한 소유로 전환되는 것, 그리고 광범한 국민대중으로부터

토지와 생활수단과 노동도구를 수탈하는 것, 이러한 가공스럽고 가혹한 국민 대중에 대한 착취가 자본의 선사(先史)시대를 형성한다. 여기에는 일련의 폭력적 방법이 포함되어 있는데, 우리는 그 가운데서 오직 자본의 최초 축적 방법으로서 획기적인 것만을 고찰하였다. 직접적 생산자에 대한 착취가 가장 무자비한 야만에 의하여 이루어졌다. 그리고 가장 비열하고 가장 추악하고 가장 야비하고 가장 가증스러운 정열의 충동 하에서 이루어졌다. 스스로 획득한 사적 소유, 말하자면 개개의 독립적 노동자 개인과 그의 노동조건과의 결합에 근거를 둔 사적 소유는 자본주의적 사적 소유에 의하여 축출된다. 자본주의적 사적 소유는 형식적으로 자유로운 타인들의 노동을 착취하는 것에 바탕을 두고 있다.

—『자본론』 7편 24장 7절 자본주의 축적의 역사적 경향

마르크스의 친구인 엥겔스가 1847년에 코뮌(공산)주의 동맹의 강령 초안으로 작성한 「코뮌(공산)주의의 원리」(『마르크스 · 엥겔스 저작선』, 김재기 편역)라는 소책자에서 코뮌주의란 프롤레타리아트 해방의 여러 조건에 관한 학설이라고 쓰고 있어요. 프롤레타리아트 또는 프롤레타리아 계급은 19세기 자본주의적 생산방식에서 일하는 노동자 계급을 의미하지요. 이 개념은 시대를 초월한 보편적인 것이 아니라 역사적으로 형성된 것을 뜻합니다. 마르크스와 엥겔스는 세계를, 그리고 이 세계의 기본 바탕으로서의 경제적 생산방식과 여기에서 비롯된 생산관계(계급관계)를 역사적이고 비판적인 방식으로 서술합니다. 이러한 방법을 역사유물론이라고 부르지요.

역사유물론적 방식은 플라톤의 이데아나 기독교의 신처럼 현실세계와 분리된 피안의 불변적인 진리를 전제하는 것을 비판합니다. 그래서 마르크스에게 종교 비판은 현실 비판에 앞서 선행해야 하는 과제가

되지요. 진리의 피안(이상)이 사라져야 차안(현실)의 진리를 세울 수 있지요. 이것이 과학적 사회주의에서 '과학적'이라는 형용사가 의미하는 바라는 점을 잊지 마세요. 이렇듯 과학적 사회주의는 현실과 분리된 불변의 진리를 부정한다는 점에서 형식적이고 수학적인 논리와 결별하게 됩니다. 마르크스는 과학적 사회주의의 논리를 헤겔 철학에서 이어받아 변증법적 논리라고 부르지요. 역사유물론은 현실을 그 물질적 관점에서 역사적인 변화 과정으로 서술하는 변증법을 가리키게 됩니다. 이로써 변증법은 역사적 운동과 전환(이행과 혁명)을 서술할 수 있게 됩니다.

코뮌주의를 비판하는 많은 사람들이 마르크스의 사상을 이상주의라고 비판하지만 아이러니하게도 마르크스는 자신의 사상을 이상주의 비판이라고 규정합니다. 그에게 코뮌주의는 만들어야 할 이상이 아니라 현실적인 운동입니다. 현실적인 운동이란 현재의 상태를 "지양"해야 하기 때문에 이 운동이 현실적이라고 하는 것입니다. 이러한 현실적인 운동의 조건들은 지금 현존하고 있는 전제로부터 생겨나지요. "지양"이라는 변증법적인 용어는 이미 헤겔 철학에서 설명했듯이 낡은 것을 폐기하고 성과나 핵심을 보존하여 한 단계 끌어올리는 것을 말합니다. 역사적인 뒤의 단계는 앞의 단계를 단순히 부정하는 것이 아니라 그 앞 단계의 성과를 바탕으로 해서 이것을 부정하는 것을 의미합니다. 그러므로 역사란 단순히 단절이 아니라 축적에 기반을 둔 불연속적인 전진입니다.

예를 들어 마르크스는 19세기 산업 시대의 주역인 대자본가 계급(부르주아 계급)의 성과를 인정합니다. 그는 『코뮌주의자 선언』에서 그 당시의 부르주아 계급이 기나긴 역사적 발전 과정의 산물이라는 점과 생산과 교환 방식에서 연달아 일어난 변혁의 산물이라는 점을 인정하지요. 게다가 부르주아 계급이 역사에서 아주 혁명적인 역할을 해냈다는 점도 인정합니다. "부르주아 계급은 생산 도구를 끊임없이 변혁하지 않고서는, 따라서 생산관계와 더 나아가 사회관계 전반을 혁신하지 않고서는 존재할 수 없습니다." 이러한 변혁적 활동을 통해서 부르주아 계급은 자신들의 모습대로 세계를 창조하게 됩니다. 이 계급은 100년도 안 되는 지배기간 동안 과거의 모든 세대가 만들어낸 것보다 더 많고 거대한 생산력을 창출합니다.

동시에 그 계급은 심각한 문제점도 만들어냅니다. 농촌을 도시에, 미개국을 문명국에, 농민을 자본가에, 동양을 서양에 종속시키고 상거래의 단 하나만의 자유를 내세우며 의사, 법률가, 시인, 학자 들을 임금 노동자로 전락시키며 가족관계를 순전히 금전관계로 바꿔버림으로써, 종교적이고 정치적인 환상에 의해 가려져 있던 착취를 공공연하고 파렴치하며 직접적이고도 잔인한 착취로 바꾼 것입니다. 요즘 대형 할인 마트와 동네 슈퍼가게의 대립과 대형 치과 체인점과 치과 의사들의 대립은 이런 자본주의적 문제점을 잘 드러내고 있지요. 소규모의 자영업자도 전문적인 지식인도 자본주의적 종속과 착취의 과정에서 자유로울 수 없다는 점을요.

이러한 역사유물론적인 관점에서 마르크스는 지금까지의 모든 사회의 역사를 계급투쟁의 역사라고 규정합니다. 이는 마르크스의 『자본론』이 자본주의적 사회의 부의 형태인 상품이라는 추상적 개념을 고찰하는 것으로 시작해서 마지막에는 계급 분석으로 끝을 맺는 이유가 됩니다. 역사상의 각 시기마다 사회에는 각종 신분으로 분열된 사회적 위계질서가 존재합니다. 고대 로마에는 귀족과 기사, 평민과 노예가 있었고 중세에는 봉건 영주와 가신, 길드의 장인과 농노가 있었고 이 계급들

안에도 각종 특수한 등급들이 나뉘어 있었습니다.

중세적인 봉건 사회로부터 근대의 자본주의 사회로의 전환은 스스로의 노동을 바탕으로 해서 자신의 소유를 갖게 된 소규모의 자영업자들이 몰락하고 사회적으로 집중된 생산수단을 소유한 소수의 대자본가(우리말로는 재벌)가 등장함을 의미합니다. 이러한 대자본가를 부르주아지 또는 부르주아 계급이라고 부릅니다. 따라서 근대의 19세기 자본주의 사회에서 두 계급(부르주아 계급과 프롤레타리아 계급)으로 극단적으로 분열되는 현상이 나타납니다.

이러한 자본주의 사회가 등장하려면 자본주의적 최초 축적이 있어야 합니다. 이는 회사를 차리려면 종자돈이 있어야 되는 것과 마찬가지입니다. 최초 축적의 역사적 의미는 다수의 소규모의 자영 노동자의 몰락이며 착취입니다. 예를 들어 양을 키우기 위해 농민들을 농지에서 몰아냅니다. 이들은 다시 도시로 떠돌아다니는 유랑민들이 되는데 이 유랑민들을 형벌이나 강제수용소 등을 통해 공장노동자로 전환시켜 가는 과정이 최초 축적의 진실한 모습입니다. 이러한 전환 과정을 푸코는 규율 사회라는 말로 표현한 것이지요. 푸코의 계보학과 마르크스의 역사 유물론은 역사적으로 비판적인 분석을 한다는 점에서는 상통하는 측면이 있어요.

자본주의적 최초 축적이란 실상은 광범위한 국민 대중으로부터 생산수단과 토지를 빼앗고 직접적인 생산자를 착취함으로써 이루어진 것입니다. 마르크스는 자본주의적 화려함의 시작이 사실은 야만적인 강탈과 착취의 모습이라는 것을 드러냅니다. 이것이 니체의 계보학적 정신입니다. 마르크스주의를 혁신하려는 들뢰즈와 같은 사람들이 니체에 관심을 보이는 것도 이런 이유 때문이에요. 그는 사회적으로 집중화된 생산수단의 거대함의 본질이 직접적인 생산자의 피눈물이라는 것을 보여줍니다. 현실에 대한 역사적 분석과 현실에 대한 이러한 비판적 폭로가 있기 때문에 『자본론』은 추상적이고 난해함에도 불구하고 많은 사람들을 자본주의 비판 운동과 코뮌주의 혁명 운동에 가담하게 만드는 매력을 운명처럼 지니게 됩니다.

이 전환 과정이 낡은 사회를 철저하고 충분히 해체시키자마자, 또 노동자가 프롤레타리아로 전환되고 그들의 노동조건이 자본으로 전환되자마자, 그리고 또 자본주의적 생산방식이 독자적으로 서게 되자마자, 새로운 형태를 획득하는 것은 노동이 더더욱 사회화되고 토지 및 기타 생산수단이 사회적으로 이용되는 그래서 공동적인 생산수단으로 더더욱 전환되는 것이며 따라서 사적 소유자를 더더욱 착취하는 것이다. 이제 착취 대상은 더 이상 자영업의 노동자가 아니라 다수의 노동자를 착취하는 자본가이다.

이 착취는 자본주의적 생산 자체의 내재적 법칙의 작용, 즉 자본의 집중에 의하여 이루어진다. 하나의 자본가가 항상 다수의 자본가를 파멸시킨다. 이러한 집중, 즉 소수 자본가에 의한 다수 자본가의 착취와 병행하여 기타의 발전도 더더욱 대규모로 일어난다. 즉, 노동과정의 협업적 형태의 성장, 과학의 의식적 기술적 적용, 토지의 계획적 이용, 노동수단이 공동적으로만 사용될 수 있는 형태로 전환되는 것, 모든 생산수단이 결합된 사회적 노동의 생산수단으로 사용됨으로써 절약되는 것, 각국의 국민들이 세계시장의 그물에 얽히게 되는 것, 따라서 또 자본주의 체제의 국제적 성격의 증대 등등이 더더욱 대규모로 일어난다. 이 전환과정의 모든 이익을 가로채고 독점하는 대자본가의 수는 끊임없이 적어지고 빈곤·억압·예속·타락·착취의 정도는 더더욱 증대한다. 그러나 그와 동시에 노동자 계급은 그 수가 계속 증가하며 게다가 자본주의적 생산과정의 메커니즘 그 자체에 의하여 훈련되고 통일되며 조직되는 계급으로 성장하여 자본주의적 생산방식에 대한 반항도 또한 더더욱 키워간다. 자본의 독점은 이 독점과 더불어 또 이 독점 밑에서 번창해 온 자본주의적 생산방식의 질곡(桎梏)이 된다. 생산수단의 집중화와 사회화는 마침내 그 자본주의라는 껍질과 양립할 수 없는 지점에 도달한다. 자본주의라는 껍질은 파괴된다. 자본주의적 사적 소유의 죽음을 애도하는 종이 울린다. 착취하는 자가 착취당한다.

자본주의적 생산방식으로부터 생겨나는 자본주의적 획득 방식은 자본주의적 사적 소유를 낳는다. 이 자본주의적 사적 소유는 처음에는 자신의 노동에 입각한 개인적 사적 소유를 부정한다. 그러나 자본주의적 생산은 자연 과정의 필연성과 더불어 자기 자신을 부정한다. 이것은 처음의 부정을 다시 부정한 것이다. 이 부정의 부정은 사적 소유를 부활시키지는 않지만 자본주의적 시대의 성과, 즉, 협업 및 토지의 공동점유 및 노동 그 자체에 의하여 생산된 생산수단의 공동점유에 입각한 개인적 소유를 확립한다.

물론, 사실상 이미 사회적 생산과정에 바탕을 두고 있는 자본주의적 사적 소유가 사회적 소유로 전환되는 시간보다, 개인들 자신의 노동에 입각한 분산된 사적 소유가 자본주의적 소유로 전환되는 시간이 훨씬 더 오래 걸리며 힘들고 어려운 과정이다. 자본주의적 소유로의 변환은 소수의 횡령자가 국민대중을 착취하는 것이지만, 사회적 소유로의 변환은 국민대중이 소수의 횡령자를 착취하는 것이다.

— 『자본론』 7편 24장 7절 자본주의 축적의 역사적 경향

자본주의적 생산양식은 기존에 소규모로 분산된 자영업적인 사적 소유를 생산수단의 사회화와 집중화에 의한 소수의 대자본가의 사적 소유로 전환함을 의미합니다. 이러한 전환 속에서 먼저 자영노동자들이 임금노동자인 프롤레타리아 계급으로 전락합니다. 그러나 이 전환 속에서 자본의 집중이 더 심해지면 대기업이 중소기업을 흡수하게 됩니다. 다시 말하면 이제 중소기업가가 임금노동자로 전락하게 됩니다.

기존의 착취자가 이제 착취의 대상이 된 것입니다. 자본주의 생산방식은 소수의 대재벌로 자본이 집중되고 수렴됩니다. 동네의 슈퍼가게들은 망하고 몇 개의 대형 할인마트만 존재하는 그런 모습을 떠올려보면 됩니다. 이런 재벌화, 즉 사회적 집중화는 분야를 가리지 않고 일어난다는 특징이 있어요. 다소 시간의 격차는 있겠지만. 요즘 변호사와 의사들이 못 살겠다고 아우성인 이유가 여기에 있어요.

이러한 일이 왜 벌어지는 것인가요? 마르크스는 이 점을 밝혀내기 위해 먼저 잉여가치론을 내세웁니다. 잉여가치란 생산수단 소유자(자동차회사)가 물건(자동차)을 생산하여 판매하는 경우에 모든 비용과 임금을 제외하고 늘어난 가치(이윤 또는 수지)를 말합니다. 판매 가격이 일정하게 되면 잉여가치란 노동자에게 지급되는 임금이 줄 경우에 늘어나게 됩니다. 왜냐하면 생산비용은 불변이지만 임금은 가변이기 때문입니다. 그런데 잉여가치를 만드는 것은 원료나 기계가 아니라 이를 가공하고 만드는 노동자의 노동력입니다. 노동력이 자기보다 더 많은 가치를 생산하는 유일한 원천입니다. 이는 아담 스미스와 같은 자본주의 경제학(고전경제학, 국민경제학, 주류경제학이라고도 불림)에서 이미 지적한 바입니다.

따라서 노동자의 노동력이 만들어 낸 잉여가치가 자본주의 사회의 모든 부의 원천이 됩니다. 이 잉여가치의 원천인 노동자에게 지급되는 임금이 줄어야 자본가의 이윤이 늘어납니다. 예를 들어 기업가들이 비정규직을 선호하는 이유도 임금 총액을 줄일 수 있기 때문입니다. 이런 이유로 자본주의적 생산방식에서는 자본가와 노동자가 대립할 수밖에 없습니다.

그러나 자본주의 생산방식에서는 자본가와 노동자의 대립과 더불어 자본가와 자본가의 대립도 존재합니다. 왜냐하면 자본가들이 경쟁적인 이윤추구와 생산성 향상을 위해 처음에는 노동시간을 늘리고 노동강도를 높임으로써 노동자에 대한 직접적인 착취를 강화하게 되지만 노동자의 극심한 저항에 부딪히게 되자 생산기술의 혁신과 기계화와 같은 불변자본에 해당하는 비용을 늘려가게 됩니다. 그러나 불변자본은 잉여가치를 창출하지 못하므로 불변자본의 비율이 늘어날수록 이윤율은 하락합니다. 이윤율이 하락하고 기술화가 강화되면 중소기업들은 더 이상 감당하지 못하고 도산하게 됩니다. 규모의 경제로 유리한 거대한 기업들이 이 중소기업들을 흡수하게 됩니다. 대기업 브랜드의 제과점으로 인해 동네의 자체 브랜드의 제과점이 몰락하는 것과 같은 이치입니다. 중소기업과 대기업의 공정거래에 대한 요구도 이런 자본가와 자본가의 대립에 해당하는 것이지요.

경쟁 심화와 생산성 향상 노력으로 인해 이윤율이 하락하게 됨으로써 자본은 더더욱 집중화됩니다. 동시에 생산에서의 기계의 역할이 증대하여 노동생산성이 증가하면서 분업화된 노동은 (편의점이나 패스트푸드점의 노동처럼) 더욱 단순해지고 더 저렴해지면서 '더 좋은 일자리(예를 들어, 정규직)'의 수는 급감하게 됩니다. 제레미 리프킨의 책의 제목처럼 "노동의 종말"이 옵니다. 실업자의 수가 늘고 구직자들의 취업 경쟁이 더 치열하게 됩니다. 이로써 사회적 양극화가 극심해집니다. 오늘날 우리나라의 청년 실업과 비정규직 문제에서 이 점이 극명하게 드러납니다.

이 양극화는 대다수 시민들의 구매력 부족을 일으켜 과잉생산 위기가 찾아오게 됩니다. 더 나아가 시장은 세계화되었지만 이를 조절할 세계 정부가 부재하므로 세계는 주기적 위기에 빠져들게 됩니다. 오늘날

전 세계적으로 벌어지고 있는 극심한 양극화와 2008년의 미국 발 금융 위기나 2011년 미국 정부와 유럽 정부의 부채 위기는 모두 시장에만 모든 것을 맡기자고 한 신자유주의적 세계화의 결과물입니다. 이런 경제의 위기가 일어날수록 1980년대 현실 공산주의 몰락 이후 '죽은 개'로 취급받던 마르크스의 『자본론』을 더 이상 그런 식으로 취급이 부당하다는 점이 분명해집니다. 그의 책이 고전인 이유는 오늘날 경제 현실에서 극명하게 잘 드러납니다. 많은 자본주의 경제학자들도 그의 이론이 가장 자본주의적인 현실을 잘 드러내고 있다는 점에 동의하는 편입니다.

그들이 동의하지 않는 것은 코뮌주의 사회로의 전환이라는 마르크스의 주장입니다. 마르크스는 자본주의 사회의 분석을 통해 필연적으로 코뮌주의 사회가 도래할 수밖에 없다는 결론을 내립니다. 지나친 자본의 집중화가 이루어지고 극심한 양극화와 불안정한 주기적 경제위기는 1%의 대자본가 계급의 소유관계가 전체 사회의 생산력의 발전을 억제한다는 것을 의미합니다. 이런 이유로 마르크스는 다음과 같이 말한 것입니다. "생산수단의 집중화와 사회화는 마침내 그 자본주의라는 껍질과 양립할 수 없는 지점에 도달한다. 자본주의라는 껍질은 파괴된다. 자본주의적 사적 소유의 죽음을 애도하는 종이 울린다."

이 죽음의 종을 울리는 자들은 자본가 계급이 스스로 키워 온 현대의 노동자들입니다. 즉 프롤레타리아 계급입니다. 프롤레타리아 운동, 즉 노동해방 운동은 지금까지 일어난 소수의 운동과는 달리 압도적인 다수의 이익을 위한 압도적 다수의 자주적 운동입니다. 그래서 마르크스는 "부르주아 계급은 다른 무엇보다도 자신의 무덤을 파는 일꾼을 생산하는 셈이다. 부르주아 계급의 멸망과 프롤레타리아 계급의 승리는 다같이 피할 수 없는 일이다."라고 주장합니다. 이 주장이 필연성을 강조하는 예언인지 아니면 주체적인 혁명 활동을 강조하는 선언인지에 대해서는 많은 논란이 있었습니다. 역사는 현재의 눈으로 보면 필연이고 과거에서 보면 노력입니다. 우리 미래도 마찬가지입니다. 우리가 미래입니다. 마르크스의 의도는 이것이 아니었을까요?

철학의 이정표 세우기

첫 번째 이정표

『원숭이도 이해하는 자본론』
임승수 지음, 시대의창, 2011

최근 미국발(發) 서브프라임 모기지 사태가 불거지면서 전 세계 경제가 붕괴되고 있다. 돈의 자본화가 극단까지 치달은 금융 자본주의가 세계 경제를 지배하게 되자, 규제도 없고, 책임도 지지 않는 월가(街)의 경제 전문가 집단이 고수익을 좇아 거품 경제를 만들어 낸 탓이다. 이러한 위기 상황에 직면하니 자본주의의 성찰에 대한 필요성이 더욱 절실하게 느껴진다. 이에 가장 잘 부응하는 책이 마르크스의 『자본론』이다. 140년 전에 출간되었지만, 자본주의의 본질을 가장 명확하게 설명하고 있기 때문이다. 하지만 너무나 어려운 개념과 더불어 장장 3,000쪽에 이르는 이 방대한 책을 일반 사람들이 읽는다는 것은 거의 불가능하다. 이런 보통 사람을 위해 『자본론』의 우리말 역자인 김수행 교수가 추천하는 책이 『원숭이도 이해하는 자본론』이다. 주로 대중 강연을 많이 한 저자의 노력 덕분에 경제의 문외한도 자본주의 경제의 본질과 문제점을 쉽게 이해할 수 있다.

『엥겔스 평전— 프록코트를 입은 공산주의자』
트리스트럼 헌트 지음, 이광일 옮김, 글항아리, 2010

헌신적 혁명동지 엥겔스를 기억하라.

프리드리히 엥겔스(1820~1895)와 카를 마르크스(1818~1883)는 역사상 가장 유명한 사상적 동지다. 엥겔스가 없었다면 마르크스는 그 엄청난 이론적 업적을 남기지 못했을 것이며, 마르크스가 없었더라면 엥겔스는 한 세기를 휩쓴 정치 운동의 상징 가운데 한 사람이 되지 못했을 것이다. 사태를 좀더 명확하게 말하면, 마르크스는 1848년 〈공산당 선언(코뮌주의자 선언)〉이 발표된 이래 국제 공산주의 운동의 얼굴이었고, 엥겔스는 언제나 그 뒷자리에 서 있었다. 공산주의 종주국 소련이 망한 뒤에도 마르크스는 자본주의의 엄청난 생산력과 역동성을 통찰한 사람으로 금세 다시 조명을 받았으나, 엥겔스는 현실 사회주의 몰락과 함께 사실상 잊힌 존재가 됐다. 영국 저술가 프랜시스 윈의 〈마르크스 평전〉이 공산주의 파산이 선고된 지 10년 뒤인 1999년에 나온 것은 상징적이다. 영국의 소장 역사학자 트리스트럼 헌트(36 · 런던대 퀸 메리 칼리지 교수)가 2009년에 펴낸 〈엥겔스 평전〉은 엥겔스를 이렇게 홀대해서는 안 된다고 말한다. 그는 엥겔스가 받아야 할 정당한 역사적 자리를 배정해준다.

이와 함께 이 전기는 부제 '프록코트를 입은 공산주의자'가 암시하는 대로, 엥겔스의 복합적이고 모순적인 삶을 해부한 책이기도 하다. 아마도 엥겔스는 자본가로 살면서 자본주의 타도운동을 지도했던 유일한 인물일 것이다. 그는 독일 라인란트 지방 부퍼탈에서 방적공장을 운영하는 산업 자본가 집안의 장남으로 태어나, 아버지가 영국 맨체스터에 동업자와 함께 세운 공장을 맡아 운영했다. 동시에 엥겔스는 상류층의 스포츠인 여우사냥을 다니고 최고급 포도주를 즐겨 마시고 매력적인 여성들과 어울리며 인생의 온갖 즐거움을 탐하는 전형적인 유복한 부르주아의 삶을 산 사람이기도 했다. 그런가 하면 엥겔스는 부르주아 결혼제도를 거부한 사람이기도 했다. 아일랜드 노동자계급 출신의 메리 번스와 20여 년 동안 동거했으며, 메리가 죽자 그 여동생 리지 번스와 다시 15년을 살았다.

엥겔스가 자본가의 삶을 산 것은 절반쯤은 아버지의 압박을 받아들인 결과였다. 엥겔스는 평생 아버지와 불화했다. 17살 때 김나지움을 자퇴한 것도 아버지가 보기에 인생에 아무 쓸모 없는 '문학 나부랭이'나 끼고 사는 것이 못마땅해서 내린 결정이었다. 엥겔스는 아버지 사업을 전수받는 일에 투입됐으나, 마음은 계속 딴 세계를 향했다. 스무 살 무렵 엥겔스는 독학으로 헤겔을 공부해 청년헤겔파, 곧 반체제적 철학운동에 눈을 떴다. 1841년 프로이센군대에 입대해 베를린의 포병 근위대에 배속된 엥겔스는 1년 동안 청강생으로 베를린대학에 드나들었다. 이 무렵 베를린대학 철학교수로 부임한 사람이 프리드리히 셸링이었다. 젊은 날 헤겔의 동지였다가 이내 갈라져 원수가 된 셸링은 헤겔철학이 낳은 청년좌파들의 사상을 때려 부수라는 특명을 받은 터였다. 셸링의 강좌가 열린 '베를린대학 6호실'은 '19세기 유럽 준재들의 집결지'였다. 야코프 부르크하르트, 미하일 바쿠닌, 쇠렌 키르케고르가 함께 강의를 들었고, 엥겔스는 교실 맨 앞자리에 앉아 자신의 철학적 스승에게 논리의 포격을 가하는 셸링의 강의를 열심히, 그러나 마음으로 논박하면서 받아 적었다.

엥겔스의 삶에서 결정적인 전환점은 마르크스라는 평생 동지를 만난 일일 것이다. 엥겔스는 마르크스가 〈라인신문〉 편집장을 하던 1842년 우연히 신문사에 들러 장래의 인생 파트너를 잠깐 만난 적이 있었다. 싱거운 만남이었다. 그러다 1844년 여름 파리에 망명 중이던 마르크스를 다시 만났다. 이번에는 완전한, 되돌릴 수 없는 의기투합이었다. 이때부터 '제1바이올린을 보조하는 제2바이올린'의 삶이 시작됐다. 1849년 마르크스 가족이 런던에 망명한 뒤 엥겔스는 맨체스터 공장을 이어받아 20년 동안 공장주 노릇을 했다. 거기서 나오는 수입으로 마르크스의 생계를 뒷받침했다. 마르크스는 엥겔스의 헌신적인 지원 덕에 〈자본〉이라는 프롤레타리아 해방의 이론적 무기를 벼려낼 수 있었다.

이 전기는 엥겔스의 독자적인 삶이 1883년 마르크스가 죽고 난 뒤에 열렸다고 말한다. 그러나 그 삶도 먼저는 마르크스 사상을 보위하고 마르크스주의 혁명이론을 널리 퍼뜨리는 데 바쳐졌다. 엥겔스의 중요한 과업은 마르크스가 초고 상태로 남기고 간 〈자본〉의 원고들을 정리해 제2권(1885), 제3권(1894)으로 갈무리해낸 일이었다. 1889년 엥겔스는 유럽의 사회주의 운동 분파를 아울러 새로운 국제노동자협회(제2인터내셔널)를 결성했다. 제2바이올린이 마침내 제1바이올린으로 등장한 순간이었다.

1890년대의 엥겔스는 독일 사회민주당의 의회주의 전략을 적극 지지했다. 대중민주주의 시대에 걸맞은 정치전략의 수정이었다. 엥겔스는 "의식 있는 소수가 의식 없는 대중을 끌고 가는 혁명의 시대는 지났다"고 선언하기도 했다. 의회와 투표를 통해 집권할 수 있다면 그런 방법을 적극 구사해야 한다는 것이었다. 이 시기에 엥겔스는 초기 기독교 역사를 연구해 프롤레타리아 운동의 한 원형을 거기서 발견했다. "노동계급운동과 마찬가지로 기독교도 원래는 억압받는 자들의 운동이었다. … 양쪽 다 박해당하고 괴롭힘당했다. … 그런데 그 모든 박해에도 불구하고, 아니, 오히려 거기서 자극을 받아 멈추지 않는 승리의 행진을 계속한 것이다." 1895년 엥겔스가 숨을 거두었을 때 후배 빌헬름 리프크네히트는 "친구요 조언자요 지도자요 전사"였던 "정신의 거인"을 잃었다고 추도했다.

《한겨레신문》고명섭 기자

세 번째 이정표

『마르크스 평전』
자크 아탈리 지음, 이효숙 옮김, 예담, 2006

역사는 결국 반복되는 것일까.

최근 중국과 일본의 발언권이 강화되면서, 동북아 정세를 19세기 구한말에 비유하는 주장이 한국에서 유행했다. 그런데 신자유주의 세계화의 광풍이 번져 나가면서, 이제는 아예 세계적인 차원에서 지금을 19세기에 비유하는 주장이 유행할 조짐이다. 동유럽 철학자 슬라보예 지젝이 '혁명'의 관점에서 레닌을 복권시키더니, 이번에는 마르크스가 다시 불려 나왔다.

이번에는 프랑스의 석학이라 불리는 자크 아탈리가 『마르크스 평전』(이효숙 옮김, 예담 펴냄)을 냈다. 프랑스에서 상당한 반향을 불러 일으켰다 한다. 냉전부터, 아니 그 자신이 서른살이던 시절부터 마르크스는 이미 '악마'였다. 현실사회주의의 모든 악을 낳은 원흉이었다. 엄밀히 말해 이론과는 무관하다 할 수 있는 무능한 생활력 같은 것까지 도마에 올랐다.

그러나 아탈리는 전혀 다르게 얘기한다. 각 장의 제목이 이를 웅변한다. 헤겔과 나폴레옹의 영향 아래 '독일의 철학자'에서 '유럽의 혁명가'로, 그 뒤 불어닥친 반동의 물결 속에 '영국의 경제학자'이자 '인터내셔널의 스승'이자 '자본의 사상가,' 그리고 죽어서는 마침내 '세계의 정신'으로 자리매김했다는 것이다. 아탈리가 보기에 마르크스는 "기독교로부터는 구원의 미래"를, "르네상스로부터는 이성"을, "프로이센으로부터는 철학"을, "프랑스로부터는 혁명"을, "영국으로부터는 민주주의, 경험주의와 정치경제학에 대한 열정"을 물려받아 "처음으로 세계를 정치적이고 경제적이며 과학적이고 철학적인 총체로 파악한 사상가"였다. 유럽문명사의 저수지라는 얘기다.

지금은 쓸모없지 않으냐는 주장에 대해서도 반박한다. 그의 사상은 "자유교역과 세계화를 예찬"하고 "혁명은 오로지 세계적으로 보편화된 자본주의를 극복함으로써 가능하다고 예견"했다는 점에서 전지구적 자본주의화가 추진되는 지금, 가장 절실하다고 주장한다.

요즘 한국을 배회하고 있는 유령에 비유하자면 일종의 '마르크스의 재인식'에 해당하는 셈인데, 재인식 찬미론자들이 이런 재인식까지 환영할지는 미지수다.

《서울신문》조태성 기자

2.
제도는
정의로워야
한다

| 롤스, 공정한 정의를 꿈꾸다

1 도덕적 자유주의자, 롤스의 삶

아이비리그 명문대생, 먹자클럽에서 뒹굴다가 전쟁의 비극을 알게 되다.

20세기 미국 철학을 대표하는 지성인 존 롤스(John Bordley Rawls, 1921~2002)가 1939년에 그의 운명을 바꿔놓은 제2차 세계대전이 일어났지요. 그해 그는 미국 아이비리그를 대표하는 프린스턴 대학에 입학합니다. 그는 대학에서 가입하려면 매우 까다로운 과정을 거쳐야 하는 대표적 먹자클럽인 아이비클럽의 회원이 됩니다. 먹자클럽은 프린스턴 대학의 독특한 전통의 사교클럽입니다. 전공 공부 외에는 회원들이 함께 정장을 입고 모여 만찬을 하거나 주말에 파티를 합니다. 이렇게 클럽 회원들의 거의 모든 활동이 이 클럽을 중심으로 이뤄지게 됩니다. 이 때문에 먹자클럽은 학생들의 교우관계에 가장 큰 영향력을 미치지요.

그러나 클럽 가입 심사 시 지나치게 집안 환경을 보는 등 그 배타적이고 특권층적인 성격에 대한 비판이 일게 되지요. 이 때문에 미국의 28대 대통령이 된 우드로 윌슨이 이 대학의 총장을 맡을 당시에 이 클럽을 폐

■
전쟁 속에서 드러난 비참한 죽음과 인류의 광기를 목도한 사람은 전쟁 이전과는 다른 생각을 하고 다른 삶을 살기 마련입니다. 롤스도 2차대전에 참전하여 원자폭탄이 투하된 히로시마의 비참한 상황을 본 후 바로 제대합니다. 자신의 전공도 신학에서 철학으로 바꾸어버립니다.

지하려고 했어요. 그러나 이 클럽 출신의 사회 저명인사들이 거세게 반대함으로써 이러한 폐지 시도가 무산되고 말았지요. 참으로 아이러니하게도 이런 특권적인 먹자클럽 출신의 롤스가 나중에는 모든 특권에 반대하고 공정한 사회 정의를 외치게 됩니다.

롤스는 1921년에 메릴랜드 주(州)의 항구 도시인 볼티모어에서 태어났어요. 아버지는 저명한 법률가이고 어머니는 여성유권자연맹의 지부장이었지요. 그는 잠시 볼티모어에 있는 고등학교에 다니다 미국 동부의 코네티컷 주에 있는 성공회 재단의 사립 명문 대학준비학교인 켄트고등학교로 전학을 합니다. 종교적 분위기의 고등학교의 영향 탓인지 프린스턴 대학 시절에 신학에 깊은 관심을 느껴 성공회 사제가 되기 위한 세미나에 참여할 것을 고려할 정도였습니다.

그렇게 열렬한 신앙인인 그가 제2차 세계대전으로 인해 1943년에 예술학 학사를 마친 뒤에 군대에 들어가게 됩니다. 그는 태평양 전선의 보병으로 근무하였습니다. 그는 뉴기니아와 필리핀을 전전했고 일본에 점령군으로 입성하였습니다. 그는 일본에서 원자폭탄이 투하된 이후 히로시마의 사람들이 겪는 비참한 상황을 목격하였습니다. 이런 체험의 트라우마(마음의 외적인 상처)로 인해 그는 장교 제의를 받아들이지 않고 1946년에 제대를 해버렸어요.

제대 즉시 그는 대학으로 돌아와 신학을 포기하고 도덕철학 분야에서 박사과정을 밟게 됩니다. 그가 이렇게 종교에 대한 믿음을 포기한 것이나 나중에 베트남 전쟁을 불의한 전쟁이라고 부르면서 반전 선언을 하게 된 것도 이 같은 전쟁의 참혹함에 대한 경험 때문이지요. 이 경험 때문에 그는 더 나아가 전쟁을 주도하는 정부에 대한 시민불복종 운동을 전개하기도 합니다. 전쟁 이전과 전쟁 이후에 사람들은 똑같은 마음으로 살 수 없어요. 그만큼 전쟁의 비극이 사람들의 존재와 마음을 바꿔놓기 때문이지요.

그는 철학과에서 특히 비트겐슈타인의 제자인 노만 말콤(Norman Malcolm) 교수의 영향을 많이 받습니다. 또한 그가 잠시 유학 가 있던 옥스퍼드 대학에서 법철학자로 유명한 하트(H. L. A. Hart) 교수와 자유주의 정치철학자인 벌린(Isaiah Berlin) 교수, 그리고 반(反)합리주의 철학자인 햄프셔(Stuart Hampshire) 교수들과 본격적으로 도덕정치철학에 대한 연구를 했지요.

1950년에 프린스턴 대학에서 철학박사 학위를 받은 뒤 코넬 대학과 매사추세츠 공과 대학(MIT)을 거쳐, 1962년부터 30년 이상 하버드 대학에서 철학을 가르쳤죠. 그는 1958년에 발표한 「공정으로서의 정의」라는 논문에서 '사회 정의에 대한 (민주주의의) 절차적 구성'을 제시하며 유명해졌어요. 주요 저서로는 전기 사상을 대표하는 『정의론』(1971)과 후기 사상을 대표하는 『정치적 자유주의』(1993)가 있습니다.

2 공정한 정의란 무엇인가: 존 롤스의 철학

롤스가 살았던 미국은 '성장 지향의 공리주의적 윤리'와 '시장 지향의 자유지상주의'가 지배하고 있던 사회입니다. 공리주의는 '행복의 총량을 늘릴 수 있다면 소수의 희생도 요구할 수 있다'는 입장을 지닌 윤리학설이에요. 벤담(J. Bentham, 1748~1832)의 '최대 다수의 최대 행복'이라는 구호는 이 같은 공리주의의 성격을 잘 보여주죠. 공리주의는 자기 이익을 계산하는 차가운 개인들의 집합체이기 때문에 끈끈한 관계를 맺고 있는 공동체주의가 아니라 개인주의라 할 수 있어요. 개인들의 행복과 고통을 기계적으로 합산함으로써 전체 행복의 최대치를 추구하는 입장이므로 누가 행복하고 누가 불행한지에 대해서는 전혀 관심을 갖지 않아요. 그래서 희생자가 나오더라도 행복의 총량만 커지면 아무런 문제가 없다는 식입니다. 그래서 공리주의는 전형적인 성장주의 경제학의 도덕적인 기초가 됩니다.

자유지상주의는 개인의 자유와 의사결정을 근본적으로 신뢰하기 때문에 이런 개인들이 국가의 규제 없이 시장에서 거래하며 자연적으로 생겨난 불평등이 아무리 커도 그 결과는 부당하지 않다고 주장하지요. 공리주의와 자유지상주의를 합쳐 우리는 신자유주의라고 부릅니다. 신자유주의는 이런 성격 때문에 희생과 불평등에 대해 눈을 감게 마련이고 거꾸로 이것들을 성장을 위한 필요악으로 규정하지요.

그림은 정의의 여신인 디케의 모습입니다. 그녀는 한 손에는 저울을 들고, 다른 한 손에는 칼을 들고, 두 눈을 두건으로 가리고 있습니다. 저울은 유죄 여부와 죄질 여부를 판단하는 재판관의 역할을 의미하고 칼은 이러한 판단에 따른 처벌을 상징합니다. 두 눈을 가린 것은 재판을 진행할 때 공정하라는 뜻입니다. 이 두 눈을 가린 두건이 롤스에게는 무지의 베일이 됩니다. 무지의 베일이라는 기초 위에서만 공정성이라는 정의가 확보될 수 있습니다.

이러한 신자유주의적 정책이 극단적으로 실현된 미국에서 사회적·경제적 불평등이 심각한 사회 문제로 떠오릅니다. 특히 최소 수혜자(그 사회에서 가장 혜택을 적게 받는 약자) 집단의 삶의 질이 악화되고, 그 삶의 안정성이 크게 위협받는 수준에까지 이르게 되죠.

이런 불평등의 불의함에 대해 미국 사회에 경종을 울리고 정의로운 사회로 나아가기 위한 윤리학설을 제시한 철학자가 롤스입니다. 공리주의자의 말과 달리, 그는 사회의 제일 덕목이 행복이 아니라 정의라는 점을 명확히 합니다. 기본적으로 '사회 정의는 성장이 아니라 공정한 절차에 따른 분배와 연관된다'고 생각한 거죠. 다음과 같은 롤스의 말은 그 철학의 핵심을 잘 보여 줍니다. "한 사람에게 케이크를 자르도록 한 뒤, 다른 사람들에게 그보다 먼저 케이크를 골라 갖도록 하고, 케이크를 자른 사람에게는 제일 나중에 남는 한 쪽을 취하도록 한다면 그는 케이크를 균등하게 자를 것입니다." 이처럼 자신의 조건이 유리하거나 불리함에 상관없이, 기만적(남을 속여 넘기는) 이기주의를 극복하고 분배와 관련해서 공정성을 확보하는 것이 절차적 정의의 핵심입니다.

하나, 정의로운 사회는 최소 수혜자까지도 행복한 사회다.

롤스는 『정의론』에서 공정한 절차 구성을 거쳐 정의의 원칙에 합의하기 위해 '원초적 입장'과 '무지의 베일'이라는 장치를 도입합니다. 원초적 입장이란 자신의 개인적 특성이나 사회에서의 위치를 모르는 무지의 베일을 덮어쓴 상태에서, 서로에게 무관심한 합리적 당사자들이 모든 사람에게 적용되기를 바라는 분배 원칙을 선택하는 가상적 상황을 말해요. 각 당사자들은 원초적 입장에서 무지의 베일을 덮어쓰고 있기 때문에 자기중심적인 관점에서 벗어나게 됩니다. 이 상황에서는 자신이 가장 열악한 계층이 될 가능성도 고려하지 않을 수 없기 때문이죠. 이 경우 모든 사람, 아니면 적어도 사회의 최소 수혜자들에게는 이득이 되도록 정의의 원칙을 설정하지 않을 수 없습니다.

이러한 장치들을 통해 절차적으로 구성된 '정의의 두 원칙'을 소개하면 다음과 같습니다. 첫째는 평등한 자유의 원칙으로 '동등의 원칙'이라 불립니다. 각 개인은 기본적 자유에 있어서 평등한 권리를 가져야 한다는 의미죠. 둘째는 기회 균등의 원칙에 바탕을 둔 것으로 '차등의 원칙'이라 합니다. 여기서 사회적·경제적 차등(불평등)은 다음의 두 조건을 만족시켜야 해요. 가장 불리한 여건에 있는 사람(최소 수혜자)에게 최대의 이득이 되어야 하며, 그 같은 불평등은 기회 균등의 원칙하에 모든 사람에게 개방된 직책이나 지위와 결부된 것이어야 하죠. 결국 롤스는 능력 위주의 사회를 허용하지 않을 뿐 아니라, 사회적으로 강하고 유리한 사람들이 불리한 사람들에게 대가를 지불해야 한다는 도덕적 의무를 강조하고 있는 거예요.

심지어 롤스는 사회적으로 가장 열악한 상태에 있는 최소 수혜자 집단에게 사회적 의사결정 과정에서 거부권을 부여해야 한다고 주장합니다. 이는 민주주의적 의사결정 방식인 다수결 원칙에 어긋나는 것처럼 보이지만, 사실 다수결은 최후의 수단이 되어야 합니다. 그렇지 않고 만병통치약처럼 사용하면 소수의 의견은 배제당하게 되죠. 다수라고 해서 모든 사안에서 언제나 올바른 의견에 도달하는 것도 아니고, 소수라고 해서 항상 틀리는 것은 아니기 때문입니다. 그래서 민주주의적 의사결정에서는 결론보다도 거기에 도달하는 과정의 공정성이 더욱 중요합니다.

이렇듯 공정성을 확보하기 위해서는 토론과 공청회 등 많은 논의 과정을 거쳐 자발적인 합의를 도출하는 과정이 반드시 필요해요. 그러나 실제의 의사결정 과정에서는 이러한 과정이 생략되고 다수의 의견이 강요될 수 있기 때문에, 불리한 위치에 있는 사람들을 보호하는 장치가 필요하죠. 그런 보호 장치 가운데 하나가 최소 수혜자의 거부권 행사인 것입니다. 누구나 (부도난 사업가처럼) 그 사회에서 불리한 위치에 놓일 수 있으므로, 이 제도는 사실상 모든 사람을 보호하는 장치라고 할 수 있어요.

둘, 절차적 정의는 비현실적이라는 한계를 지닌다.

『정의론』에서 롤스는 그 당시까지 영미 윤리학계를 지배하던 공리주의와 직관주의를 비판하고, 사회계약론을 통해 절차적 정의의 도덕적 근거를 제시했어요. 그는 이 책의 과제를 다음과 같이 설명합니다. "『정의론』의 목표는 (다른 말로 풀어서 설명하자면) 전통적인 사회계약론을 일반화하여 더 높은 추상화 단계로 끌어올리는 것이었습니다. 나는 이 학설이 자신에 대해 종종 치명적이라고 생각되는 가장 분명한 반대들에 직면하지 않는다는 것을 보여 주고 싶었습니다. 나는 이 개념(내가 '공정으로서의 정의'라고 부른 개념)의 주요한 구조적 특징을 더 분명하게 풀어 밝히고, 이 개념을 공리주의보다 우월한 정의에 대한 대안적인 체계적 해석으로서 발전시키기를 희망했습니다. 나는 이 대안적 개념이 전통적인 도덕 개념들 중에서 우리가 생각한 정의에 대한 신념에 가장 근접하며, 민주 사회의 제도를 위한 가장 적합한 토대를 형성한다고 생각했습니다."

전통적인 사회계약 이론에는 인간의 이기심과 전략적 합리성에 바탕을 둔 홉스(T. Hobbes, 1588~1679)의 유형과, 도덕성에 바탕을 둔 루소(J. J. Rousseau, 1712~1778)와 칸트(I. Kant, 1724~1804)의 유형 두 종류가 있습니다. 초기에 롤스는 사회계약론의 이 두 가지 가능성을 혼동했어요. 그래서 도덕성을 중시하는 칸트적인 요소와, 합리성을 중시하는 홉스적인 요소에서 비롯되어 그 당시 경제학에서 통용되던 합리적 선택이론('인간은 욕구 실현을 위해 최선의 수단을 선택하는 합리적 존재'라는 가정 아래 연역적 분석을 통해 사회 현상을 설명하는 이론을 말합니다)을 결합시켰죠. 사실 이러한 결합은 그의 정의론을 더없이 매력적인 것으로 보이게 했습니다. 자기 이익의 극대화를 전략적으로 추구하는 합리성으로부터 정의로운 도덕성이 나올 수 있다면, 도덕성이 지닌 무력한 당위성을 극복할 수 있다는 약속처럼 들렸던 거죠. 하지만 결국 이 점 때문에 롤스는 많은 비판에 직면하게 됩니다. 그리하여 나중에는 홉스적 사회계약론(전략적 합리성)을 철저하게 비판하고, 오로지 루소나 칸트의 사회계약론(도덕성) 전통을 따르게 되죠.

사실 롤스의 『정의론』은 사회 정의에 관한 완벽한 이론이라고 할 수 없습니다. 이 책은 서구 사회가 성취한 자유와 평등의 이념을 실현하는 구성적 절차를 제시했다는 점에서 높은 평가를 받았어요. 그러나 이 절차가 지나치게 추상적이고 당위적이어서 현실적인 힘을 지니기 어려웠죠. 또한 그 절차가 전제하는 사회나 합리적 당사자 같은 개념은 지나치게 서구적이어서, 서구와 다른 상황에 놓여 있는 사회에서는 현실성과 설득력을 지니기 힘들었습니다. 예컨대, 절차주의를 중요시하는 윤리학이 서구에서는 보수주의자를 비판하는 역할을 맡을 수 있지만, 제3세계에서는 변혁의 역량을 억제하는 수구주의적(守舊主義的, 옛 제도나 풍습을 그대로 지키고 따르는) 역할을 할 수도 있는 거예요.

우리 사회는 민주화 이후 절차적인 측면에서 많은 발전을 이루었어요. 하지만 여전히 사회적 · 경제적 불평등으로 몸살을 앓고 있는 것을 보면, 절차가 아무리 공정해도 그것만으로는 정의를 성취하는 데 한계가 있다는 점을 깨닫게 됩니다.

3 『정의론』과의 대결

진리가 사상 체계의 제일 덕목인 것처럼 정의는 사회 제도의 제일 덕목이다. 이론이 아무리 정교하고 간명하다 할지라도 그것이 진리가 아니라면 기각되거나 교정되어야 하듯이, 법이나 제도가 아무리 효율적이고 질서정연한 것일지라도 그것이 정의롭지 못하면 개혁되거나 폐지되어야 한다. 각 사람은 사회 전체의 행복이라도 능가할 수 없는, 정의에 기초를 둔 침해불가능성을 갖는다. 이런 이유로 정의는 타인들이 차지할 더 큰 선을 위하여 누군가에게서 자유를 뺏는 것이 옳다는 것을 부인한다. 다수가 누리는 더 큰 이익의 합을 위해 소수에게 희생을 강요해도 좋다는 것을 정의는 용납하지 않는다. 그러므로 정의로운 사회에서는 동등한 시민권에 속하는 자유들은 확립된 것으로 간주된다. 다시 말해서 정의에 의해 보장된 권리들은 어떠한 정치적 거래나 사회적 이해관계에 의한 계산에도 종속되지 않는다. 더 나은 이론이 없을 경우에만 결함 있는 이론이라도 묵인하는 것과 비슷하게 불의는 그보다 더 큰 불의를 피하기 위해 필요한 경우에만 참을 수 있는 것이다. 인간 활동의 제일 덕목으로서 진리와 정의는 타협의 대상이 아니다.

—『정의론』1장 1절

19세기 산업시대에 자연과학이 대단한 성공을 거두면서 자연과학의 방법이 진리로 가는 유일한 길이라는 믿음이 생겨났지요. 이 자연과학적 방법을 인간과 사회를 연구하는 데 적용하자는 입장이 실증주의라고 불리게 됩니다. 실증주의는 자연의 원자론과 사회의 개인주의를 전제하고서 사실의 객관성만을 신뢰하고 규범과 가치의 현실성을 부정합니다. 그렇지만 실증주의는 모든 규범적 가치를 거부하는 것처럼 보이지만 실상은 감각적 쾌락을 윤리학의 원리로 절대화합니다. 따라서 감정의 영역인 윤리학은 이제 진리의 영역에서 쫓겨납니다. 과학은 사실의 문제이지만 윤리는 감정의 문제가 됩니다. .

이런 식으로 실증주의는 가치로부터 자유로운 자연의 법칙과 가치에 물든 그래서 주관적이라고 평가절하되는 도덕의 규칙 사이에 경계를 설정합니다. 그래서 실증주의 윤리학이라는 용어 자체는 모순이 됩니다. 다시 말해서 실증주의에서 고유한 의미에서의 윤리학은 성립할 수 없습니다. 윤리학은 과학이 아니며, 윤리학의 용어와 명제는 사실과 무관하므로 과학적으로 무의미하다는 것이지요. 하지만 이러한 생각은 거꾸로 현대의 과학이 삶과 구체적 사회관계에서 벗어나 추상적인 것에 불과하다는 것을 뜻하는 것이기도 합니다.

과학과 삶의 분리 이후 윤리학마저 삶과 분리되어 순전히 윤리학적 언어에 대한 분석으로 축소됩니다. 이를 우리는 메타윤리학이라고 부릅니다. 그러나 메타윤리학이 윤리학적 언어를 명료하게 밝혀준다는 장점이 있긴 하지만 구체적인 삶과 현실로부터 윤리학이 벗어나 버리고 말지요. 그런 점에서 메타윤리학은 윤리학에 대한 비판적 반성이 아니라 삶의 윤리학, 정의로운 사회에 대한 규범적 기초에 대한 탐구를 포기하는 것을 의미하게 됩니다. 건물을 짓기 위해서는 먼저 기초 공사를 잘해야 하듯이 정의로운 사회라는 구조도 그 기초가 튼튼해야 합니다. 정의의 원칙이 정의로운 사회라는 구조의 기초에 해당하지요. 정의의 원칙이라는 기초를 규범적이라고 부르는 것은 이것이 도덕의 영역에 속하기 때문이지요. 그래서 이 정의의 원칙에 대한 탐구가 정의로운 사회를 건설하기 위한 규범적 기초가 됩니다.

메타윤리학은 언어의 의미론으로 축소된 윤리적 형식주의 담론이 됩니다. 그런데 형식은 내용을 결여합니다. 따라서 메타윤리학은 내용 없는 논리적 골격만을 갖게 되지요. 결국 규범적 가치의 문제를 다루어야 할 윤리적 가치 분석에 실질적인 가치 문제는 배제됩니다. 이를 윤리학적 진공 또는 공백이라고 부를 수 있습니다. 이러한 공백을 니체는 허무주의라고 불렀지요. 과학의 시대는 곧 허무주의 시대인 것입니다. 이를 고려한다면 윤리학이 무의미한 것이 아니라 메타윤리학이 공허하다는 점이 드러납니다.

실증주의와 메타윤리학에서 전제된 가치와 사실의 분리는 데카르트의 심신 이원론에 의해 그 단초가 마련된 것입니다. 이 이원론이 라이프니츠에 의해 '사실의 진리'와 '이성의 진리'로 확정됩니다. 이러한 이원론은 경험론자인 흄에 이르러서는 사실과 가치의 영역으로 구분됩니다. 이로써 가치를 다루는 윤리와 도덕은 사실을 다루지 않음으로 해서 참과 거짓의 세계에서 추방되지요. 그래서 윤리와 도덕은 더 이상 과학적 탐구의 대상이 아니게 됩니다. 이러한 사실과 가치의 이원론을 인식의 영역과 신앙의 영역이라는 두 개의 대상 영역으로 나누고 이러한 이분법에 철학적으로 근거를 제시한 이가 칸트입니다.

그러나 칸트에게 아직 도덕의 문제는 여전히 그의 철학의 중심 문제로 남아 있습니다. 그의 이원론에서 신앙은 지식보다 우위를 갖습니다. 결국 이론 이성보다 실천 이성이 우위를 갖습니다. 대신 실천 이성은 현실과 멀어져 형식주의로 빠져듭니다. 이러한 실천 이성의 우위도 19세기에 등장한 실증주의로 인해 파괴됩니다. 수학적 물리학에 바탕을 둔 자연과학의 놀라운 성공으로 인해 모든 학문적 탐구를 자연과학적 방법론으로 환원하여 통일하고자 하는 통일과학의 프로그램이 제시됩니다.

과학주의의 득세 이후 자연과학의 방법이 적용되지 않는 영역은 과학에서 배제되고 맙니다. 이 배제는 과학과 과학 아닌 것의 경계 설정을 통해 이루어집니다. 이러한 경계 설정의 문제점은 첫째 자연과학 방법에 대한 소박한 맹신(盲信)에서 비롯됩니다. 과학주의가 맹목적인 신앙인 이유는 실증주의의 방법의 원리로 제출된 검증 가능성, 즉 과학과 비(非)과학을 나누는 과학성의 기준마저 사실에 의해서 규정될 수 없기 때문입니다. 그래서 실증주의자들이 주장하는 경계 설정의 절대성은 과학의 역사성과 사회성에 무지한 매우 소박한 독단주의에 지나지 않습니다. 이 치명적인 독단론이 다행스럽게도 과학자들의 실제적인 자연과학의 탐구에는 별로 영향을 미치지 못합니다. 다만 과학을 닮으려고 한 철학자들의 공허한 메아리일 뿐입니다. 이러한 사례는 이 실증주의자들이 실제적 과학 탐구에 얼마나 무지한가를 잘 보여 주지요.

하지만 이 독단론은 사회과학이나 윤리학을 포함한 철학에는 많은 해악을 끼쳤습니다. 왜냐하면 통일과학의 환원주의는 자연과학의 방법이 적용 불가능한 대상이나 영역을 과학적 탐구의 영역에서 배제하기 때문입니다. 따라서 사회과학은 윤리학과의 연관성을 상실합니다. 즉 가치중립성이라는 구호 하에서 사회과학은 기능주의와 실증주의적인 통계와 계량적 방법으로 축소됩니다. 이는 사회과학이 현 자본주의 체제를 옹호하는 체제 유지 이데올로기로 전락함을 의미하지요. 즉 규범적 가치판단이 포기되자 비판적 의식도 사라진 것이지요. 윤리학도 경제학과 정치학과 법학에서 분리되면서 모든 규범 판단을 포기하고 언어분석인 메타윤리학으로 축소되고 말지요.

메타윤리학이란 더 이상 윤리학은 과학적으로 탐구할 것이 없으므로 도덕 언어의 분석과 논리 구조를 탐구해야 한다고 주장합니다. 이 때문에 메타윤리학은 윤리학의 자살 시도라고 할 수 있어요. 그러나 메타윤리학의 문제점은 이런 주장 자체가 은연중에 자신이 배제한 가치판단과 규범판단을 내린다는 것이지요. 자신이 쳐놓은 그물에 자기 자신이 걸린 셈입니다. 이와 더불어 메타윤리학의 또 다른 문제점은 윤리학이 쾌락과 고통이라는 결과의 관점에서 개인의 행위를 탐구하는 개인윤리학이 되고 사회과학적 규범적인 기초는 이러한 개인적 쾌락의 계산 문제로 전락하고 만다는 점입니다. 다시 말해서 도덕은 개인의 선호 차원의 문제가 되고 총량 계산의 문제가 되고 맙니다. 이를 의식적으로 표현한 것이 벤담의 공리주의입니다. 공리주의는 행복 계산의 윤리학이지요. 그런데 앞에서 지적한 것처럼 행복 계산에서는 총량이 커지는 대가로 소수의 희생이 용납되는 문제점을 낳습니다.

이처럼 실증주의, 메타윤리학, 공리주의가 낳은 윤리적 진공 상태에서 사회정의를 내세우며 다시 윤리학을 사회구성의 원칙과 관련시켜 윤리학과 정치철학의 철학적 영웅으로 등장한 철학자가 롤스입니다. 롤스의 문제의식은 "단단한 모든 것의 기반이 사라져버린 시대"(마르크스)에 남아 있는 도덕적 빈 공간을 무엇으로 채워야 하는가라는 것이었지요. 롤스나 하버마스 같은 윤리적 칸트주의자들은 구성적 절차가 그 빈 공간을 채워야 한다고 주장합니다. 구성적 절차를 제외하고서는 도덕적 사실은 존재하지 않습니다.

롤스의 후기 대작인 『정치적 자유주의』에서 이를 명확히 표현하고 있습니다. "정치적 구성주의는 정치 개념의 구조와 내용에 관한 하나의 견해이다. 이는 일단 언젠가 반성적 균형이 획득되면 정치적 정의의 원칙들(내용)은 어떤 구성 절차(형식)의 산물로서 표상된다는 것을 의미한다. 원초적 입장에 의해 모델화된 이 절차 속에서 시민들의 대표인 합리적 행위자는 합당한 조건에 종속된 채로 공공 정의의 원리를 선택해서 사회의 기본 구조를 조절한다. 우리가 추측하듯이 이 절차는 실천이성의 적절한 모든 요구를 구현하며, 어떻게 사회와 인격 개념들(즉, 그 개념들은 그 자체가 실천이성의 이념들)과 공동으로 실천이성의 원칙들로부터 정의의 원칙들이 도출되는지를 보여준다."

칸트의 윤리학을 절차주의적으로 재구성하고 이를 위해 사회계약론을 추상적으로 일반화함으로써 롤스는 그 당시 영미권에서 윤리학을 지배하고 있던 공리주의를 근본적으로 비판하고자 합니다. 그에 따르면 공리주의는 "실현 가능하고 체계적인 도덕관"을 형성하는 데 실패한 것이지요.

행위의 동기가 아닌 결과에 주목하는 목적론적 이론들인 공리주의(벤덤과 밀)와 완성주의(아리스토텔레스)는 공리(utility)의 원리나 목적(telos)의 원리라는 좋음(the good)의 개념에 기반을 두고 있지요. 목적론적인 윤리설에서 좋음은 옳음(the right)과는 별도로 정의되고, 옳은 것은 좋은 것을 최대화하는 것으로 규정될 뿐입니다. 좋은 것이 옳은 것보다 우위에 서게 됩니다. 옳음 그 자체는 아무런 의미가 없지요. 그래서 롤스가 이 이론들을 비판할 때 정의가 사회제도의 제일 미덕이라고 선언한 것입니다.

그런데 이러한 목적론적 이론들이 직관적인 호소력을 가지게 되는 이유는 이 이론들이 합리성 개념을 잘 구현하는 듯이 보이기 때문입니다. 합리성(효율성)은 어떤 것을 최대화하는 것이고 (이 목적론적 이론에 따르면) 도덕에서 합리성은 좋은 것을 최대화하는 것이어야 합니다. 목적론적 학설들은 그 좋음의 개념이 무엇으로 확정되느냐에 따라서 구별됩니다. 좋음이 인간적 탁월함(덕)의 실현으로 간주되면 목적론은 완성주의라고 불리고, 좋음이 쾌락으로 정의된다면 쾌락주의라고 불립니다.

목적론의 한 형태인 공리주의는 공리의 원리를 합리적 욕망으로 정의합니다. 공리주의에서 사회 협조의 적절한 조건들은 개인들의 합리적 욕구 충족의 최대치를 달성하는 것에 의해 정해집니다. 하지만 공리주의에서는 만족의 최대치 달성이 중심문제가 될 뿐 배분의 문제는 결여되어 있지요. 예를 들어 공리주의에는 한 사회의 빵의 크기만 최대로 할 것을 추구하고 그 빵이 어떻게 그 구성원에게 배분될 것인가에 대한 성찰이 빠져 있어요. 공리주의는 자기 이론의 기초인 공리의 원리에 의해 분배의 문제를 해결할 수 없습니다. 더군다나 사회에서 혜택을 가장 적게 받는 최소 수혜자의 자유권의 침해가 다수가 누리는 최대의 좋음에 의해 정당화된다는 데에는 과연 어떤 근거가 있을 수 있나요?

더 나아가 롤스가 보기에 공리주의는 비민주적이며 비개성적인 이론입니다. 공리주의의 문제점은 한 사람에게 해당하는 합리적 선택의 원리를 '공정한 관객'과 '공감'을 바탕으로 해서 전체 사회에 적용한다는 점입니다. 아무리 공정한 관객이라도 민주주의적인 절차 없이 의사결정을 한다면 이는 비민주주의적인 독재에 불과합니다. 또한 공리주의에서는 모든 인간의 개인적 차이가 공정한 공감 작용을 하는 관객의 상상 활동을 통해서 획일화됩니다. 다시 말해서 공리주의는 개성을 존중하는 진정한 개인주의가 아닙니다. 이런 이유들로 해서 개인의 이기심의 제한과 최소 수혜자에 대한 배려, 개인의 기본권에 대한 상호인정, 개인의 자율성 등 도덕성의 핵심 개념들이 공리주의가 생각한 좋음의 최대화라는 합리성 개념에서 도출될 수 없다는 것이지요.

완성주의에는 두 종류가 있어요. 완성(목적)의 원리를 예술, 과학, 문화에서 인간적 탁월함의 달성을 최대화하도록 제도를 정비하고 개인의 의무와 책무를 정의하는 데 있어서 사회를 지도하는 유일한 원리로 보는 니체적 완성주의가 있고, 다른 한편 이것보다 더 겸손하게 완성의 원리를 여러 표준 중의 하나로만 수용하는 아리스토텔레스적 완성주의가 있습니다.

이러한 완전주의를 거부하는 이유로 롤스는 완전성에 대한 합의된 기준이 존재하지 않는다는 것을 들고 있습니다. 다시 말해서 완성의 원리는 자발적인 연합의 원리일 뿐 기본적 자유권 보장과 배분 문제 해결을 위한 강제적인 국가 기구의 정치적 원리가 되지 못합니다. 왜냐하면 상이한 완성의 개념을 지닌 사람들이 강압 없이 자발적으로 국가를 조직할 이유가 존재하지 않기 때문입니다. 더군다나 완성의 원리는 기본 구조 속의 권리들이 본래적 가치의 종합을 최대화하기 위하여 할당되어야 한다고 주장하지만 이 주장으로부터 기본적 자유의 평등한 배분이 최선의 해결책이라는 것이 반드시 귀결되지 않습니다. 완성주의는 인격의 본성과 그 상황의 우연성에 지나치게 의존적이어서 정치적 의사결정의 절차적 원리가 되지 못한다는 것이지요.

롤스에 따르면 공리주의나 완성주의 등의 목적론적인 학설들의 문제점은 실체적인 좋음의 개념에 의존한다는 것입니다. 실체적인 좋음에 대한 비강제적인 합의는 공리(utility)의 원리나 완성(perfection)의 원리로는 달성되지 못한다는 것이지요. 이와는 대조적으로 롤스는 좋음의 개념을 형식화합니다. 이를 좋음에 대한 옳음의 우위라고 표현하지요.

도덕 철학 또는 윤리학의 핵심적인 두 개념은 전통적으로 좋음(선)과 옳음(정의)입니다. 플라톤의 이상 국가와 철인 정치, 아리스토텔레스의 직관적인 삶의 행복으로부터 시작해서 19세기의 공리주의에 이르기까지 옳음, 즉 정의는 좋음(예컨대 선의 이데아)과 관련해서 또는 더 나아가서 좋음에 의해 규정되었지요. 공리주의에서 좋음은 쾌락으로 규정되고, 이 쾌락을 최대화하는 행위가 올바른 것으로 간주되었습니다. 하지만 롤스와 하버마스 같은 변형된 윤리적 칸트주의자들은 옳음이 좋음보다 우위를 지니며, 더 나아가서 옳음은 절차적 구성의 문제이기 때문에 좋음에 대한 견해를 필요로 하지 않는다고 주장하는 것이지요. 한마디로 하면 롤스는 그 당시까지 영미 윤리학계를 지배하던 공리주의와 직관주의를 비판하고 칸트적인 사회계약 이론을 현대화하고 추상화함으로써 사회(분배) 정의의 도덕적이고 규범적 근거를 제시하고자 합니다.

나의 목적은 말하자면 로크, 루소, 그리고 칸트에게서 발견되는 것과 같은 친숙한 사회계약론을 일반화하고 더 높은 차원으로 추상함으로써 하나의 정의관을 제시하려는 것이다. 이를 위해서는 최초(원초) 계약을 어떤 사람이 특정 사회로 들어가거나 특정 형태의 정부를 세우는 것으로 생각해서는 안 된다. 오히려 이것의 주도적인 생각은 사회의 기본 구조에 대한 정의의 원칙들이 최초 합의의 대상이라는 점에 있다. 이 원칙들은 자신의 이익 증대에 관심을 가진 자유롭고 합리적인 사람들이 평등한 최초의 입장에서 그들 공동체의 기본 조건을 규정하는 것으로 받아들이게 되는 원칙들이다. 이러한 원칙들은 그 이후의 모든 합의를 규제하게 된다. 즉, 이 원칙들은 참여하게 되는 사회적 협조의 종류와 설립할 정부의 형태를 정해주게 된다. 나는 정의의 원칙들을 이렇게 보는 방식을 공정으로서의 정의라고 부르고자 한다.

그래서 우리는 사회적 협조에 참여하는 사람들이 공동의 행위로 함께 다음과 같은 원칙들을 선택하게 된다고 상상해보자. 이 원칙들은 기본적인 권리와 의무를 할당하고 사회적 이득의 분배를 규정하는 것이다. 사람들은 그들이 어떻게 상호간에 상충하는 요구를 조절할 것인가와 그들 사회의 기본 헌장이 무엇인가를 미리 결정해야 한다. 각 사람이 합리적인 반성에 의해서 무엇이 자신의 선인지를, 다시 말하면 그가 추구하는 것이 합리적이라고 여겨지는 목적의 체계가 무엇인지를 결정해야 하듯이, 한 집단의 사람들은 그러한 목적 체계 가운데서 무엇이 정의롭고 무엇이 불의로 간주될 것인가를 단번에 결정해야 한다. 합리적인 인간들이 평등한 자유의 가상적 상황에서 행하게 될 선택이, 일단 이러한 선택 문제가 해답이 있다고 가정될 경우에, 정의의 원칙들을 결정하게 된다.

─『정의론』 1장 3절

논리실증주의가 남겨놓은 윤리적 공백 상태에서 롤스는『정의론』을 통해 규범 윤리학의 가능성을 제시합니다. 그는 그 당시까지 지배적인 윤리학적 학설이었던 공리주의와 직관주의를 비판하면서 로크, 루소, 칸트의 전통적인 사회계약론의 재구성을 시도합니다. 그는 칸트의 자율 개념(즉, 자유롭고 평등한 합리적 존재자로서의 인간 본성)과 경제학에서 표준적으로 제시된 합리적 선택 이론을 결합하여 공정으로서의 정의 개념을 제안합니다. 이 정의의 이론에서 핵심적인 위치를 차지하는 원초적 입장은 "칸트의 자율의 개념과 정언 명법에 대한 절차적 해석"이라는 점입니다. 다시 말해서 『정의론』은 절차주의적으로 변형된 윤리적 칸트주의입니다. 『정의론』을 통해서 논리실증주의의 바탕이 된 흄의 도덕감정론에서 칸트 식의 보편주의적 윤리학으로의 전환이 이루어집니다.

롤스의 관점은 명확히 칸트적인 보편주의적 도덕의 관점입니다. 이 관점은 따라서 당연히 현실적이지 않습니다. 이 관점에서 확보된 계약은 그런 점에서 가설적인 계약이 됩니다. 실제로 롤스와 칸트 자신들도 사회계약은 가설적인 계약이라고 이야기하지요. 전통적인 사회계약론에 있어서 자연 상태에 해당하는 것이 롤스에 있어서는 평등한 최초 입장입니다. 그러나 이 최초(원초)적 입장을 역사상 실재했던 상태로 생각해서는 안 되고 더욱이 문화적 원시 상태로 생각해서도 안 됩니다. 그것을 순수한 가상 상황으로 이해해야 합니다. 이러한 상황에서는 아무도 타고난 우연의 결과나 사회적 조건의 우연성으로 인해 유리하거나 불리해지지 않는다는 것이 필수적인 전제이지요. 다시 말해서 아무도 자신의 사회적 지위나 계층상의 위치를 모르며 어느 누구도 자기가 어떠한 소질이나 능력, 지능, 체력 등을 천부적으로 타고났는지를 몰라야 합니다. 심지어 당사자들은 자신의 가치관이나 특수한 심리적 성향까지도 몰라야 합니다. 이러한 가정을 롤스는 '무지의 베일'이라고 부릅니다.

　이 평등한 최초의 상황에서 우연의 유리함과 불리함을 제거한 무지의 베일 뒤에서 정의의 원칙들이 선택되어야 합니다. 따라서 여기에서 도달된 기본적 합의는 공정하다고 할 수 있습니다. 이로 인해서 '공정으로서의 정의'라는 말이 얼마나 정확한 표현인지를 알게 됩니다. 왜냐하면 이 말은 정의의 원칙이 공정한 최초 상황에서 합의된 것이라는 생각을 담고 있기 때문이지요.

　그럼 정의란 무엇인가요. 사회라는 집을 지으려면 기초공사를 먼저 해야 합니다. 사회라는 집의 기초에 해당하는 것이 정의입니다. 정의는 이런 점에서 사회구성의 원리라고 할 수 있습니다. 정의를 사회구성의 원리라고 하는 것은 정의의 역할에 있습니다. 정의의 역할이란 기본적인 사회 제도 내에서 권리와 의무를 할당하는 방식을 제시해 주며 사회 협동체의 이득과 부담의 적절한 분배를 결정해 줍니다. 그래서 이러한 분배 기준이라는 역할 때문에 아리스토텔레스는 분배정의라는 말을 만들었고 롤스 이후로 분배정의는 사회정의라는 말로 불리기도 합니다.

　그런데 이득의 분배를 결정해 줄 사회 체제를 선정해 주고 적절한 분배의 몫에 합의하는 데 필요한 어떤 원칙들의 체계가 요구되지요. 이러한 원칙들이 사회정의의 원칙입니다. 이 원칙에 따라 사회의 기본구조에 해당하는 헌법과 체제가 다르게 결정됩니다. 사회정의의 역할에는 모두가 동의할 수 있지만 이 정의의 원칙은 가치관에 따라, 다시 말해서 각자의 정의관에 따라 달라집니다. 자유지상주의적 정의관에 따르면 정의의 원칙은 타인의 재산을 침해하지 않는 근거인 자기소유권 보호입니다. 공리주의적 정의관에 따르면 각자를 동등한 쾌락 계산의 항목으로 인정하는 것입니다. 따라서 쾌락을 최대화하는 것이 정의로운 것이며 이를 위해 희생이 필요하다면 이를 용납하는 것이 불의가 아니라고 간주하는 것입니다.

그와는 달리 롤스의 공정으로서의 정의라는 관점에 서게 되면 공리주의나 자유지상주의와는 달리 최초 입장에서 사람들은 다음과 같은 두 개의 상이한 원칙을 채택할 것입니다. 즉, 첫 번째 원칙은 기본적인 권리와 의무의 할당에 있어 평등을 요구하는 것입니다. 반면 두 번째 원칙은 사회적 · 경제적 불평등, 예를 들면 재산과 권력의 불평등을 허용하되 그것이 모든 사람, 그중에서도 특히 사회의 최소 수혜자에게 그 불평등을 보상할 만한 이득을 가져오는 경우에만 정의로운 것입니다. 이러한 원칙에 의하면 소수를 희생하여 전체의 보다 큰 선을 이루려는 어떤 제도도 불의가 됩니다. 예를 들어 다른 사람의 번영을 위해서 일부가 손해를 입는다는 것은 편의적인 발상이지 결코 정의로운 것은 아닙니다. 그러나 만약 불운한 자의 처지가 더 향상된다면 소수자가 더 큰 이익을 취한다고 해서, 즉 불평등한 분배가 이루어진다고 해서 이를 불의라고 여겨서는 안 됩니다.

이렇게 롤스가 제시한 두 개의 정의 원칙들은 공정한 합의에 따라 이루어진 것입니다. 공정하다는 것은 일단 우리가 천부적 재질이나 사회적 여건의 우연성을 정치적 · 경제적 이득의 요구에 있어 무의미한 것으로 무시한다는 것이지요. 그 원칙들은 우리의 도덕적 견지에서 볼 때 우연적이고 임의적인 요소들을 배제한 결론입니다.

그런데 칸트 윤리학은 현실성이 결여된, 무력한 원칙주의라는 공격을 늘 받았습니다. 이런 점 때문에 롤스는 칸트 윤리학의 이러한 문제점을 해결하기 위해 절차주의적 구성을 시도합니다. 칸트 윤리학에서 도덕성의 형이상학적 기초를 제거하고 현실적인 요소인 합리성으로부터 도덕성을 도출해 내려는 것이지요. 롤스의 생각에 따르면 합리적 선택 이론의 도구적이고 계산적인 합리성에서 도덕성이 도출되어야 칸트적인 도덕성이 지닌 무력한 당위를 극복하고 정의의 이론이 현실적인 힘을 가지게 된다는 것이지요.

계약론적 설명 방식이 갖는 장점은 정의의 원칙, 즉 도덕성이 합리적인 사람들에 의해 선택된다는 점입니다. 이런 식으로 정의론은 경제학적인 표준 학설인 합리적 선택 이론의 일부가 됩니다. 더 나아가서 정의의 원칙은 사회적 협조에 의해 얻어진 이득에 대한 서로 상충되는 요구들을 다루는 것이므로 여러 개인이나 집단 사이의 관계에 적용되어야 합니다. 그런데 '계약'이란 말은 당사자들에게 받아들여질 수 있는 원칙들에 따라서 이루어져야 한다는 조건을 나타내고 있지요. 게다가 계약론적 설명 방식의 장점은 정의의 원칙들이 이해관계의 당사자들 모두에게 공지되어 있다는 것을 포함하고 있다는 점입니다. 그래서 이러한 원칙들은 합의의 결과이므로 모든 시민들은 다른 시민들도 그 원칙에 따르리라는 것을 미리 전제할 수 있어요. 이 점이 계약 이론의 특성이라 할 수 있지요.

이와 같이 해석된 롤스의 초기 입장은 서로 양립할 수 없는 두 요소로 구성되어 있었습니다. 그 두 요소는 합리적 선택 이론의 도구적 합리성과 칸트의 자율적 인격 개념이 지닌 도덕성입니다. 그가 이 두 요소(합리성과 도덕성)를 절차주의적으로 연결시키려고 했지요. 앞에서 언급했듯이 이러한 시도인 공정으로서의 정의에는 옳음의 개념이 좋음의 개념보다 우위에 있다는 것이 전제로 깔려 있지요.

이러한 옳음의 우위는 롤스에 의해 좋음의 형식화로 나타납니다. 이러한 형식화를 통해서 생겨난 '합리성으로서의 좋음'은 인격과 상황의 우연성 문제를 배제합니다. 이러한 좋음의 정의는 '숙고된 합리성'에 의해 선택된 삶에 대한 합리적인 계획에 의해 한 인격의 좋음을 규정할 뿐입니다. 그러나 이 좋음의 정의(定義)만으로는 구체적인 목적이나 지침을 규정할 수 없지요.

이처럼 좋음의 개념을 형식화함으로써 롤스는 평등한 자유권 보장과 공정한 배분 문제 해결을 위한 도덕성의 기초를 확보합니다. 다시 말해서 각 개인이 지닌 욕망의 가치 정도와 좋음의 합당한 개념에 제한을 가할 수 있는 근거를 확보합니다. 이는 물론 좋음에 대한 옳음의 우위에 의해서 이루어집니다. 왜냐하면 각자의 좋음을 최대화하려는 개인들의 합리적 전략으로부터 좋음에 대한 서로 다른 관점들에 의해서 각자에게 제한을 요구하는 도덕성을 도출해 낼 수 없기 때문입니다.

그러나 롤스에 따르면 옳음을 우위에 두는 관점에서는 이 도덕성에 대한 합의의 도출이 가능하게 됩니다. 더 자세히 말하자면 각 개인의 차이를 획일적으로 무시하지 않으면서도 공정한 절차의 구성(최초 입장, 무지의 베일, 질서정연한 사회)을 통해서 그 기준에 대한 합의 도출이 가능하다는 것이지요. 이러한 점을 분명히 하기 위해 그는 정의의 목표가 합리적 계획의 성취를 최대화하는 것이 아니라고 못을 박아둡니다. 이렇게 함으로써 그는 좋음의 비결정성과 무관하게 옳음을 독립시킵니다. 이는 주어진 역사의 문맥에 상관없는 형식적이고 보편적인 '도덕적 관점'을 전제한 것입니다. 이런 점에서 롤스의 윤리학은 칸트의 의무론적이고 형식주의적이고 보편주의인 윤리학을 절차윤리학으로 재구성하는 것으로 간주됩니다. 이 점 때문에 롤스의 윤리학도 칸트의 윤리학과 마찬가지로 여전히 비현실적이라고 비판받게 되는 것입니다.

롤스에 의하면 도덕적 관점으로부터만 도덕적 물음이 공정하게 평가될 수 있습니다. 롤스는 이 관점을 원초적(최초의) 입장과 무지의 베일과 질서정연한 사회의 구성에 의해 확보합니다. 그런데 이러한 원초적 입장에 놓인 인간은 자유롭고 평등하다고 간주됩니다. 이 경우에 발생하는 문제는 최초 입장의 인간과 합리적 전략을 구사하는 현실적 인간 사이의 괴리입니다. 어떻게 합리적인 사람들 모두에게 누가 공정한 최초 입장에서 생각하도록 동기를 부여할 수 있을까요?

이처럼 자신의 좁은 이해관계를 스스로 넘어서려는 동기부여가 합리성에 의해서는 저절로 해결될 수 없어요. 이 문제로 인해 합리적 선택 이론의 도구적 합리성과 절차적으로 구성된 최초의 입장의 도덕성이 직접적으로 연결되지 않음이 드러납니다. 달리 표현하자면 전략적(도구적) 합리성을 구사하는 개인들이 자발적으로 최초의 입장으로 들어가려고 할 것인가의 문제점이 드러남에 따라, 도구적 합리성으로부터 도덕적 관점으로 옮겨가는 것이 필연적이지 않다는 점이 잘 드러납니다. 이런 약점 때문에 롤스가 두 차원의 합리성, 즉 도덕적인 합당성(실천적 이성)과 도구적 합리성(계산적 이성)을 구분하지 않은 채로 모호하게 사용하는 것이 아닌가라는 비판이 제기됐어요. 롤스가 도덕적 관점을 도구적 합리성과는 별도로 확보하고, 도구적 합리성을 별도의 도덕적 관점에 종속시킨 것에 불과하다는 것이지요. 따라서 합리성 개념을 통한 도덕성의 정당화 전략은 실패한 것입니다. 이는 현실의 인간을 추상화하여 구성한 선의지에 기초를 둔 칸트 윤리학의 당위적 비현실성과 무력함의 요소가 롤스의 『정의론』에 여전히 내재하고 있음을 보여줍니다. 원래 롤스가 칸트의 이 요소를 보완하기 위해 합리적 선택 이론을 도입했던 것이었는데 말입니다.

합리성을 통한 도덕성을 확보하려는 전략의 실패로 인해 롤스는 합리성이 아닌 인격의 개념에서 도덕성을 확보하려고 시도합니다. 하지만 인격 개념도 동일하게 그 이중성이라는 벽에 부딪히고 맙니다. 롤스는 성향과 선호를 지닌 현실적 인간과 자유롭고 평등한 인격 개념을 섞어서 사용합니다. 이처럼 롤스의 합리성 개념도 모호할 뿐만 아니라 그의 인격 개념도 모호하다는 것이지요.

원래 공동체주의에 의해 칸트적인 자유롭고 평등한 자율적인 인격은 추상적이고 공허하고 무력한 '의무론적 자아'로 비판받았습니다. 공동체주의자 마이클 샌델은 "모든 가능한 구성적 애착에서 벗어난 의무론적 자아는 해방된 것이라기보다는 무력하기만 하다."고 이러한 자아관을 비판합니다. 이러한 추상적이고 원자화된 자아는 전혀 현실성이 없습니다.

롤스의 계약 모델에는 최초 입장에서 자신의 이해관계를 극복하도록 정의를 강요받는 참여자와 도구적 합리성의 참여자가 모호하게 섞여 있습니다. 이 이중성을 극복하고자 나중에 그가 규범적으로 내용이 풍부한(합당한) 인격 개념을 도입하게 됩니다. 그러나 앞서 지적한 바대로 규범 내용이 풍부한 인격 개념인 의무론적인 자아는 현실적으로 무력할 뿐입니다. 더 나아가서 이 의무론적 자아의 도덕성에 대한 인간학적이거나 형이상학적인 정당화도 불가능합니다. 이런 식으로 합당한 (reasonable), 즉 도덕적인 인격을 전제하게 되면 최초 입장의 도덕성을 통해서만 정의 원리의 도덕성이 확보되기 때문에 이 도덕성 정당화는 동어반복에 지나지 않게 됩니다.

롤스는 합리성의 개념을 통해서도, 또 인격의 개념을 통해서도 도덕성의 규범적 정당화를 수행하는 데 실패합니다. 롤스는 이 실패에 직면하여 초기의 자신의 입장에서 합리적 선택 이론을 폐기하고 추상적이

고 형이상학적인 인격 개념을 부정합니다. 그가 새로 제시하는 것은 '철학적이 아닌 정치적인 자유주의'입니다. 이런 식으로 『정의론』의 시도를 나중에 롤스는 취소합니다. "정의의 이론을 16쪽과 538쪽처럼 합리적 선택 이론의 일부로 서술한 것은 『정의론』의 오류였다―이는 사람들을 매우 잘못 이끄는 오류였다. 내가 언급했어야 하는 것은 공정으로서의 정의 개념은 당사자들의 토론을 자유롭고 평등한 인격을 대변하는 것으로 특징짓기 위해서 합당한(실천 이성적인, reasonable) 조건에 종속되어 있는 합리적(이익 계산적인, rational) 선택의 견해를 이용한다는 것이다."

이처럼 롤스의 초기 시도에 문제가 생긴 것은 도덕성을 산출해 내는 합리성의 두 차원을 구분하지 않은 데 있는 것입니다. 이런 까닭에 그는 이 인용문처럼 합리성을 도구적 합리성(rationality)과 실천 이성적 합당성(reasonableness)으로 구분하고 합리성을 합당성에 종속시킴으로써 초기 시도의 문제점을 해소하고자 합니다. 이렇게 합당성을 설정하지 않고서는 합리성과 도덕성은 매개될 수 없다고 본 것입니다. 이런 식으로 롤스는 자신에게 가해진 비판에서 벗어나고자 시도한 것이지요.

롤스가 이렇게 자신의 초기 견해를 바꾸게 된 데에는 현대를 '합당한 다원주의의 사실'에 처한 시대라고 규정하는 상황 진단이 깔려 있습니다. 롤스에 의하면 "합당하지만 양립 불가능한 포괄적인 학설들의 다원성이라는 사실은 『정의론』에서 사용된 공정으로서의 정의의 질서정연한 사회라는 관념이 비현실적임을 보여준다. 왜냐하면 그 관념이 그 정의의 원칙들을 예견 가능한 조건 중에서 가장 좋은 조건하에서 실현하는 것과는 양립 불가능하기 때문이다."

단단한 모든 것(예컨대, 좋음의 이념)이 사라진 시대에서는 좋음에 대한 어떤 포괄적인 학설도 그 맥락을 벗어나 보편화되는 것이 불가능합니다(이러한 예로는 지구적으로는 문명 충돌, 자국 내에서는 종교 갈등을 들 수 있지요). 그렇다고 해서 그 윤리적 진공 상태에서 오로지 자기 이익을 추구하는 인간의 도구적 합리성만으로는 도덕성을 근거 지우기 어렵습니다. 이런 상황에 대한 처방으로 롤스는 절차적 합리성(구성주의적 윤리학)을 통한 옳음(정의의 원리)의 구성을 제시합니다. 절차를 통한 구성이 도덕적 진공 상태를 메우게 된 것입니다. "정치적 정의의 원리는 합당한 조건에 종속된 합리적 인격들(또는 그들의 대표자들)이 사회의 기본 구조를 규제하기 위해 이 원리를 채택하는 구성 절차의 결과이다."

이러한 롤스의 구상에 따르면 합당성에 기반을 둔 구성 절차가 합리성과 도덕성을 매개하게 됩니다. 그런데 과연 합당성에 기반을 둔 구성 절차만으로 합리성에서 도덕성이 진정으로 도출될 수 있을까요?

롤스의 시행착오적인 시도를 통해서 우리는 합리성을 규범적으로 내용이 충분하고 유일한 전제로 사용할 수 없음을 알게 되었습니다. 또한 칸트에게서 나타나는 것처럼 자아-동일성을 지니고 추상적인 선의지를 갖춘 형이상학적인 인격 개념에서 도덕성을 확보할 수 없음도 알게 되었습니다. 단단한 모든 것의 기반이 사라져버린 시대에 남아 있는 도덕적 빈 공간을 무엇으로 채워야 할까요?

롤스나 하버마스 같은 윤리적 칸트주의자들은 구성적 절차가 그 빈 공간을 채워야 한다고 주장한다. 구성적 절차를 제외하고서는 도덕적 사실은 존재하지 않는다고 말합니다. 그러나 절차는 여전히 형식적이어서 구체적인 삶과 분리된 추상적인 과정은 아닐까요? 우리가 절차적 민주주의에 절망하는 것은 투표의 결과에 대해 소외감을 느끼게 되기 때문이지요. 참여나 자치(自治)가 요구되는 것은 이런 절차성에 대한 반감의 표시는 아닐까요? 적법한 절차의 결과로 나쁜 사회나 정책도 옹호하게 될 수 있다는 아이러니가 여전히 존재합니다. 민주적 선거에 의해 당선된 히틀러의 사례가 이를 잘 대변해 줍니다. 이 점이 샌델과 같은 정치적 공동체주의자나 마르크스의 코뮌주의자가 여전히 롤스의 절차주의 윤리학에 대해 회의적인 이유이지요.

철학의 이정표 세우기

첫 번째 이정표

『청소년을 위한 정의론』
강영계 지음, 해냄출판사, 2011

'얼짱'이나 '꿀벅지' 같이 사람의 외모를 가치판단하여 표현한 차별적 언어, '아이돌'이나 '엄친아' 등 특정 집단의 청소년을 과도하게 부각시키는 인간불평등 조장의 시대, 우리 청소년들에게 정의란 과연 무엇이고, 이들은 어떤 판단을 내려야 하며 어떠한 사회정의를 추구해야 할 것인가?

30만 부 이상 판매된 『청소년을 위한 철학 에세이』의 저자이자 철학자인 강영계 교수가 의리를 정의라고 생각하거나 강자의 행동을 쉽게 지지하기 쉬운 청소년들이 궁금해할 이슈들을 카테고리화하여 풍부한 사례와 함께 설명한 철학 교양서 『청소년을 위한 정의론』, 이 책은 제도권 교육의 틀에 갇혀 비판적으로 사고하는 방식에 익숙지 않은 청소년 독자들에게 창의적이며 자발적인 정의론을 전달함으로써 사회구성원으로서 한 걸음 더 나아가기를 당부하는 책이다.

두 번째 이정표

『정의란 무엇인가』
마이클 샌델 지음, 이창신 옮김, 김영사, 2010

공정한 사회와 장애인 고용

얼마 전 하버드대학의 마이클 샌델 교수가 한국을 다녀가면서 우리 사회에는 공정성에 대한 논의가 꽃을 피우는 듯하다.『정의란 무엇인가』라는 그의 번역본이 60만 부 이상 판매되고 EBS에서 방송되는 그의 강의가 자정 시간대임에도 불구하고 높은 시청률을 기록하는 기현상이 일어나고 있다. 정의와 부정, 평등과 불평등, 개인의 권리와 공공의 이익 등 양립하기 힘든 가치가 충돌할 때 사회가 어떻게 이성적으로 해결할 수 있는가? 심각하고 딱딱한 정치철학적 질문에 대해 매우 명쾌한 답변을 시도하는 마이클 샌델에 대한 인기는 그동안 사회의 공동선에 갈증을 느껴온 우리 사회의 욕구를 분출하고 있는 듯하다.

'정의'의 개념은 공정한 사회와 맞닿아 있다. 정의를 세 가지 관점에서 살펴보면 고전적 관점에서의 정의, 자유주의적 관점에서의 정의, 공동체주의적 관점에서의 정의로 구분할 수 있다. 니체는 르상티망(ressentiment, 열패감)이 만연한 사회는 공정한 사회가 되기 어렵다고 말한 바 있다. 이는 고전적 관점에서 본 정의다. 자유주의적 관점에서 존 롤스는 차등의 원리를 주장했다. 즉, 사회적 소외계층인 노인 · 장애인 · 여성 등을 우선적으로 돕는 사회가 '공정한 사회'라는 것이다. 마이클 샌델은 공동선, 즉 공동체주의적 관점에 서 있다. 공동체 자유주의 속에서 자유 · 행복 · 미덕을 강조했으며, 개인의 선택을 뛰어넘는 공동체적 미덕을 강조한 것이다.

이렇듯 세 가지 관점에서 살펴볼 때 정의의 핵심은 취약한 개인의 삶을 '좋은 삶'으로 발전시켜야 한다는 고민이며, 사회복지를 통해서 사회가 더 공정해질 수 있음을 말해주고 있다.

니체의 관점을 다시 빌리자면, 르상티망이 가장 강한 사람들을 우선적으로 도와주는 사회가 공정한 사회이다. 우리나라에는 약 250만 명의 장애인이 소위 르상티망을 갖고 힘들게 살아가고 있다. 이러한 르상티망은 장애 자체의 원인이 아닌, 사회구조적인 차별성으로 생겨난 것이다. 그렇기에 우리사회가 공정한 사회가 되기 위해서는 장애인의 문제를 우리의 문제로 바라보아야 한다. 장애인 가구당 월평균 소득은 162만 7000원으로 도시근로자 가구 월평균 소득 329만 2000원의 49.4%에 불과하다. 개인적 차이를 감안하더라도 이러한 격차는 우리 사회가 공동으로 노력해야 할 부분이다.

《서울신문》이성규 서울시립대 교수 · 한국장애인고용공단 이사장

한국윤리학회의 철학자들이 직접 쓴
『롤스의 정의론과 그 이후』
황경식 · 박정순 외 지음, 철학과현실사, 2009

롤스의 정의론이 남긴 사상적 유산과 궤적은 그 방법론적 접근이나 실질적 내용 모두에 있어 국내적 정의는 물론 국제적 정의 문제를 해결하는 데 커다란 자산임에 틀림없다. 롤스가 정의론을 통해 남긴 문제들은 오늘날도 여전히 살아 있는 이슈들이라고 아니 할 수 없다. 롤스의 정의론이 남긴 사상적 유산과 파장을 철학적으로 파악해 보고, 또한 대립적 이론들과의 비판적 대조와 함께 그 현실적 적용의 문제를 고찰하는 것은 오늘날 후학들이 당면한 커다란 학문적 과제라고 할 것이다. 이런 과제를 해결하기 위해 롤스의『정의론』에 대한 그 동안의 한국 철학자들의 연구 성과를 제1부 개괄적 논의, 제2부 세부적 고찰, 제3부 비판적 대조, 제4부 현실적용으로 세분하여 소개하고 있다. 롤스의『정의론』을 깊이 있고 다각도로 이해할 수 있게 해준다.

나는 세계에서 살아가는 관계의 그물망이다

글을 쓸 때마다 언제나 시작이 어렵습니다. 여러분도 논술 때문에 이런 어려움을 잘 알 것입니다. 여덟 권의 고전과 함께 여덟 명의 위대한 사상가를 만나 보았습니다. 고전을 더 잘 이해하려면 현대라는 시대를 더 잘 이해할 필요가 있습니다. 어차피 현대의 문제를 해결하고 미래의 방향을 잡아야 하므로 현대적인 시각에서 우리는 고전을 읽지 않을 수 없습니다. 현대를 더 잘 이해할수록 과거의 골동품과 같던 고전이 우리에게 멘토로서 더 가까이 다가와 살아 움직일 것이기 때문입니다.

1 현대 과학기술의 기초가 서양의 전통 철학과 종교이다.

존재와 삶에 대한 근본 물음을 던진 철학과 종교가 근대 이전의 사회를 지배했습니다. 반면에 이런 근본 물음에 대해서는 침묵하는 과학과 기술이 현대 사회를 지배합니다. 예를 든다면 성리학(철학) 대신 실학(과학)이 사회의 대세가 된 것이라고 할 수 있습니다. 그러나 현대 과학과 기술도 하나의 철학적 물음의 산물입니다. 이를 잘 보여주는 철학자가 데카르트와 베이컨, 갈릴레오와 뉴턴, 로크와 칸트 등입니다. 이들이 고민해서 작업해 낸, 생각하는 자아와 수학화된 자연, 그리고 이를 수학적으로 표시할 수 있는 수리적 논리 등이 현대 과학과 기술의 탄생 기초가 됩니다. 과학기술이 발전하면서 처음에 가졌던 생생한 문제의식은 사라지고 중세의 기독교나 성리학처럼 독단적 교조주의와 형식적 매너리즘에 빠집니다. 일본의 원자력발전소 사고는 과학기술이 지니게 된 이런 문제점을 잘 보여줍니다.

과학기술도 자연이든 인간이든 있는 것을 전제해야 가능합니다. 따라서 과학기술도 있음에 대한 물음, 즉 존재론을 바탕으로 하고 있습니다. 다만 그 존재론이 원자론과 기계론이라는 것입니다. 세계는 원자라는 블록들로 구성되어 있고 자연은 이 블록들의 조립체인 기계로 간주됩니다. 또한 인간의 몸도 기계로 간주되고 이 기계는 부품들로 구성되어 있습니다. 이런 인간관을 바탕으로 해서 현대 서양 의학이 발전하게 되었습니다. 현대 과학과 기술은 이렇듯 특정한 존재관과 인간관을 바탕으로 해서 이루어진 것입니다.

2 존재와 실존이 철학의 근본 물음이다.

철학에도 근본 물음이 있습니다. 그것은 "존재란 무엇인가?"라는 물음이지요. 이에 대한 대답으로 서양 철학에서 역사적으로 등장한 원리들이 바로 물, 불, 공기, 원소, 원자, 이데아. 형상, 신, 생각하는 자아, 절대정신, 물질, 힘에의 의지, 유전자 등입니다. 현대의 대표적인 진화생물학자인 리처드 도킨스의 『이기적 유전자』도 바로 이러한 물음에 대한 하나의 답변입니다. 동양에서는 이러한 원리로 도(道), 리(理),

기(氣), 심(心), 공(空), 무(無) 등이 등장했습니다. 종교는 이러한 물음에 대한 정교한 답변입니다. 그래서 종교는 힘이 있습니다. 그렇지만 종교가 물음을 잊어버리고 답으로만 존재하려고 할 때 역사가 입증하듯이 기독교나 성리학처럼 독단론이 되어 많은 사람을 죽이거나 억압하게 됩니다.

또 한 가지 중요한 물음이 '나는 어떻게 살아야 하는가?'입니다. 여기에 대한 답이 윤리와 도덕입니다. 윤리와 도덕은 일종의 삶의 나침반입니다. 내가 어디로 가야 할지를 명확하게 제시하는 명령입니다. 이러한 삶의 규범을 위반하면 비난받거나 심지어 처벌도 받게 됩니다. 그러므로 윤리와 도덕은 법의 기초가 되는 규칙입니다. 이를 마이클 샌델은 멋있게 표현했지요! 『정의란 무엇인가』. 원래 이를 처음 물은 사람이 바로 플라톤입니다. 그의 유명한 대화편인 『국가』의 부제목이 '정의에 관하여 또는 정의란 무엇인가?'였습니다. 정의는 개인적인 도덕과는 달리 우리 사회가 또는 세계가 어떻게 살아야 하는가에 대한 답입니다. 정의는 사회와 세계의 나침반입니다.

3 형이상학이란?

망망대해에서 나침반이 없다면 인간의 삶은 방향을 잃고 헤맬 것입니다. (개인적인 차원에서) 윤리와 (사회적인 차원에서) 정의는 인간 삶의 두 나침반입니다. 삶의 나침반에 대한 물음은 실존적인 물음입니다. 그리고 존재에 대한 물음은 존재에 대한 논리적인 물음이기 때문에 존재론(존재의 논리 또는 학문, 서양에서 이성은 논리이자 학문이다) 또는 형이상학이라고 불렸습니다. 예를 들어 성리학은 인간의 본성과 우주의 이치를 탐구하는 형이상학이라면 실학은 농업, 상업, 공업을 연구하는 형이하학이 됩니다.

'형이상'이라는 말은 구체적인 형체를 초월한 것이지만 이것의 원리가 되는 것을 의미합니다. 예를 들어, 기독교의 신은 모습이 없지만 온갖 모습 있는 사물들을 창조한 원리이지요. 형이상은 구체적인 모습이 아니기에 추상적인 원리이지만, 이 추상적인 원리가 구체적인 사물의 존재 바탕이 됩니다. 그런 점에서 형이상은 모든 사물의 첫 번째 원리, 즉 제일 원리(the first principle)를 가리킵니다. 이 제일 원리들이 신, 이데아, 로고스, 원자, 도, 리 등입니다. 아리스토텔레스는 이런 이유로 형이상학을 제일 철학 또는 신학이라고 불렀습니다. 형이하는 구체적인 형태를 지니고 있는 개별 사물들입니다. 우리가 눈으로 볼 수 있는 존재자들을 말합니다. 형이상과 형이하라는 말은 원래 동양 철학의 고전인 『주역』에 등장하는 말입니다. 주역의 원리에 따라 우리나라의 태극기가 만들어진 것에서 알 수 있는 것처럼 주역은 동양 철학의 근본이 됩니다.

윤리와 정의도 인간이 있고 사회가 있어야 존립할 수 있습니다. 그런 이유로 윤리학과 정치철학보다도 존재론이나 형이상학이 근본 학문이 됩니다. 성리학이 조선사회의 통치이념이 된 까닭과 기독교가 신학을 바탕으로 중세유럽사회를 지배하게 된 이유도 여기에 있습니다. 선비와 사제(신부)가 각각 그 사회의 엘리트로 부상한 것도 이들이 근본 학문인 성리학과 신학을 배웠기 때문입니다.

4 생각의 길을 걷는 것은 언제나 고독하지만
우리는 이미 언제나 더불어 살고 있다.

고전과 함께 생각의 축제를 즐기면서도 이 생각의 길이 외롭다는 것은 여덟 명의 철학 멘토의 삶이 입증하고 있습니다. 그러나 명심하십시오. 내가 정말로 외로운 순간에도 수많은 나와 같은 사람들이 더불어 외로워하고 있으며 대지와 하늘의 사물들이 더불어 존재하고 있다는 것을요. 우리는 함께 살아가는 존재입니다. 개인과 사회, 인간과 세계는 분리되어 있지 않습니다. 이 관계성을 즐기고 마음껏 소통하십시오. 랩음악도 괜찮고 락음악도 괜찮고 그림도 괜찮고 시도 괜찮습니다. 이것들은 모두 교감의 방식들입니다. 글과 말도 괜찮고 토론과 대화도 괜찮습니다. 이것들은 모두 소통의 방식들입니다. 그리고 이러한 교감과 소통을 통해 온 우주의 음악과 함께 삶을 춤추세요. 여기에 고전이라는 불꽃놀이가 더해지면 그 축제는 절정에 달할 것입니다.

나와 인류는 어디로 가고 있는가요? 우리 사회와 세계는 어디로 가고 있는가요? 그리고 이 방향은 괜찮은 것일까요? 아니면 방향을 바꾸어야 하는가요? 나는 나 자신과 다른 사람들과 자연 사물들과 혹시 잘못된 지배와 소유의 관계를 맺고 있는 것은 아닐까요? 앞으로 길을 많이 걸어야 하는 여러분은 현재의 길을 걸으면서도 이 길이 잘못 든 길이 아닌지를 계속 고민해보는 것이 좋습니다. 인생이라는 길을 걸으면서 앞이 캄캄하고 어디로 가야 할지를 모를 때 고전이 이정표와 나침반의 역할을 해줄 것입니다.

1부 1장

『실존주의는 휴머니즘이다』는 어떤 책인가?

사르트르는 2차 대전이 끝난 직후인 1946년에 『실존주의는 휴머니즘이다 *L'existentialisme est un humanisme*』(Editions Nagel 출판사의 1946년 판본, Gallimard 출판사의 1996년 판본)를 책으로 출판합니다. 이 책은 '실존주의' 철학 사조(트렌드)를 유행하게 만든 매우 중요한 철학적 작품입니다.

이 책은 1945년 10월 29일 파리의 한 클럽인 멩트낭(Maintenant)에서 그가 행한 같은 이름의 강연에 기초를 두고 있습니다. 이 강연으로 인해 그는 철학계에 혜성처럼 등장하게 되어 당대 최고의 철학자로 인정받게 됩니다. 이 강연은 그 당시, 사람들이 하도 많이 모여들어서 강연장의 의자가 부서지고 기절하는 사람들이 나올 정도로 커다란 관심과 주목을 받았습니다.

이 강연에서 그는 실존주의를 두 유형으로 구분했습니다. 기독교적 실존주의와 무신론적 실존주의가 그것입니다. 그는 기독교적 실존주의 철학자로는 칼 야스퍼스와 가브리엘 마르셀을 꼽는 반면에, 마르틴 하이데거와 자신을 무신론적 실존주의 철학자로 분류합니다. 다시 말하면 그의 실존주의 철학이 하이데거의 『존재와 시간』의 영향을 지대하게 받은 것임을 강조한 것입니다.

그러나 나중에 하이데거는 그 유명한 『휴머니즘 편지』(이것의 한국어판은 하이데거의 논문 모음집인 『이정표』에 실려 있음)에서 사르트르가 자신의 철학을 오해했다고 선언합니다. 하이데거는 자신의 철학은 실존주의도 아니고 휴머니즘도 아니라고 단언합니다. 그는『존재와 시간』을 이러한 인간 중심의 주체 철학을 극복하기 위해서 썼기 때문에 자신의 철학은 실존주의가 아닌 존재의 철학이고 휴머니즘이 아닌 안티-휴머니즘이라고 합니다.

상황이 이러하다면 사르트르의 실존주의 사상은 하이데거 존재의 철학을 잘못 해석한 것입니다. 잘못 해석했다고 해서 그의 실존주의 철학은 거짓에 불과하고 아무런 가치가 없는 것일까요? 그렇지 않습니다. 우리가 고전을 읽는 것은 일종의 대결이지 단순한 주석 달기의 반복이 아닙니다. 대결이란 자신의 시각에서 저자보다 저자를 더 잘 이해하는 것일 수 있습니다. 그렇다고 해서 사르트르가 하이데거를 더 잘 이해했다는 뜻은 아닙니다. 나치에 저항한 사르트르보다 나치에 협조한 하이데거가 사상가로서는 훨씬 더 영향력이 크다는 점은 역사적 아이러니라고 할까요?

오해에서 시작된 것이지만 전후의 아픈 마음의 상처를 치유하고 인간을 자유로운 주체로 선언한 실존주의는 역사적으로도 그리고 사상적으로도 유의미합니다. 오해가 낳은 사상이지만 당대의 사상계를 지배한 사상인 실존주의는 이렇게 이 강연과 책을 통해 탄생하게 된 것입니다. 여러분도 잘못 읽는다고 해서 너무 자책하지 마세요. 오해와 이해의 변증법이 해석이니까요! 여러분도 고전 읽기에 용감하게 도전하시기 바랍니다.

이 책의 우리말 번역본인『실존주의는 휴머니즘이다』(박정태 옮김)는 이학사에서 2008년에 출판되었습니다. 또한 원어인 불어본으로는 불문학 작품 시리즈 7권으로 방곤 교수의 주해를 덧붙여 신아사에서 1973년 출판한 *L'existentialisme est un humanisme*이 있습니다.

1부 2장
『감시와 처벌』은 어떤 책인가?

푸코는 1970년에 프랑스 최고의 학술기관인 콜레주 드 프랑스의 교수로 교수들의 투표에 의해 선출됩니다. 그는 자신이 재수하던 시절 배운 프랑스 최고의 헤겔 철학의 전문가이자 스승인 장 이폴리트의 자리를 물려받은 것입니다. 콜레주 드 프랑스는 아주 특이한 학술기관으로서 여기 교수들에게는 학생이 없습니다. 그 교수들은 프랑스를 대표하는 지식인으로서 자신들의 전년도 연구 성과를 프랑스 국민을 대상으로 1년에 12시간 공개 강의를 해야 할 의무만 있습니다. 따라서 프랑스 국민이면 누구나 당대 최고의 지식인들의 공개 강의를 들을 수 있습니다. 이 공개 강연에 참여하는 것은 단순한 청강생에 불과합니다. 이 청강생은 학점을 따기 위해서도 아니고 학위를 받기 위해서 듣는 것이 아닙니다. 따라서 교수와 청강생의 관계는 일반 대학에서의 관계와는 달리 아무런 접촉이 없습니다.

그런데 공개 강의는 그 교수가 현재 진행하고 있는 연구를 발표하는 것이 관례입니다. 이는 교수에게 엄청난 양의 준비 작업을 요구하는 것입니다. 푸코는 이런 공개 강의를 통해 앞으로 발간하게 될 저서들을 미리 시험해 볼 기회를 갖게 됩니다. 이 강의의 산물이 푸코의 1970년대 이후의 저서들입니다. 그중의 첫 번째 작품이 그가 1975년에 프랑스의 대표적인 출판사인 갈리마르를 통해 발표한 『감시와 처벌*Surveiller et punir*』입니다.

이 『감시와 처벌』의 부제목이 특이하게도 '감옥의 탄생'입니다. 이 책은 푸코가 주로 권력의 축을 탐구하던 두 번째 시기인 중기 사상을 대표하는 저서이며 가장 일반인들이 읽기 쉬운 작품이지요. 원래 푸코의 문체는 대단히 압축적이고 난해한데 이 책의 문체는 그나마 간단명료합니다. 그 이유는 이 책이 푸코가 주도한 '감옥정보그룹'의 사회운동과 연결되어 있기 때문입니다. 그 당시 1968년 프랑스 학생운동이 대규모로 일게 되어 격렬한 데모와 함께 많은 진보 인사들이 연행되고 투옥되었습니다. 이렇게 투옥된 투사들이 자신들을 일반 죄수가 아닌 정치범으로 다루어달라는 요구를 하는 감옥 운동을 벌였습니다. 이런 운동은 당대의 프랑스 감옥의 체제에 대한 광범위한 조사를 수반함으로써 그 감옥 체제의 문제점을 드러냈습니다. 그래서 정치범뿐만 아니라 일반 수감자들의 운동으로 발전하게 됩니다. 이런 현상과 연관해서 푸코의 주도로 1971년 2월 8일 생베르나르 성당에서 감옥정보그룹(GIP) 운동의 시작이 선언됩니다.

푸코에 의하면 우리의 일상생활에서 경찰의 통제가 점점 우리 주위를 옥죄고 있고 우리는 이른바 '감시' 체제하에 살고 있다고 합니다. 그런데 감옥에 넘쳐나는 죄수들이 선량한 시민이라면 더욱 문제가 심각할 것입니다. 이러한 정치범뿐만 아니라 일반 수감자도 사회제도의 희생자일 수 있습니다. 더구나 사회가 죄수들을 만들어낸 후에 재교육을 거부하고 단지 그들을 더 사회 바깥으로 몰아낼 뿐이어서 문제는 더욱 심각해집니다. 그런데 감옥에 대한 정보는 출판된 것이 거의 없습니다. 감옥은 우리 사회 체제의 숨겨진 곳이며 우리 삶의 어두운 칸막이입니다. 우리는 그것을 알아야 합니다. 이런 이유로 판검사, 변호사, 기자, 심리학자, 철학자 등의 지식인들이 감옥정보그룹을 결성을 선언하게 된 것입니다. 이 운동은 사회의 권력 메커니즘이 어떻게 정상인과 수감자를 나누고 배제하는가를 폭로하기 위한 것입니다. 이런 일상생활에서의 실천운동과 그 비슷한 시기에 콜레주 드 프랑스의 공개 강의에서 행해진 형법 제도와 사법 문제에 대한 연구가 결합되어 나타난 책이 『감시와 처벌』이지요. 이 책은 2003년에 한국어판인 『감시와 처벌』(오생근 옮김, 나남 출판사)로 번역되었습니다. 여러분이 직접 이 책에 도전해 보세요.

2부 1장
'지금은 존재하지 않은 책'에 대한 소개글

니체 『힘에의 의지Der Wille Zur Macht』는 과거 우리나라에서는 『권력에의 의지』로 번역되었습니다. 니체의 사상은 기본적으로 기존의 가치를 파괴하는 다이너마이트와 같은 폭발력과 공격력이 있습니다. 권력에의 의지가 훨씬 더 위험스럽게 들린다는 점에서 이 번역은 효과적인 표현입니다. 그러나 권력이라는 단어가 우리말에서는 지나치게 정치적인 것으로 이해되기 때문에 힘이라는 단어가 우리말 사용법에서는 훨씬 더 니체의 원래 의도를 더 잘 전달할 수 있습니다.

사상의 폭발력이나 언어적인 뉘앙스, 이 둘을 다 살린 번역어가 존재하지 않는다는 점이 아쉽습니다. 이런 이유로 예전부터 번역은 반역이라는 말도 나오게 된 것입니다. 여러분 스스로 한 번 힘에의 의지보다 더 적합한 번역어를 고민해 보시기 바랍니다. 이와 같이 다른 나라의 고전은 우리말과 다른 언어로 쓰였기 때문에 우리말 번역본이 아무리 정교해도 그 원어의 미묘한 뉘앙스를 살리기 어렵습니다. 독일어나 일본어와 같은 외국어나 한문이나 그리스어와 같은 고전어를 배운다는 것은 고전을 보는 또 하나의 창이 열리는 것입니다.

그런데 이 책은 번역의 어려움보다 더 큰 어려움이 존재합니다. 원래 이 책은 니체 사후에 그가 남긴 방대한 유고(1883~1888년) 중 일부를 그의 여동생인 엘리자베스가 니체 사후에 선별해서 편집한 것이기 때문입니다. 이 책은 니체의 여러 구상 중에서 1887년의 구상에 따라 니체의 여동생이 1880년대의 유고 중에서 4개의 그룹으로 나누어져 있는 약 400개의 단편들과 여기에 다른 단편들을 더하여 편찬한 것입니다. 이 책은 서문과 총 4권으로 구성되어 1901년에 483개의 단편모음집(Grossoktav판 전집 중 15권)으로 출판되었다가 1906년에 1067개의 단편모음집(Taschen판, 그 이후 여러 판본이 등장함, 1911년 개정판, 1920년대 Musarion판, 1930년에 유명한 나치 철학자인 알프레드 보이믈러 Bäumler의 후기가 첨가된 Kröner's Taschen판)으로 확장되었습니다. 이 『힘에의 의지』는 니체의 사상이 절정에 도달한 유일한 대작으로 알려지게 되었습니다. 1권 유럽의 허무주의, 2권 지금까지의 최고가치에 대한 비판, 3권 새로운 가치 정립의 원리, 4권 훈련과 육성으로 구성돼 있습니다.

그러나 문제는 그 책이 그 시기의 전체 유고를 다 포괄한 것이 아니기 때문에 내용상으로 불충분하고 잘못 해독한 부분들이 있고 자의적으로 배치되어 편집 면에서도 부정확하다는 것입니다. 게다가 이 책은 니체가 거부한 인종차별주의적 관점을 지닌 여동생에 의해 왜곡되어 나중에 니체가 독일의 나치당에 의해 나치의 철학자로 잘못 이용되는 빌미를 제공했습니다. 그래서 이 책의 진정성에 대한 논란이 일어났습니다. 심지어 니체 해석의 대가인 들뢰즈(Deleuse)라는 철학자는 이 책을 니체에 대한 여동생의 배신이라고 선언합니다.

현재 이 책 『힘에의 의지 Der Wille Zur Macht』는 존재하지 않습니다. 즉, 니체에 관한 올바른 판본이라고 인정받는 독일의 비판연구판 전집(Sämtliche Werke. Kritische Studienausgabe in 15 Bänden, Giorgio Colli · Mazzino Montinari에 의해 편찬되어 de Gruyter 출판사에 의해 1908년에 발간됨)이나 우리나라 니체 전집에서 빠져 있습니다. 대신 모든 구상들을 다 드러내기 위해 그 시기에 해당하는 전체 유고를 엄격하게 교정하여 시기별로 정리된 판본이 새로이 비판연구판 전집의 8부 총3권으로 출판되었습니다. 이 3권의 유고들은 현재 한국어본 니체 전집(총 21권, 책세상 출판사) 19, 20, 21권으로 번역되었습니다. 그중에서도 20권 『유고(1887년 가을~1888년 3월)』(백승영 옮김)이 '미발표 유작인 『힘에의 의지』의 구상과 니체 사유의 정점'을 소개하고 있습니다.

이런 문헌학상의 이유로 『힘에의 의지』(한국어판은 『권력에의 의지』라는 이름으로 청하 출판사에서 출판됨, 영어판으로는 The Will to Power라는 이름으로 Walter Kaufmann의 편집과 번역에 의해 Random House 출판사에서 Vintage Books Edition으로 출판됨)는 이제 존재하지 않는 과거의 책입니다. 게다가 이 책의 형태로 나타난 니체의 구상은 여러 구상 중의 하나일 뿐이며 마지막에 니체가 포기한 것이기도 합니다. 이러한 문제점들에도 불구하고 이 책의 구상과 내용은 여전히 니체 자신의 것으로서 그의 사상에 입문하는 데에 쉬운 길잡이로서의 역할을 할 수 있어요. 원래 니체의 간결한 문체와 단어의 미묘한 뉘앙스를 살린 새로운 의미부여 그리고 유럽의 문화와 언어에 대한 방대한 교양에다 난해한 철학적 문제제기로 인해 그의 글을 제대로 읽는다는 것은 대단히 힘든 일입니다. 또한 새롭게 역사적이고 비판적인 작업을 통해 나온 『유고』들도 (20세기 최고의 철학자로 평가받는 하이데거가 주장한 것처럼) 19세기의 심리적이고 전기적인 비평의 영향력에서 벗어나지 못한 문제점도 있습니다.

이러한 문제점을 기억하면서 이 과거의 책을 읽고 이를 현재 새로 나온 『유고』들과 대조해 읽는다면 니체가 걸었던 사유의 길에 쉽게 입문할 수 있다는 편한 면이 있습니다. 더 중요한 것은 『힘에의 의지』라는 책은 과거의 책이 되었지만 '힘에의 의지'라는 사상은 '영원한 회귀'(삶에 대한 긍정 및 '가치의 전환'(기존 가치에 대한 비판과 동시에 새로운 가치를 세우는 작업)와 더불어 니체 사상의 핵을 이루고 있다는 점입니다. 이 책은 잊어도 힘에의 의지라는 니체의 독특한 생각과 체험을 잊어서는 안 됩니다.

2부 2장
단순히 책이 아니고 사건인 『존재와 시간』 펼쳐보기

하이데거의 책 중에서 가장 영향력이 크고 가장 체계적으로 정돈된 형태로 출판된 책이 1927년에 등장한 『존재와 시간』입니다. 그러나 이 책은 미완성이었습니다. 원래 하이데거의 구상에 의하면 이 책은 1부 3편, 2부 3편, 총 2부 6편으로 구성되어 있었습니다. 그러나 실제로 출판된 부분은 1부의 첫 두 편뿐입니다.

이렇게 출판된 외적인 이유는 마르부르크 대학의 철학부가 은퇴하는 니콜라이 하르트만의 후임으로 하이데거에게 정교수 자리를 제안했기 때문에 그는 아주 무모하게 미완성인 채로 그 책을 출판하게 된 것입니다. 이렇게 시간의 압박 속에서 현재 상태의 『존재와 시간』이 출간된 것입니다. 그런데 1부는 예시적인 작업이고 중요한 본질적인 문제들은 2부에서 다루기로 되어 있었습니다. 그러나 2부가 지연된 것은 단순히 시간의 문제가 아니라 그가 처음 구상한 것의 한계 때문이기도 합니다. 이 한계가 나치즘 가담으로 인해 분명히 드러나고, 그는 생각의 방향 전환, 즉 케레를 시도합니다.

1부의 제목은 '시간성에서 현존재를 해석하고 존재 물음의 초월적 지평으로서의 시간을 해명함'입니다. 2부의 제목은 '존재시간성 문제의 실마리에서 존재론의 역사를 현상학적으로 해체하는 근본 특징'입니다. 내용적으로 살펴보면, 1부는 시간성의 관점에서 현존재를 분석하고 2부는 역사성의 관점에서 전통 존재론을 해체하는 것입니다.

1부는 현대 과학과 실존주의 철학의 기초를 존재론적으로 탐구하는 현존재에 대한 실존론적인 분석에 해당하지요. 이 현존재는 철학(존재론) 이전의 일상적인 현존재라는 점이 그 특징입니다. 존재론 이전의 이 일상적이고 현존재에 대한 분석으로 하이데거는 유명해집니다. 이 일상적인 인간의 삶의 방식에 대한 분석이 전기 하이데거의 커다란 업적입니다. 그렇지만 이 작업이 미완성에 머물게 된 것은 여전히 '존재와 시간'이라는 생각의 사태가 해명되지 않은 채 남아 있다는 뜻입니다.

『존재와 시간』은 '존재와 시간'이라는 사태를 전체적으로 다 해명하지 못했다는 뜻입니다. 그렇다고 해서 이 책의 가치가 떨어지는 것은 아닙니다. 어차피 이 책은 작품이 아니라 길이기 때문입니다. 이 길은 후기 하이데거가 제시한 다양한 길과 이정표들을 통해 다시 조명됩니다. 길은 숲 안에서는 다 달라 보여도 숲지기와 나무꾼은 이 길들 위에 있다는 것이 무엇을 의미하는지를 알고 있습니다. 하이데거의『존재와 시간』이라는 길 안내판을 통해 우리는 철학적 생각의 힘이 다시 부활하여 생명력을 갖게 되어 현대의 다양한 철학적 경향들, 예를 들어 실존주의와 현상학, 해체론과 포스트모던 철학 등과 그 외에 의학과 심리학 그리고 신학에도 결정적인 영향력을 준 사실을 부정할 수 없어요.

하이데거의『존재와 시간』의 독일어판은『하이데거 전집 *Heidegger Gesamtausgabe*』의 제2권인 *Sein und Zeit*(ed. F.-W. von Herrmann, Frankfurt am Mein, 1977)입니다. 우리말 번역본으로는『존재와 시간』(이기상 옮김, 까치, 1998)이 있습니다.

3부 1장
『직업으로서의 학문』은 어떤 책인가?

막스 베버의『직업으로서의 학문』은 자유주의 좌파 학생 집단인 바이에른 자유학생연맹에 의해 개최된 연속 강연인 「직업으로서의 정신노동Geistige Arbeit als Beruf」 중의 한 강연으로 행해진 것입니다. 1917년 11월 7일에 뮌헨의 슈타이니케 예술홀에서 행해진 것입니다. 이후 1919년 1월 28일에는 후속 강연인 『직업으로서의 정치』가 행해집니다.

이 두 강연은 모두 1920년에 사망한 베버의 말년에 행해진 것입니다. 그의 원숙한 사상이 이 두 강연에 알기 쉽게 농축되어 있어서, 이 두 강연은 사회과학에 관한 베버의 전체 사상을 이해하는 데 쉬운 입문서이기도 합니다. 아울러 이 두 강연에서 베버는 자신의 이전의 사상보다 그 이상의 것을 말하기 때문에 입문서로서만이 아니라 사회 사상의 고전으로서 재평가받고 있습니다.

직업은 독일어로 베루프(Beruf)입니다. 루터는 그리스어로 된 구약 외전 집회서의 한 구절, "내 일에 머물라."를 독역할 때 일을 '베루프'로 번역합니다. 원래 일의 그리스 말은 '에르곤'이거나 '포노스'입니다. 에르곤은 일, 과업이라는 뜻이고 포노스는 고된 일이라는 뜻입니다. 그런데 이 두 단어 모두 루터는 베루프로 번역합니다. 베루프란 영어로 '콜링(calling)'으로서 부르심을 의미합니다. 일이란 신으로부터 부름을 받는다는 것을 의미합니다. 이 부름 받는 것을 한자어로는 소명(召命)이라고 합니다. 그러니까 '직업으로서의 학문'이란 학문에 소명을 받은 것을 의미합니다. '직업으로서의 정치'는 정치에 소명을 받은 것을 의미합니다. 이는 개신교도들이 세속적 직업을 통해서 신께 영광을 돌리는 것을 의미합니다.

그러나 현대 자본주의 사회에서 직업이라는 말이 세속화됩니다. 학문이 직업이라는 말은 학문에 종사하는 것이 생계를 유지하는 수단이 됨을 의미합니다. 이는 학자는 교수가 되어 대학이라는 학문적 조직에 들어가 안정된 직장을 갖는 것을 의미합니다. 그러나 이러한 직업으로서의 학문의 조직은 외적인 소명에 불과합니다. 학문의 내적인 소명이란 전문화를 의미합니다. 그래서 베버는 "오늘날 진실로 결정적이며 가치 있는 업적은 항상 전문적인 업적"이라고 말합니다. 그래서 학문과는 무관한 사람들로부터 비웃음을 당하는 학문 탐구에 대한 도취와 열정 및 본인이 아니면 은폐되어 있을 진리 해석에 대하여 자기 확신이 없는 사람은 학문에 대한 소명이 없는 것이지요. 이런 사람은 학문이 아닌 다른 일을 하면 됩니다.

학문적인 영역에서는 직업에 완전히 헌신하는 사람만이 '인격'이 있는 것입니다. 따라서 이런 인격을 갖춘 학자는 사업이나 기술에서 성과를 얻기 위해서도 아니고, 더 잘 먹고 더 잘 살기 위해서도 아니며 '학문 자체를 위해서' 학문에 종사해야 합니다. 그런데 전문적으로 분업화되어 있으면서 무한히 진행되는 이 학문적 작업에 종사한다는 것이 어떤 의미 있는 성취인가요? 이를 묻고 답하는 책이 『직업으로서의 학문』입니다. 이러한 전문주의(professionalism)로서의 순수한 학문관을 주장하는 베버는 더 좋은 사회를 만들고 더 좋은 사람을 형성하는 데 기여하는 현실 비판으로서의 학문관을 주장하는 마르크스나 과학기술이 현실에 도움이 되어야 한다는 과학적 유토피아주의로서의 실용적 학문관을 주장하는 베이컨과 다릅니다.

이러한 순수한 학문관은 미를 위한 미를 주장하는 순수 예술론과 상통합니다. 직업으로서의 학문은 상아탑주의나 고답주의라는 이름으로 현실과 괴리되어 대학이라는 거대한 기계의 부품장치로 전락한 전문가로서의 교수의 이미지라는 부정적인 모습을 띠는 것으로 비판받기도 합니다. 그러나 진리 탐구를 위해 실험실에서 일만 가지 가능성 중의 하나를 테스트하기 위해 불을 밝히며 밤을 지새우는 과학자의 모습에서 이런 학문적 소명감이 얼마나 경건한지를 느낄 수 있습니다. 그와 동시에 근대 학문의 특징과 함께 근대성의 특징에 대한 명쾌한 해명이 있습니다. 그래서 이 책은 호르크하이머와 아도르노의 『계몽의 변증법』과 더불어 근대성(Modernity)을 비판적으로 탐구하는 작업의 디딤돌이 됩니다. 원래 의도는 아니지만 이 책은 또한 포스트모더니즘(Post-modernism)의 이해를 위한 일종의 입문서의 역할을 담당할 수 있습니다. 모던을 포스트하려면(탈근대하려면) 즉 모던을 비판하고 해체하고 넘어서기 위해서는 모던 자체를 먼저 알아야 하니까요.

베버의 『직업으로서의 학문』은 현재 독일어 원본으로는 1922년 마리안네 베버가 편찬한 『과학론 논문집 Gesammelte Aufsätze zur Wissenschaftslehre』에 한 편으로 수록되어 있습니다. 이 『과학론 논문집』의 3판(München und Leipzig: Verlag von Duncker & Humbolt, 1930)을 한국어로 옮겨 번역한 책이 『직업으로서의 학문』(이상률 옮김, 문예출판사, 1994)입니다.

3부 2장
『법철학』은 어떤 책인가?

헤겔이 베를린 대학의 철학 교수로 재직하면서 3년 만에 그의 강의는 대학가의 화제가 됩니다. 학생들의 반응이 너무 뜨겁고 열렬해서 그는 1821년 겨울에 복습 강의를 공고합니다. 그 주제는 자연철학과 법철학입니다. 이 중에 두 번째 주제인 법철학 강의를 위해 헤겔은 교재를 만들게 됩니다. 이 교재가 『법철학』입니다. 『법철학』은 헤겔 철학 체계 내에서 개인의 주관적인 정신이 아닌 공동체의 객관 정신에 해당하는 것입니다. 헤겔 철학 체계는 논리학, 자연철학, 정신철학으로 이루어져 있습니다. 이중에서 정신철학은 주관 정신, 객관 정신, 절대 정신으로 이루어져 있습니다. 감정이나 의식과 같은 주관 정신을 주로 다루는 학문이 개인 심리학입니다. 절대 정신은 예술과 종교 그리고 철학에서 구현됩니다. 객관 정신은 인간의 정신과 의지가 일정한 사회적이고 현실적인 상황과 제도로 구현된 것을 의미합니다. 따라서 객관 정신은 법철학, 정치철학, 역사철학을 포괄합니다.

『법철학』의 원래 제목은 『법철학의 기초 또는 자연법과 정치학 개요 *Grundlinien der philosophie des Rechts oder Naturrecht und Staatwissenschaft im Grundriße*』입니다. 독일어 레히트(Recht)는 법과 정의를 동시에 함축하는 말로서 영어에는 이에 해당하는 낱말이 없습니다. 그래서 영어에서는 이를 로(law)가 아니라 라이트(right)로 옮깁니다. 라이트는 올바름과 권리를 의미하기 때문입니다. 이처럼 헤겔에게 법은 올바른 것이며 권리이기도 합니다. 자연법은 홉스, 로크, 루소의 사회계약론의 전통을 잘 보여주는 단어입니다. 자연법은 근대적인 개인주의 또는 자유주의 정치 담론의 기초입니다. 반면에 정치학(또는 국가학)은 플라톤의 『국가』와 아리스토텔레스의 『정치학』의 제목에서 알 수 있듯이 고대의 공동체주의적 정치 전통을 상징합니다. 헤겔은 자신의 『법철학』을 통해 고대의 공동체의 공동성과 근대의 개인의 자유를 화해시키려는 철학적 과제를 설정한 것입니다. 이런 점에서 그의 법철학은 법학만을 포함하는 것이 아니라 도덕철학과 윤리학 그리고 정치학과 세계사까지 포함하는 거대 프로젝트입니다.

법은 정의이며 자유의 실현입니다. 이 자유는 국가라는 인간의 정치 공동체를 통해 실현됩니다. 이러한 정치 공동체를 실현해 가는 과정이 세계사의 흐름입니다. 그래서 헤겔이 의도한 세계사적인 목표는 만인이 자유롭고 인간은 곧 인간인 한에서 자유롭다는 세계(게르만적인 세계)입니다. 그래서 세계사는 '자유의식의 진보'인 것입니다.

『법철학』의 구조는 1. 그 유명한 서문과 2. 본격적인 도입부인 서론 그리고 3. 세 개의 부분으로 나뉜 본문으로 이루어져 있습니다. 서문은 그 자체로 대단한 철학적인 작품으로서 그의 법철학의 철학적이고 역사적인 의미를 잘 보여줍니다. 여기에 나오는 유명한 구절로는 다음과 같은 것들이 있지요. "이성적인 것은 현실적이며 현실적인 것은 이성적이다." "여기가 로도스다. 여기서 뛰어라." 이를 헤겔이 자기 식으로 해석한 "여기에 장미가 있다. 여기서 춤추어라." "미네르바의 부엉이는 황혼이 깃들 무렵에야 비로소 날기 시작한다."

서론은 본격적으로 법철학의 개념을 다룹니다. 법철학의 핵심 개념은 의지와 자유 그리고 법입니다. 우선 법의 이념, 즉 법의 개념과 그의 실현을 다룹니다. 이념이란 실현된 개념이기 때문입니다. 그 후에 법의 기본 요소인 의지의 자유를 증명합니다. 물질의 실체가 무게라고 한다면 정신의 본질은 자유입니다. 그러므로 법의 체계란 자유를 억압하는 제도가 아니라 '실현된 자유의 나라'입니다. 서론을 통해 법은 자유로운 정신이라는 기반 위에 서 있다는 것을 헤겔은 분명히 보여줍니다.

본문은 그의 특유한 변증법적 형태를 취하여 세 개의 부분으로 나뉘어져 있습니다. 자유로운 정신이 법의 원리로 세워지면서 동시에 법은 자유정신의 실현된 현실로 나타납니다. 이때 자유정신은 추상적인 인격, 내면적인 인격, 공동적인 인격으로 발전해 갑니다. 이에 따라 법은 추상적인 인격에 기초를 둔 소유와 계약이라는 추상법(로크)의 형태에서 시작하여 내면적인 양심의 소리에 의지하는 도덕성(칸트)으로 전개하고 다시 이 도덕성은 공동체의 윤리인 인륜(人倫)으로 발전합니다. 인륜은 추상법의 외면성과 도덕성의 내면성을 종합한 것이라는 말이지요. 인륜은 또한 개인과 공동체가 각자 독자적인 영역을 지니면서도 서로 연관되어 있기에 가족, 시민사회, 국가의 형태로 성립하게 됩니다. 이는 개인의 자각 없는 고대의 폴리스의 공동체성과 공동체가 해체된 근대의 원자화된 시민사회를 이성 국가(윤리적인 국가)의 형태로 종합하려는 시도입니다. 이 이성 국가는 세계사의 과정을 거치면서 자유의식의 진전을 통해 자유를 실현한 정의로운 법체계로 발전한 것입니다.

4부 1장
『자본론』은 어떤 책인가?

3권으로 된 두껍고 난해하지만 세계적인 베스트셀러가 된 책, 그것이 『자본론Das Kapital』입니다. 마르크스는 생전에 1권만 출판하고 세상을 뜨게 되어 미완성 수고로 남겨진 2권과 3권을 친구인 엥겔스가 정리해서 출판합니다. 고로『자본론』은 둘의 우정이 만들어낸 인류의 걸작입니다.

마르크스는『자본론』1권에서 상품이라는 추상적인 이론으로부터 출발합니다. 3권은 계급이라는 구체적인 사회적 관계로 끝을 맺고 있어요. 상품으로부터 자본주의 사회를 분석하는 이유는 마르크스가 구사한 변증법이 추상으로부터 구체로 발전해 가는 논리이기 때문입니다.

형식논리에서는 개별적인 것(개인이나 원자 또는 유전자처럼 기본 단위)이 구체이고 개별을 기계적으로 결합한 전체(사람, 물건, 생명체)는 추상에 불과합니다. 그러나 변증법에서는 개별(기본 단위로서의 개인이나 물건)은 다른 모든 것들과의 관계와 단절되어 그 자체로 고립적으로 존재하는 것으로서 추상적인 것이 됩니다. 반면에 관계의 그물망으로 존재하는 전체(사회관계와 세계관계)가 구체적인 것이 됩니다. 변증법은 추상적인 개별에서 출발하여 구체적인 관계로 그 논리를 전개해 나갑니다. 따라서 전체의 관계망을 조망할 때 진리가 드러납니다.

부분이 아니라 그 부분들의 총체적 관계를 이해해야 하므로 변증법 논리에 따라 서술된 책은 어렵습니다. 이런 이유로 자본론은 어렵습니다. 그냥 현학적인 이유로 썼기 때문에 어려운 것이 아닙니다. 현실의 실상을 그대로 드러내려는 마르크스의 열망과 예리한 지성의 구현체가『자본론』인 것이지요. 이처럼 구체적 현실의 진리를 보여준 까닭에, 그 책이 비록 난해하긴 하지만 유교나 도교의 경전, 불경이나 기독교 성서 그리고 이슬람의 코란과 같은 종교적인 경전을 제외하고 인류 역사상 이렇게 많은 사람들을 현실적으로 움직이게 만들고 정치적 운동과 객관적인 정당과 체제로 이끈 빼어난 매력을 지닌 유일한 책이 됩니다.

1권은 독일어판으로는 총 7편 25장(또는 불어판이나 영어판으로는 8편 33장)으로 이루어져 있습니다. 이것은 자본의 생산과정을 다루며 자본주의 사회의 세포(기본 단위)인 상품으로부터 분석을 시작하여 특수한 상품인 화폐의 분석, 이 화폐가 스스로 가치를 더해 가는 화폐인 자본(돈을 버는 돈)으로 발전해 가는 과정에 대한 분석과 함께 착취와 억압의 기원이 되는 잉여가치 분석과 실제로 수탈과 착취로 성립된 자본주의 역사에 대한 계보학적 비판 등으로 구성되어 있습니다.

2권은 총 3편 21장으로 이루어져 있습니다. 이것은 자본의 유통과정을 다루고 있습니다. 자본의 가장 기본적인 형태는 상품자본, 생산자본, 화폐자본입니다. 이처럼 형태들을 바꾸어 가며 자본은 주기적으로 순환 운동을 합니다. 화폐가 생산수단(기계와 원료 등)과 노동력(인건비)으로 바뀌고 다시 이 둘을 활용해서 생산물이 생겨납니다. 이 생산물이 팔리면 다시 화폐로 되돌아옵니다. 이렇게 한 바퀴 되돌아오는 화폐의 운동을 자본의 순환이라고 부르며 이 순환을 주기적으로 반복하는 것을 자본의 회전이라고 합니다. 이 순환과 회전을 자본의 유통과정이라고 부릅니다. 이러한 순환과 유통의 분석은 사회적 총자본의 재생산과 유통에 대한 분석으로 끝을 맺습니다.

3권은 총 7편 52장과 엥겔스의 보충설명으로 구성되어 있습니다. 이 책은 자본주의적 생산의 전체 과정을 다루면서 이러한 운동이 각 계급에 구체적으로 어떤 영향을 주는지를 밝혀줍니다. 우선 생산과정과 유통과정을 그 구체적인 관계성 속에서 분석합니다. 이런 경우 잉여가치 개념은 이윤으로 변형되어 가변자본과 잉여가치의 관계는 비용과 이윤의 관계인 이윤율로 변형됩니다. 이윤 전체는 산업이윤, 상업이윤, 대부자본의 이자, 그리고 특별 이윤으로서의 지대(예를 들어 임대료)로 개념화됩니다. 이러한 자본들 간의 치열한 경쟁은 평균이윤율의 저하를 낳게 된다는 자본주의 체제의 한계를 드러냅니다. 더 중요한 것은 자본가의 이윤과 지주의 지대가 실상은 노동자가 생산한 잉여가치의 분배 형태들이라고 분석한 내용입니다. 이것은 자본가의 이윤과 노동자의 임금이 서로 상충하게 됨을 보여줍니다. 그래서 자본주의 사회에서 자본과 노동의 대립이라는 기본 모순을 드러냅니다. 이처럼 자본주의 사회에서 자본의 운동이 각 계급에게 어떤 영향을 주고 계급투쟁이 사회를 움직이고 변혁시키는 메커니즘을 보여줍니다.

원래 『자본론』은 총 6권으로 기획된 책입니다. 자본주의 사회에서 자본의 생산과 유통과 분배의 과정이 계급투쟁으로 결론을 맺게 되는데 계급투쟁은 국가를 연결고리로 하여 발생합니다. 그러므로 국가 분석과 이 국가 간의 무역 그리고 세계시장에 대한 분석이 필요합니다. 그러나 그의 가난과 병마로 인해 세 가지 분석이 생략된 축소판으로 전체 계획이 변경됩니다. 실제로 그의 생전에 1권만을 출판할 수 있었습니다. 국가독점자본주의론, 제국주의론, 세계체제론 등은 마르크스가 생전에 하지 못한 연구 공백을 메우는 작업이라 할 수 있습니다.

『자본론』의 원제는 *Das Kapital*이고 부제는 '정치경제학비판(Kritik der politische Ökonomie)'입니다. 우리말 번역본으로는 독일어본인 MEW(마르크스와 엥겔스 저작집Marx-Engels Werke)판을 기본으로 하여 번역한『자본』총 5권(강신준 옮김, 길출판사)이 있고, 영어판을 기본으로 하여 번역한『자본론』 총6권(김수행 옮김, 비봉출판사)이 있습니다.

4부 2장
『정의론』은 어떤 책인가?

윤리를 전부 감정의 문제로 치부하여 지성의 영역에서 몰아낸 논리 실증주의가 남겨놓은 윤리적 공백 상태에서 롤스는『정의론』을 통해 규범윤리학의 가능성을 제시합니다. 이 책 이후로 그는 그 당시까지 지배적인 윤리학적 학설인 공리주의와 직관주의를 비판하면서 로크, 루소, 칸트의 전통적인 사회계약론의 재구성을 시도하지요. 이 책 이후 윤리학의 연구 방향이 그 당시 유행하던 윤리적 언어의 분석에만 골몰하던 경향에서 단번에 어떤 사회를 만들 것인가 하는 실질적인 문제를 다루는 규범윤리학적인 문제의식으로 전환되었지요.

롤스는 칸트의 자율 개념(즉, 자유롭고 평등한 합리적 존재자로서의 인간 본성)과 경제학에서 표준적으로 제시된 합리적 선택 이론을 결합하여 공정으로서의 정의 개념을 제안합니다. 이 정의론에서 핵심적인 위치를 차지하는 최초의 입장(original position)이란 "칸트의 자율의 개념과 정언 명법에 대한 절차적 해석"에 해당합니다. 다시 말해서『정의론』은 절차주의적으로 변형된 윤리적 칸트주의입니다. 현대 윤리학계에서『정의론』을 통해서 비로소 논리실증주의의 바탕이 된 흄의 도덕감정 이론에서 칸트 식의 보편주의적 윤리학으로의 전환이 이루어집니다.

『정의론』에서 롤스는 그 당시까지 영미 윤리학계를 지배하던 공리주의와 직관주의를 비판하고 사회계약 이론을 통해 사회(분배) 정의의 도덕적 규범을 근거 짓고자 합니다. 이러한 도덕의 근거를 마련하기 위해『정의론』에서 도구적 합리성을 통해 도덕성(정의의 개념과 원리)을 도출해 내고자 합니다. 이는 합리적 선택 이론의 도구적이고 계산적인 합리성에서 도덕성이 도출되어야 칸트적인 이상주의적 도덕성이 현실에 대하여 무력하다는 비판을 극복하고 정의의 이론이 현실적인 힘을 가지게 된다고 그가 생각했기 때문입니다.

비록 롤스는 나중에 이러한『정의론』의 시도를 롤스는 취소합니다. 롤스가 이렇게 자신의 초기 견해를 바꾸게 된 데에는 앞에서 지적한 것처럼 현대를 '합당한 다원주의의 사실'에 처한 시대라고 규정하는 상황 진단이 깔려 있습니다. 단단한 모든 것(예컨대, 좋음의 이념)이 사라진 시대에서는 좋음에 대한 어떤 포괄적인 학설도 그 맥락을 벗어나 보편화되는 것이 불가능합니다. 이러한 예로는 지구적으로는 문명 충돌, 자국 내에서는 종교 갈등을 들 수 있습니다.

그렇다고 해서 그 윤리적 진공 상태에서 오로지 자기 이익을 추구하는 인간의 도구적 합리성만으로는 도덕성을 근거 지우기 어렵습니다. 이런 상황에 대한 처방으로 롤스는 절차적 합리성(구성주의적 윤리학)을 통한 옳음(정의의 원리)의 구성을 제시합니다. 절차를 통한 구성이 도덕적 진공을 메우게 된 것입니다. 롤스의 후기 구상에 따르면 합당성에 기반을 둔 구성 절차가 합리성과 도덕성을 연결하는 역할을 맡게 됩니다. 그런데 과연 합당성에 기반을 둔 구성 절차만으로 합리성에서 도덕성이 진정으로 도출되는가에 의구심은 여전히 남습니다.

그렇지만 롤스의 대작『정의론』은 이제 현대 윤리학과 정치철학의 고전으로 취급해야 합니다. 이미 이 책은 하버드대학 출판부에서 1971년 출간된 이후로 500권 이상의 책과 몇 천 편의 논문을 세상에 나오게 할 정도로 영향력이 큽니다. 이 책의 원제목은『정의에 관한 하나의 이론 A Theory of Justice』입니다. 이 책의 한국어 번역으로는『정의론』(황경식 옮김, 이학사, 2003)이 있습니다.

스무 살에 만난 철학 멘토
위대한 철학자 8명과 함께하는 유쾌한 생각의 축제

초판 1쇄 발행 2012년 1월 2일

지은이 | 김성우
펴낸이 | 조영남
펴낸곳 | 알렙

일러스트 | 손문상
디자인 | 최진규
종이 | 페이퍼릿
인쇄 | 대덕문화사
제본 | 바다제책

출판등록 | 2009년 11월 19일 제313-2010-132호
주소 | 서울시 마포구 합정동 373-4 성지빌딩 615호
전자우편 | alephbook@naver.com
트위터 | @alephbook
전화 | 02-325-2015
팩스 | 02-325-2016

ISBN 978-89-965171-6-0 03100

＊책값은 뒤표지에 있습니다.
＊잘못된 책은 바꾸어 드립니다.